지금 안 배우면 뒤쳐진다, AI 공부법

학생이 바로 활용할 수 있는 생성형 AI 활용 스터디 전략서

권성민 지음

목차

특별한 스토리가 담긴 추천의 글 006
이 책의 사용 설명서 008
들어가는 글
    생성형 AI의 출현 009
    생성형 AI가 주목 받는 이유 011
    생성형 AI 활용 시 프롬프트 엔지니어링의 중요성 014

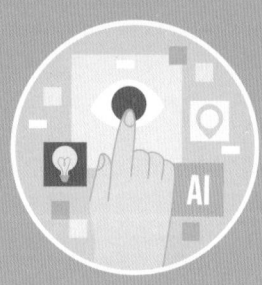

PART 1
AI가 우리의 학습을 바꾸는 방식 022

    1. AI가 학습에 미치는 영향 024
    2. 학생들이 AI를 학습 도구로 활용하는 방법 027
    3. AI의 장점과 한계: 학생들에게 미치는 영향 032

PART II

AI를 활용한 학습 전략과 방법   036

1. AI를 활용한 즉시 피드백 받기와 자기주도 학습   040
2. AI 기반 모의고사와 실시간 피드백   050
3. AI를 활용한 개념 정리와 핵심 내용 요약   060
4. AI와 함께하는 문제 해결 훈련   066
5. AI를 활용한 비판적 사고 훈련   072
6. AI를 활용한 손쉬운 시간 관리와 학습 계획 세우기   080
7. AI를 활용한 학습 습관 만들기   086
8. AI 기반 집중력 향상 방안   099

이 장을 마치며...   104

PART III

초등학생 AI 활용법 - 창의력 키우기와 기초 학습   106

1. AI와 함께하는 언어 학습: 동화 이야기 만들기   108
2. AI와 함께하는 창의적 글쓰기와 그림 그리기   113
3. AI를 활용한 수학 개념 익히기   116

이 장을 마치며 학부모님에게...   124

목차

PART IV

중학생 AI 활용법 - 개념 정리와 학습 방법 효율화 　　126

1. AI를 활용한 노트 정리 및 개념 이해 　　130
2. AI 기반 문제 풀이 및 실시간 해설 　　140
3. AI를 활용한 시험 대비 전략 　　147
이 장을 마치며... 　　158

PART V

고등학생 AI 활용법 - 심화 학습과 시험 대비 　　160

1. AI를 활용한 맞춤형 수능 "학습 전략" 짜기 　　162
2. AI를 활용한 모의고사 풀이 및 성적 예측 　　171
3. AI를 활용한 학습 멘탈 관리와 슬럼프 극복 전략 　　178
이 장을 마치며... 　　186

PART VI
AI가 가져온 학습 방식의 변화와 효과　　　　　　　　188

1. AI가 가져온 학습 방식의 변화　　　　　　　　190
2. AI를 활용한 효과적인 학습 정착 방법　　　　　　　　194
3. AI 활용 전후의 학습 변화와 실질적인 효과 분석　　　　　　　　203
이 장을 마치며...　　　　　　　　208

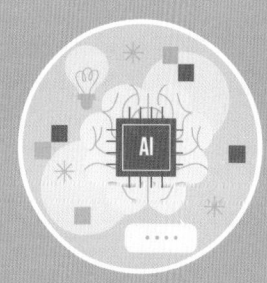

책을 마치며 – 진심을 담아　　　　　　　　210
첨부I 짧지만 아주 효과적인 생성형 AI 활용팁!　　　　　　　　214
첨부II AI와 인간의 학습 방식 비교　　　　　　　　216

특별한 스토리가 담긴 추천의 글

집필 과정에서 미처 고려되지 않았던 특별한 추천사가 생각지도 않았던 과정을 거쳐 마련되었습니다. 그 시작은 집필 마지막 단계에서 한 학부모님께 리뷰를 부탁드린 것이었습니다. 그런데 뜻밖에도 그분의 아내이자 초등학교 선생님, 그리고 중학생 아들까지 함께 책을 읽고, 세 분 모두가 각자의 시선에서 진심 어린 의견과 추천사를 보내주셨습니다.

온 가족이 이 책을 함께 읽고, 자발적으로 응원의 메시지를 전해주셔서 마음 깊숙이 감사함을 느꼈습니다. 이렇게 특별한 추천사를 받은 경험은 집필 과정에서 가장 기쁘고 보람된 순간이었습니다. 세 분께 깊은 감사를 드리며, 이 추천사들이 독자 여러분께도 따뜻하게 전해지기 바랍니다.

이 책은 AI를 단순한 도구를 넘어 학습과 성장의 파트너로 활용하는 방법을 제시합니다. 이를 통해 비단 학생뿐 아니라 AI로 생산성을 높이고 싶은 모든 이들에게 현실에서 AI를 활용하는 실용적인 전략을 알려줍니다. AI 시대에 스스로를 혁신하고 싶은 모든 분들께 이 책을 추천합니다.

삼성전자 조현길 부장

이 책은 AI를 단순히 답을 찾는 도구가 아니라, 나만의 학습 코치로 활용하는 방법을 알려주는 책이에요. 덕분에 이해하기 어려운 개념도 AI와 대화하며 쉽게 이해하고, 오답 노트 정리 시간도 줄일 수 있는 방법을 알게 되었어요. 공부하면서 중간에 막막한 부분이 있다면, AI와 함께 똑똑하게 공부하는 방법을 이 책에서 배워보길 추천해요.

고덕중학교 조재현 학생

선생님으로서 늘 아이들의 학습 흥미와 창의력을 고민해왔습니다. 이 책은 AI를 마치 '똑똑한 공부 친구'처럼 활용하여, 아이들이 배우는 즐거움을 느낄 수 있도록 도와줍니다. 특히 동화를 만들고 수학 개념을 놀이처럼 배우는 방법은 아이들의 눈높이에 딱 맞습니다. AI를 교육에 어떻게 적용할지 막막했던 선생님과 학부모님들께 이 책을 추천합니다. AI와 함께라면 우리 아이들은 더 재미있고 주도적으로 성장할 수 있습니다.

오남초등학교 이혜영 선생님

이 책의 사용 설명서

이 책에서는 특정 색상이 각각의 의미를 담고 있습니다.
아래 색상의 의미를 참고하며 읽어보세요.

원론적인 내용을 보기에 앞서 생성형 AI를 활용해 스터디하는 흥미로운 본론 내용을 먼저 접하고 싶은 경우, PART Ⅱ를 먼저 읽는 것을 추천합니다.
PART Ⅱ를 읽은 후에도 흥미를 끄는 장이 있으면 PART Ⅰ에 앞서 그 장을 먼저 읽어도 되도록 내용을 구성했습니다.

들어가는 글

생성형 AI의 출현

학생 여러분, 그리고 학부모님들께

우리가 발을 딛고 서 있는 지금 이 순간은, 과거의 어떤 시대와도 비교할 수 없을 정도로 빠르고 역동적인 변화의 소용돌이 속에 있습니다. 기술의 발전은 우리의 삶의 모든 영역에 깊숙이 스며들어, 생각하고 소통하며 배우고 성장하는 방식을 근본적으로 변화시키고 있습니다. 특히, 인공지능(AI)이라는 엄청난 혁신의 물결은 이미 우리 눈앞에 현실로 다가와, 미래 사회의 모습을 새롭게 그려나가고 있습니다.

그 중에서도, 스스로 창조적인 결과물을 만들어내는 능력, 즉 텍스트를 쓰고, 이미지를 그리고, 음악을 작곡하는 등 인간 고유의 영역으로 여겨졌던 창작 활동까지 가능하게 하는 '생성형 AI' 기술은 가히 혁명적인 기술이라고 할 수 있습니다. 이러한 생성형 AI의 등장은 우리의 일상생활은 물론이고, 교육 현장과 학생 여러분의 학습 방식 등 다양한 분야에서 전에 없던 거대한 변화를 가지고 올 것이고 지금도 그 변화는 계속해서 일어나고 있습니다.

과거에는 상상조차 할 수 없었던 일들이 생성형 AI의 발전으로 인해 현실이 되었습니다. 궁금한 게 있을 때, 수많은 자료를 뒤적거리며 답을 찾아 헤매는 대신, AI에게 바로 물어보고 원하는 답변을 얻을 수 있게 되었습니다. 복잡하고 어려운 개념이 이해가 안 될 때, AI는 개인의 이해 수준에 맞춰 쉽고 친절하게 설명해주는 맞춤형 튜터(개별적으로 지도하고 조언하는 사람)가 될 수 있습니다. 또한, 번뜩이는 아이디어가 필요할 때, AI는 창의적인 영감을 주고, 글쓰기, 그림 그리기 등 다양한 창작 활동을 위한 든든한 조력자가 되어줄 수 있습니다.

생성형 AI는 더 이상 먼 미래의 이야기가 아닙니다. AI는 이미 우리 주변의 다양한 서비스와 일상 속에 스며들어, 우리의 삶을 편리하게 만들어주고 있습니다. 교육 분야에서도 엄청난 변화를 이끌어낼 잠재력을 가득 품고 있습니다. 이러한 변화의 흐름 속에서, 학생들이 생성형 AI를 단순한 기술 도구를 넘어, 자신들의 학습 능력을 한층 끌어올리고 미래 사회의 핵심 인재로 성장하기 위한 강력한 무기로 활용할 수 있도록 도와주는 것이 바로 이 책의 궁극적인 목표입니다.

이 책은 바로 이러한 시대적 요구에 부응하기 위해 작성되었습니다. 이 책을 통해, 초등학생부터 고등학생까지 모든 학생들이 생성형 AI의 기본적인 개념과 작동 원리를 쉽게 이해할 수 있습니다. 필요에 맞게 AI를 효과적으로 활용할 수 있는 구체적인 방법과 과정을 자세하게 담아 학생 여러분들이 직접 활용할 수 있게 하고자 합니다.

이 책을 통해, 학생 여러분들은 생성형 AI를 그저 단순한 정보 검색 도구나 재미있는 놀이가 아닌, 자신들의 학습 잠재력을 깨우고 미래 사회를 살아가는 데 필요한 핵심 역량을 키우는 든든한 동반자로 인식하게 될 것입니다.

학생들이 AI를 활용하여 공부에 도움이 됐으면 좋겠다는 마음으로 이 책을 집필하게 되었습니다. 이 책이 학생 여러분의 학습 여정에 든든한 도우미가 되어, 생성형 AI라는 새로운 동반자를 통해 더욱 풍요롭고 의미 있는 배움을 경험하기 바랍니다. 이를 통해 자신들의 꿈과 미래를 향해 한걸음 더 나아가는 데 큰 도움이 되기를 진심으로 열망합니다.

미래를 향한 여러분의 빛나는 도전을 응원하며...

2025년 4월, 도서관에서
저자 권성민, 동반자 AI 드림

생성형 AI가 주목 받는 이유

최근 몇 년간 우리 일상에는 놀라운 변화가 일어나고 있습니다. 그 변화의 중심에는 '생성형 AI'라는 기술이 자리하고 있죠. 과거 AI가 단순한 계산이나 정보 검색에 머물렀다면, 이제는 완전히 다른 모습을 보여줍니다. 사람처럼 자연스럽게 글을 쓰고, 창의적인 그림을 그리며, 아름다운 음악을 작곡하기도 합니다. 심지어 우리와 마치 친구처럼 대화를 나누기도 하죠. 공상과학 영화 속 상상이 현실이 되어 우리 곁에 성큼 다가왔습니다.

그런데 왜 이렇게나 교육 분야에서 주목받고 있을까요? 생성형 AI가 갑자기 화제가 된 이유는 단순히 기술이 새롭기 때문만은 아닙니다. 기술적 발전, 사회적 요구, 그리고 교육 환경의 변화라는 세 가지 흐름이 하나로 만나면서 생성형 AI가 자연스럽게 주목받게 되었습니다. 특히 '학습'이라는 영역에서 그 진가가 더욱 빛을 발하고 있어요.

이제 생성형 AI가 전 세계적으로 주목받는 이유를 여러 관점에서 살펴보겠습니다. 이를 통해 단순한 호기심을 넘어서, 왜 우리가 이 기술을 이해하고 활용해야 하는지 그 의미를 찾아보시기 바랍니다.

기술 발전의 결정적 순간: 인공지능의 도약

AI는 어제오늘 갑자기 나타난 기술이 아닙니다. 이미 1950년대부터 '기계가 사람처럼 생각할 수 있을까?'라는 질문은 과학자들의 중요한 연구 주제였죠. 하지만 당시 컴퓨터 성능의 한계로 AI는 오랫동안 기대에 미치지 못하는 '미래 기술'에 머물러 있었습니다.

상황이 바뀌기 시작한 건 2010년대 중반부터였습니다. 딥러닝(Deep Learning)이라는 기술의 발전과 함께 AI는 사람의 목소리를 인식하고, 사진을 분석하며, 언어를 이해하는 능력을 급속히 발전시켜 나갔습니다. 그리고 2020년을 전후로 결정적인 전환점이 찾아왔습니다. 그것이 바로 생성형 AI(Generative AI)의 등장이었죠.

이전의 AI가 주어진 명령에 따라 정해진 방식으로만 작동했다면, 생성형 AI는 완전히 다른 차원의 기술이었습니다. 기존 데이터를 바탕으로 새로운 것을 '창작'할 수 있게 된 거예요. 단순히 글을 요약하거나 번역하는 것을 넘어, 새로운 이야기를 만들어내고, 질문에 논리적으로 답하며, 실제 사람과 대화하는 것처럼 자연스럽게 소통할 수 있게 되었습니다.

이런 기술은 네이버의 하이퍼클로바, 오픈AI(OpenAI)의 챗지피티(ChatGPT), 구글(Google)의 제미나이(Gemini), 앤트로픽(Anthropic)의 클로드(Claude) 등 다양한 형태로 발전하고 있습니다. 각각 고유한 특징과 장점을 가지며 서로 경쟁하면서 기술을 더욱 정교하게 만들어가고 있어요.

디지털 환경의 변화: 모두가 정보 생산자가 된 시대

우리는 더 이상 정보를 단순히 '소비'만 하는 시대에 살지 않습니다. 누구나 글을 쓰고, 사진을 찍고, 영상을 만들어 SNS나 블로그에 올리는 '정보 생산의 시대'를 살고 있어요. 초등학생이 유튜브 채널을 운영하고, 중학생이 블로그에 독서 감상문을 올리며, 고등학생이 인스타그램으로 자신만의 콘텐츠를 공유하는 게 일상이 되었죠.

이런 환경에서 생성형 AI는 엄청난 힘을 발휘합니다. 과거 전문가만이 만들 수 있었던 '잘 쓴 글', '멋진 이미지', '설득력 있는 발표 자료'를 이제는 AI의 도움으로 누구나 쉽게 만들 수 있게 되었거든요. 이는 단순한 편리함을 넘어 학생들이 표현 능력을 키우고 학습 참여도를 높이는 데 매우 효과적입니다.

예를 들어, 국어 시간에 편지를 쓰는 과제가 나왔다고 해봅시다. 생성형 AI는 편지 문장을 함께 고민해주고, 적절한 단어를 추천하며, 더 좋은 표현을 제안해줄 수 있어요. 이 과정에서 학생은 단순히 글을 완성하는 것이 아니라 생각을 글로 표현하는 방법을 자연스럽게 배우게 됩니다.

교육의 패러다임 변화: 맞춤형 학습의 실현

기존 교육은 모든 학생이 같은 교과서로 같은 속도로 배우는 '표준화된 교육'이었습니다. 하지만 학생 개개인은 모두 다른 성향과 수준, 흥미를 가지고 있기 때문에 이런 방식에는 한계가 있었어요. 학습 속도가 빠른 학생은 지루해하고, 어려움을 겪는 학생은 뒤처지기 쉬웠죠.
이런 문제를 해결하기 위해 '개별화 교육'의 필요성은 계속 제기되어 왔지만 현실적으로 실행하기는 어려웠습니다. 선생님이 한 반의 모든 학생에게 각각 다른 방식으로 수업하기는 힘들고, 개인 과외나 맞춤형 학원은 교육비 부담이 만만치 않았거든요.

생성형 AI는 이런 문제들에 대한 새로운 해결책이 될 수 있습니다. AI는 학생의 수준, 학습 스타일, 목표에 따라 맞춤형 콘텐츠를 제공할 수 있거든요. 초등학생에게는 쉽게, 중학생에게는 단계적으로, 고등학생에게는 논리적으로 설명을 조절하며 학습을 지원할 수 있습니다. AI는 개별 맞춤형 학습을 현실로 만들어주는 강력한 도구인 셈이죠.

미래 사회에서의 핵심 역량: 창의력과 문제 해결 능력

미래 사회는 단순히 '지식이 많은 사람'보다 지식을 바탕으로 새로운 것을 만들어내는 '창의적 문제 해결자'를 필요로 합니다. 암기 위주 공부에서 벗어나 스스로 질문하고, 탐구하고, 협업하여 해답을 찾는 능력이 중요한 시대가 온 거예요.
생성형 AI는 바로 이런 창의성과 문제해결력 개발에 도움을 줄 수 있는 도구입니다. AI는 학생의 다양한 질문에 생각을 자극하는 방식으로 응답하고, 새로운 아이디어를 제안하며, 여러 해결 방법을 함께 찾아갈 수 있게 도와줘요. 학생은 AI와 함께 '정답 찾기'를 넘어 '더 나은 방법 고민하기'를 경험할 수 있게 됩니다.

왜 지금, 생성형 AI인가?

생성형 AI가 주목받는 이유는 단순히 '새로운 기술'이어서가 아닙니다. 기술의 발전, 사회와 교육의 변화, 그리고 우리가 살아갈 미래에 필요한 능력들이 하나의 흐름으로 만나면서 자연스럽게 선택된 도구이기 때문이에요.
우리는 이제 AI와 함께 공부하고, 생각하고, 표현하는 시대에 살고 있습니다. 생성형 AI는 우리의 학습을 더 풍부하고, 더 효율적이며, 더 창의적으로 만들어줄 수 있는 강력한 파트너입니다.

생성형 AI 활용 시 프롬프트 엔지니어링의 중요성

AI 시대의 학습에서 가장 중요한 능력은 단순히 정보를 찾는 힘이 아닙니다. 이제는 '어떻게 묻느냐', 다시 말해 '질문하는 능력'이 핵심 역량이 되었습니다. 올바르게 질문한다는 것은 단순히 문장을 만드는 일이 아니라, 생각을 구조화하고, 목적을 명확히 하며, 원하는 결과를 구체적으로 요구하고 전달하는 복합적인 사고 과정입니다. 이러한 능력은 AI를 효과적으로 활용하기 위해 반드시 갖추어야 할 중요한 요소이며, 그 기반이 되는 기술이 바로 '프롬프트 엔지니어링(prompt engineering)'입니다.

여기에서는 이 책을 읽고 이해하는데 필요한 프롬프트 엔지니어링의 핵심적인 내용만 예시 중심으로 다룹니다. 보다 자세한 내용은 별도의 자료를 참고하기 바랍니다.

프롬프트 엔지니어링이란?

우리가 AI에게 무언가를 부탁하거나 질문할 때는 보통 문장을 하나 입력하는 것으로 시작합니다. 예를 들어, "오늘 날씨 어때?" 또는 "수학 공부 잘하는 법 알려줘"와 같은 문장을 AI에게 던지죠. 그런데 같은 내용을 물어보더라도 어떤 방식으로 질문하느냐에 따라 AI의 대답은 그만큼 달라질 수 있습니다. 이것이 바로 '프롬프트(prompt)'의 세계이고, 이를 더 효과적으로 다루는 기술을 '프롬프트 엔지니어링(Prompt Engineering)'이라고 부릅니다.

프롬프트 엔지니어링이란, 인공지능에게서 내가 원하는 정보를 정확하고 효과적으로 얻어내기 위해 질문이나 지시를 전략적으로 구성하는 기술을 말합니다. 단순히 질문을 던지는 것이 아니라, AI가 사람처럼 이해하고 반응할 수 있도록 효과적으로, 구체적으로, 명확하게 질문하는 법을 의미합니다. 마치 선생님에게 궁금한 부분을 자세하게 질문하면 더 풍부하고 정확한 설명을 들을 수 있는 것처럼, AI에게도 질문을 잘해야 더 구체적이고 원하는 답을 얻을 가능성이 높아집니다.

왜 프롬프트 엔지니어링이 중요한가요?

생성형 AI는 머릿속에 전 세계의 모든 책과 문서를 담고 있는 아주 똑똑한 지식인이지만, 그 지식인이 어떻게 생각하는지를 알려면 올바르게 질문해야 합니다. 단순히 "원소 주기율표에 대해 알려줘"라고 말하면, 주기율표에 대한 일반적인 답변을 얻을 수 있을 것입니다. 반면, "중학교 2학년 과학 시간에 배우는 원소 주기율표의 핵심 개념을 예시를 중심으로 정리해줘" 라고 하면,

AI는 훨씬 더 정확하고 자세한 정보를 줄 수 있습니다. 이것이 바로 프롬프트 엔지니어링의 힘입니다. 주변 사람들을 보면 10명 중 9명은 과제를 하거나 모르는 게 생기면 바로 챗지피티에게 물어보고 답변을 받습니다. 그러나 그 9명 중 7, 8명은 원하는 답변이 안 나오는지 계속해서 같은 질문을 하는 경우가 많습니다. 한두번의 질문으로 끝나는 일을 세번, 네번씩 질문하여 답변을 받는 경우가 생기는 것이죠. 이런 경우가 생기는 이유는 간단합니다. 바로 AI에게 질문하는 방식, 즉 프롬프트의 문제입니다. 프롬프트만 수정해서 요청한다면 더 구체적이면서 원하는 답변을 받을 수 있습니다.

결국 프롬프트를 잘 만드는 사람이 AI를 잘 활용할 수 있는 사람입니다. 이 능력은 단순히 AI와 대화하는 것 이상의 힘을 가질 수 있습니다. 미래의 학습, 일, 창작, 문제 해결 등 수많은 영역에서 AI와 협업해야 할 우리에게는, AI를 이해시키는 언어를 구사할 수 있는 능력이 곧 실력이 되는 시대가 온 것이죠.

프롬프트 엔지니어링의 핵심 구성 요소와 활용 예시

생성형 AI를 제대로 활용하기 위해 가장 중요한 것은 바로 '프롬프트(prompt)'입니다. 프롬프트란 사용자가 AI에게 주는 지시문 또는 요청 문장을 말하며, 이 프롬프트가 명확하고 구체적일수록 AI의 응답도 정확하고 유용해집니다.

AI는 마치 재료를 받아 요리를 하는 요리사와 같습니다. 어떤 재료를 어떤 방식으로 요리할지를 명확히 알려주어야, 우리가 원하는 요리가 나오는 것이죠. 아무런 배경지식도 없는 요리사에게 대충 알려주거나 아무런 정보도 제공하지 않고 좋은 퀄리티의 요리를 바랄 수 없습니다. 프롬프드는 바로 이 '요리 지시서' 역할을 합니다. 지시가 모호하면 AI도 추측에 의손해 부정확하거나 엉뚱한 답변을 하게 됩니다.

그렇다면 좋은 프롬프트는 어떤 특징을 갖추어야 할까요? 여기서는 생성형 AI를 효과적으로 활용하기 위한 6가지 핵심 원칙을 소개합니다. 이 원칙들은 초등학생부터 고등학생, 그리고 학부모 여러분 모두가 실전에서 쉽게 활용할 수 있습니다.

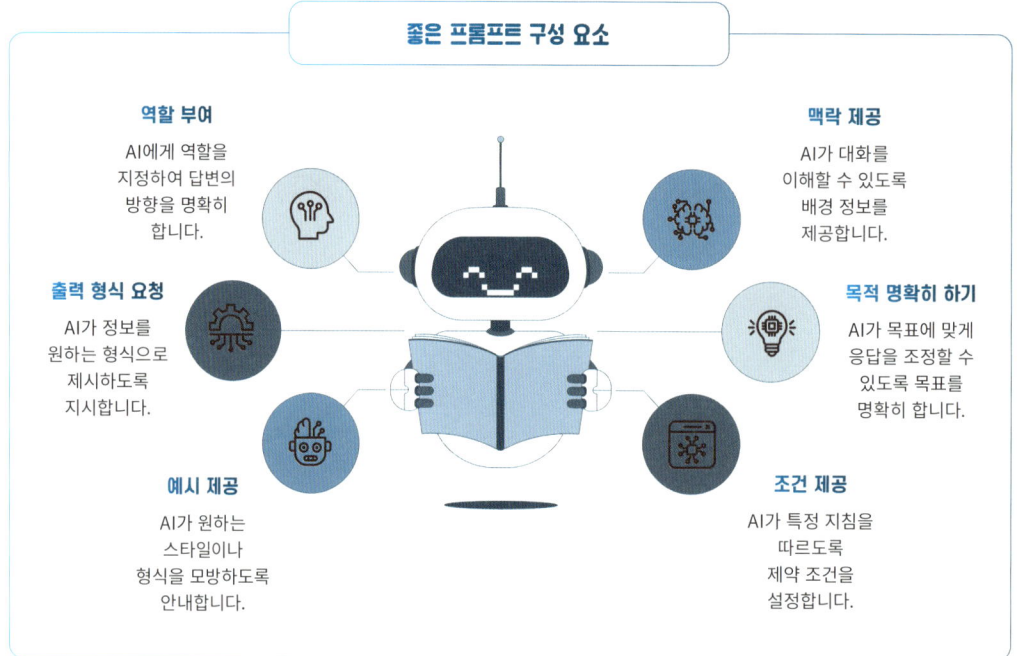

1) 역할(Role)을 분명히 정하기

AI는 정해진 역할에 따라 말투, 설명 방식, 정보의 수준 등을 다르게 설정합니다. 따라서 먼저 AI가 어떤 역할을 맡아야 하는지를 명확하게 지정해주면, 응답의 품질이 높아집니다. 특히 학습 상황에서는 '수학 선생님', '과학 교사', '시험 출제자', '공감하는 상담가' 등으로 역할을 구체화하면 매우 효과적입니다.

> "당신은 중학교 2학년 국어 선생님입니다.
> 아래 문장의 의미를 학생이 이해하기 쉽게 풀어 설명해주세요."

2) 맥락(Context)을 충분히 제공하기

AI가 사용자의 상황에 대해서 정확하게 응답하려면, 문제의 배경이나 상황, 학습자의 상태 등을 알고 있어야 합니다. 처음부터 관련 정보를 함께 주면 AI가 필요한 수준과 방향을 추론하지 않고도 정확하게 답변해줄 수 있습니다.

> "이 글은 중학교 1학년 국어 교과서에 실린 설명문입니다.
> 독후감을 쓰려고 하는데 이 설명문을 핵심 내용 중심으로 요약해주세요."

3) 목적(Goal)을 명확하게 전달하기

AI는 주어진 목적에 따라 응답을 다르게 구성합니다. 요약, 정리, 번역, 문제 해결, 비교 분석 등 무엇을 원하는지 명확하게 지정해야 AI도 그에 맞는 결과를 생성할 수 있습니다.

> "시험 대비용으로 조선 세종대왕의 업적을 3문장 이내로 정리해주세요.
> 핵심 키워드를 중심으로 외우기 쉽게 써주세요."

4) 제약 조건(Constraints)을 명확히 설정하기

제약 조건은 프롬프트의 응답 범위를 제한하거나 형식·내용·어휘의 특정 기준을 설정하는 요소입니다. 예를 들어, '100자 이내', '어린이가 이해할 수 있도록', '전문용어는 제외', '학년 수준에 맞게' 등과 같은 조건은 AI가 제공할 내용을 훨씬 더 정확하게 만들어줍니다.

> "당신은 초등학교 5학년 수학 선생님입니다.
> 소수의 덧셈 개념을 100자 이내로 간단하고 쉽게 설명해주세요.
> 전문 용어나 수학 기호는 사용하지 말고, 이해하기 쉬운 말로 풀어서 써주세요."

제약 조건은 과제의 난이도, 형식, 길이, 스타일 등을 명확하게 제한하여 AI의 응답을 통제하는 데 매우 유용합니다.

5) 예시(Example)를 함께 제시하기 (선택 사항)

AI는 추론 능력이 뛰어나지만, 예시를 보면 훨씬 더 명확하게 요구를 이해합니다. 예시는 형식, 스타일, 어조 등을 미리 보여주는 샘플이 되어, AI가 그에 맞춰 결과를 생성하게 합니다.

> "다음 단어('run, park, day')를 사용해서 초등학생이 이해할 수 있는 짧은 예문을 아래 예시와 같은 형식으로 3개 만들어주세요."
>
> 예시: "I run in the park every day."

6) 출력 형식(Format)을 지정해주기

AI는 특정한 출력 형식이 지정되었을 때 훨씬 더 정돈된 답변을 제공해줍니다. 표, 리스트, 항목 번호, 대화 형식, 요점 정리 등 원하는 형식을 구체적으로 말해주면 학습 정리나 활용에도 도움이 됩니다.

> "아래 내용을 공부할 때 외우기 쉽게 표 형태로 정리해주세요.
> 열은 '용어', '정의', '예시'로 구성해주세요."

이제 위의 6가지 구성 요소를 모두 활용한 완성형 프롬프트 예시입니다.

> "[역할] 당신은 중학교 2학년 영어 선생님입니다.
> [맥락] 저는 영어 단어를 문장에서 사용되는 것을 보면서 익히려고 합니다.
> [목적] 아래 단어 목록을 활용해서 학생들이 쉽게 외울 수 있는 문장을 만들어주세요.
> 　　　단어: 'improve, solution, discover'
> [제약 조건] 각 문장은 10단어 이내로 간단하고 명확해야 합니다.
> [예시] 'We must find a good solution quickly.'
> [출력 형식] 표로 정리. 열은 '단어', '예문'으로 구성해주세요."

위 예시를 자연스러운 문장으로 다시 써 보면...

> "당신은 중학교 2학년 영어 선생님입니다.
> Improve, solution, discover라는 단어들을 활용해서 학생들이 쉽게 외울 수 있는 문장을 만들어서 표로 정리해주세요.
> 열은 단어, 예문으로 구성해주세요.
> 각 문장은 10 단어 이내로 간단해야 합니다."

우리는 일상생활에서 사람에게 무언가를 요청할 때, 상대방이 잘 알아듣고 정확하게 행동할 수 있도록 말의 순서를 조절하거나 설명을 덧붙입니다. 예를 들어 친구에게 "너, 아까 걔한테 그거 좀 해줘." 라고 말하면 무슨 말인지 도통 알 수 없지만, "아까 도서관에서 빌린 책 있지? 그거

은수한테 대신 반납해달라고 부탁했었잖아. 그거 꼭 오늘 중으로 반납해줘." 라고 말하면 훨씬 더 명확하게 전달됩니다. 사람에게 말하는 방식이 이렇듯, AI에게 말을 거는 방식인 '프롬프트' 역시 명확하고 구체적일수록 좋은 결과를 얻을 수 있습니다. 이것이 바로 좋은 프롬프트와 나쁜 프롬프트의 차이입니다.

과목 별 프롬프트 예시

1) 국어 학습: 개념 이해

> "당신은 중학교 선생님입니다.
> 중학교 1학년 학생이 직유법을 처음 배우는 상황입니다.
> 정의를 쉽게 알려주고, 교과서에 나올 법한 예문 2개를 제시해주세요.
> 마지막에 퀴즈 하나도 만들어주세요."

→ 좋은 프롬프트는 '역할'과 '학습 대상(중1)'과 '맥락(처음 배우는 상황)'을 반영하며, 출력 형식(정의+예문+퀴즈)도 명확히 제시합니다.

> "당신은 초등학교 5학년 학생의 국어 과외 선생님입니다.
> 학생이 어려워하는 '의인법'이라는 개념을 쉽고 재미있게 설명해주세요.
> 마지막에는 관련된 문제도 2개 만들어주세요."

→ 이 프롬프트의 구성:
- 역할(Role): '초등학교 5학년 국어 과외 선생님'으로 AI의 시점을 명확히 설정해 주었습니다.
- 맥락(Context): 학습자의 수준을 반영하여 초등학교 5학년 수준으로 맞췄습니다.
- 목적(Goal): '학생이 어려워하는 의인법이라는 개념을 설명해달라'라는 명확한 목표를 부여했습니다.
- 출력 형식(Format): 쉽고 재밌는 설명 + 문제 2개라는 구체적 출력 형식을 지시했습니다.

2) 영어 학습: 문장 만들기

> "당신은 초등학교 영어 선생님입니다.
> 초등학교 3학년 학생이 'can'을 사용하는 영어 문장을 연습하고 있어요.
> 'I can run', 'I can swim'처럼 짧고 쉬운 문장을 5개만 만들어주세요.
> 뜻도 함께 써주세요."

→ 역할과 구체적인 목표('can' 학습), 수준(초3), 출력 형식(문장 5개 + 해석)을 모두 제시한 좋은 프롬프트입니다.

3) 수학 학습: 문제 풀이

> "당신은 중학교 수학 교사입니다.
> 중학교 1학년 학생에게 'x + 3 = 7' 문제를 단계별로 설명하면서 풀어주세요.
> 각 단계에서 어떤 개념을 사용하는지도 알려주세요."

→ 좋은 프롬프트는 단순한 정답이 아니라 과정을 학습하게 유도하며, 설명 중심의 피드백을 요청합니다. 여기에는 어떤 구성 요소들이 들어가 있는지 여러분 스스로 생각해보세요!

좋은 프롬프트가 왜 중요한가요?

좋은 프롬프트를 작성하면 다음과 같은 장점이 있습니다.
- **AI의 응답 정확도 향상**: 더 구체적이고 원하는 방식의 응답을 받을 수 있습니다.
- **학습 맞춤화**: 학생의 수준이나 학습 목표에 딱 맞는 설명과 자료를 생성할 수 있습니다.
- **실시간 교사 역할**: AI가 마치 개인 튜터처럼 학생의 수준에 맞춰 설명해 줍니다.
- **시간 절약**: 여러 번 다시 묻거나 수정하지 않아도 됩니다.

반대로 나쁜 프롬프트는 다음과 같은 문제를 발생시킬 수 있습니다.
- **모호한 답변 생성**: AI가 상황을 파악하지 못하고 엉뚱한 수준의 설명을 할 수 있습니다.
- **필요 없는 정보 과다 출력**: 위키백과식으로 불필요하게 긴 정보가 나올 수 있습니다.
- **추가 프롬프트 작성의 반복**: 원하는 답이 나올 때까지 계속 물어야 합니다.

좋은 프롬프트와 나쁜 프롬프트 비교

판단 기준	좋은 프롬프트	나쁜 프롬프트
응답 정확도	높음	낮음
학습 맞춤화	학생 수준과 학습목표에 맞는 설명과 자료 생성	불필요한 정보 과다 출력, 필요한 정보 미출력
효율성	시간 절약	프롬프트 재작성 및 결과 재확인 시간 소요
실시간 교사 역할	수행	미수행

PART I

AI가 우리의 학습을 바꾸는 방식

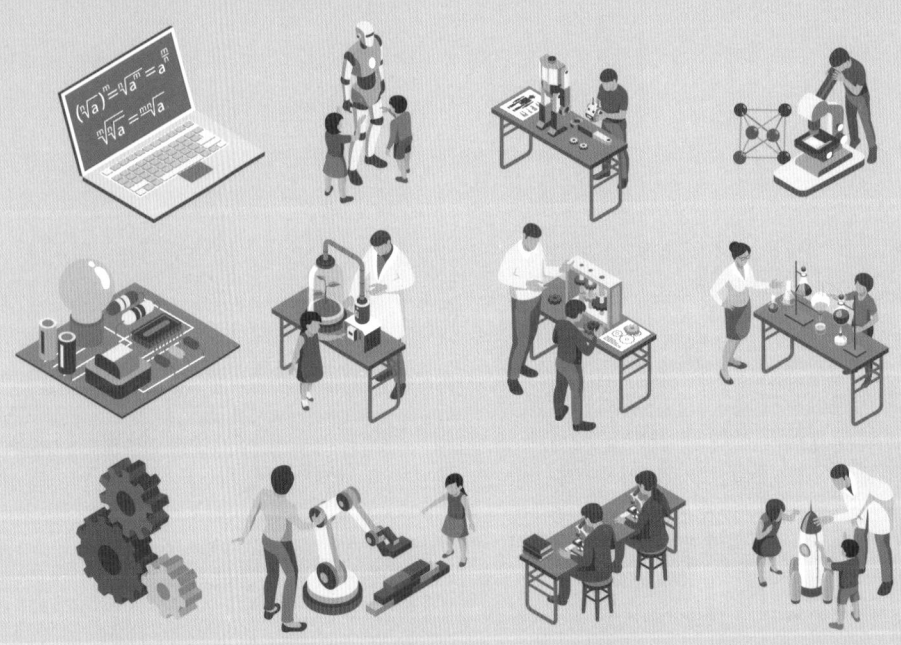

※ 원론적인 내용을 보기에 앞서 생성형 AI를 활용해 스터디하는 흥미로운 본론 내용을 먼저 접하고 싶은 경우, PART II를 먼저 읽는 것을 추천합니다. PART II를 읽은 후에도 흥미를 끄는 장이 있으면 PART I에 앞서 그 장을 먼저 읽어도 되도록 책이 구성돼 있으니 참고하기 바랍니다.

21세기의 교육 현장은 빠르게 변화하고 있습니다. 특히 2020년대를 기점으로, 교육의 중심에 디지털 기술과 인공지능이 본격적으로 자리 잡기 시작했습니다. 그 중에서도 '생성형 AI'는 단순히 기술의 진보를 넘어, 학생들의 학습 방식 자체를 바꾸는 강력한 동력으로 주목 받고 있습니다.

과거의 교육은 지식 중심의 암기와 복습을 기본으로 삼았습니다. 학생은 교사가 가르치는 정보를 수동적으로 받아들이고, 주어진 문제를 해결하며, 일정한 틀 안에서 사고하는 것에 익숙해졌습니다. 그러나 생성형 AI는 이 기존의 틀을 깨고 있습니다. 이제 학생은 정보를 '받는 존재'에서 '구성하고 탐색하는 존재'로 바뀌고 있습니다.

AI와의 상호작용은 단순한 질문-답변을 넘어, 학생 스스로 문제를 정의하고, 다양한 관점에서 해석하며, 자신만의 학습 방식을 만들어가도록 유도합니다. 이런 변화는 그 자체로도 매우 의미 있지만, 동시에 새로운 도전과 고민을 불러오기도 합니다.
예를 들어, 학생이 "이 문제를 어떻게 풀면 좋을까?" 라고 생성형 AI에게 질문하면, AI는 여러 풀이 방식을 제시하고, 사고의 과정을 시각화하며 핵심 개념을 그림이나 표로 정리해서 설명해줍니다. 이처럼 AI는 하나의 정답을 제공하는 것이 아니라, '어떻게 사고하고 배우는가'를 함께 탐구하는 학습 동반자로 진화하고 있습니다.

이러한 AI와의 상호작용은 특히 자율성과 자기주도 학습이 강조되는 현재 교육 환경과도 깊이 연결되어 있습니다. 생성형 AI는 학생에게 즉각적인 피드백과 다양한 학습 자원을 제공함으로써, 교사 한 명이 감당하기 어려운 맞춤형 학습 지원을 가능하게 합니다. 하지만 반대로 생각해보면, 학생이 AI를 어떻게 스스로 활용하고, 어떤 관점에서 해석하고 받아들일 것인가에 따라 학습 효과가 크게 달라질 수 있다는 의미이기도 하죠.

이 장에서는 먼저 실제 교육 현장에서 학생들이 생성형 AI를 활용하며 겪는 변화의 사례들을 함께 다루어, 이 기술이 학생들의 학습에 실질적으로 어떤 영향을 주고 있는지를 살펴볼 것입니다. 이를 통해 학습자가 중심이 되는 미래 교육의 모습, 그리고 그 과정에서 AI가 어떤 역할을 할 수 있는지를 구체적으로 알아보겠습니다.
또한 학생들이 AI를 학습에 활용하는 다양한 방법과 케이스를 살펴 보면서 어떻게 활용하면 될지 감을 잡는 시간을 가져보고자 합니다.
이어서 생성형 AI가 가지는 강점은 무엇이며, 어떤 한계와 고민이 뒤따르는지도 함께 짚어볼 것입니다.

1. AI가 학습에 미치는 영향

최근 몇 년 사이, 교육 현장에서 가장 큰 변화를 일으킨 주인공은 바로 '생성형 AI' 입니다. 이 AI는 단순히 정보를 제공하거나 기계처럼 작동하는 수준을 넘어, 마치 선생님처럼 학생의 수준에 맞춰 설명하고, 친구처럼 함께 공부해주는 존재로 자리 잡고 있습니다. 특히 공부하는 시간과 노력을 효율적으로 사용하는 데 큰 영향을 주고 있어, 많은 사람들이 그 효과를 직접 체감하고 있습니다.

이 절에서는 생성형 AI가 학습 효율성에 어떤 변화를 가져오는지 구체적인 사례와 함께 살펴보겠습니다. AI와 함께하는 공부는 단순한 도구 사용을 넘어, 새로운 학습 문화로 이어질 수 있습니다. 이제, 그 변화의 핵심을 함께 들여다보겠습니다.

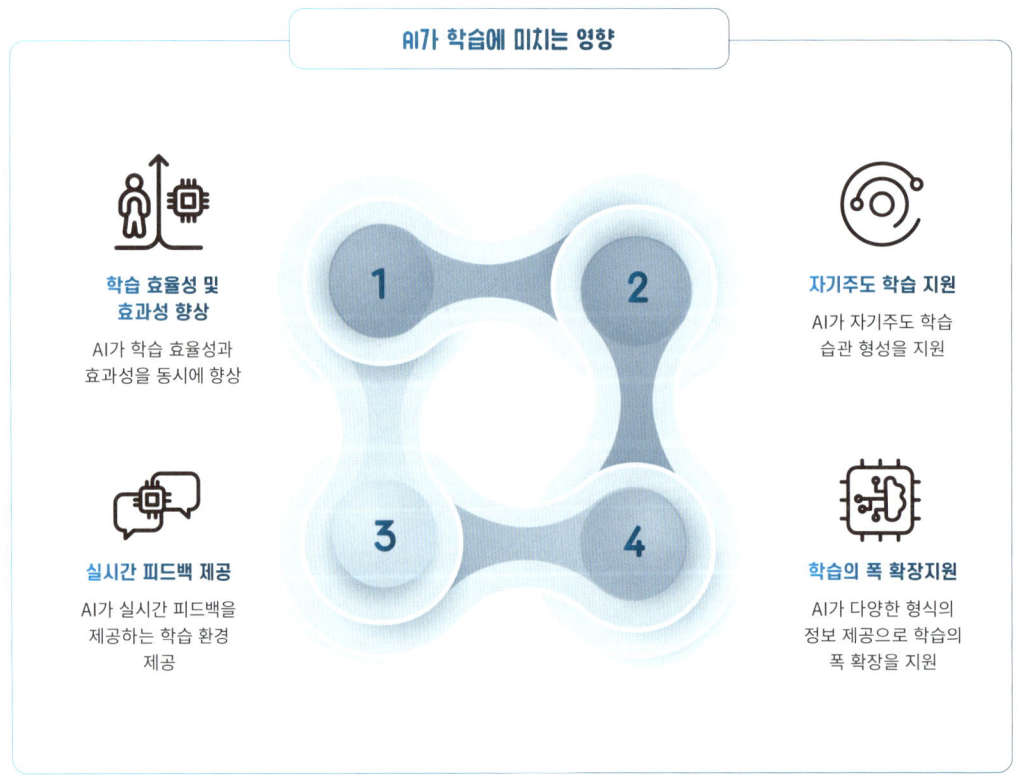

학습에 드는 시간을 줄이면서도 성과는 높아지는 이유

기존의 학습 방식은 대부분 학급 안에 있는 모든 학생들이 정해진 교재와 일정한 진도에 따라 다 같이 공부하는 방식이었습니다. 이해가 느린 학생은 진도를 따라가느라 힘들었고, 빠르게 이해하는 학생은 반복되는 설명에 지루함을 느끼곤 했습니다. 하지만 생성형 AI를 활용하면 이런 문제의 상당 부분을 해결할 수 있습니다.

예를 들어, 어떤 학생이 수학의 '일차함수' 개념을 어려워한다면, 생성형 AI는 그 학생이 어떤 부분을 잘 모르는지를 분석하여 해당 부분을 중심으로 일차함수의 개념 등을 쉽게 설명해줄 수 있습니다. 반대로 개념을 이미 잘 알고 있는 학생에게는 심화 문제를 제시하거나 응용 사례를 소개해주면서 그 학생의 이해도를 더 높이는 방향으로 도와줄 수 있습니다.

이처럼 AI는 학생 개인의 이해도와 학습 속도에 맞추어 조율해주기 때문에, 불필요하게 시간을 낭비하지 않고 각자 꼭 필요한 부분에 집중할 수 있게 됩니다.

자기주도 학습 습관을 기르는 데 도움이 되는 AI

많은 학생들이 공부할 때 가장 어려움을 느끼는 부분은 '무엇을, 언제, 어떻게 공부해야 할지' 모른다는 점입니다. 계획을 세우지 않고 공부하면 시간만 가고, 해야 할 공부는 줄어들지 않죠. 하지만 생성형 AI는 학습 계획을 세우는 데 큰 도움을 줄 수 있습니다. 예를 들어 "이번 주 중간고사를 대비해서 어떤 과목을 언제 공부해야 할까?"라는 고민에 대해, AI는 학생이 제시한 시험 범위와 공부 가능한 시간을 분석해서 구체적인 학습 계획을 제시해줍니다. 그리고 그 계획에 따라 오늘 할 공부를 알려주고, 복습하는 방식도 추천해줍니다.

이러한 과정을 반복하다 보면 학생 스스로 공부를 계획하고 실천하는 '자기주도 학습 습관'이 자연스럽게 형성됩니다. 이는 단기적인 학습 성과를 높이는 것은 물론, 장기적인 학습 태도에도 긍정적인 영향을 미칩니다.

공부의 흐름을 끊지 않고, 실시간 피드백을 받는 학습 환경

기존에는 공부를 하다가 모르는 부분이 생기면 참고서나 답지, 인터넷 검색을 통해 해결하거나, 다음 날 학교나 학원에서 선생님에게 질문하고 답을 받아야 했습니다. 하지만 이는 상당한 시간을 필요로 하거나 시차로 인해 해결이 어려울 수 있습니다. 특히 선생님에게 질문하는 것은 생각보다 많은 시간을 소모하고, 때로는 물어보는 것이 부끄럽거나 귀찮아서 모른 채로 넘어가기도 합니다.

생성형 AI는 이런 상황이 생겼을 때 그 즉시 해결해줄 수 있습니다. 예를 들어 영어 독해를 하다가 모르는 문장이 나왔을 때, AI에게 질문하면 그 즉시 해당 문장의 문법적 구조, 단어 뜻, 문장 해석 등을 자세하게 알려줍니다. 챗지피티나 클로드, 제미나이, 퍼플렉시티 같은 AI들은 질문에 맞춤형으로 친절하게 설명해주기 때문에, 학생은 공부의 흐름을 끊지 않고 계속해서 학습을 이어갈 수 있습니다.

다양한 형식의 정보 제공으로 학습의 폭 확장

학생마다 학습 선호 방식은 다릅니다. 어떤 학생은 글을 통해 배우는 것을 좋아하고, 어떤 학생은 그림이나 도표로 시각화 된 정보를 좋아합니다. 생성형 AI는 학생이 자신이 원하는 스타일을 요청하면 이를 반영해 정보를 다양한 형식으로 제공해줄 수 있습니다.

예를 들어, 긴 글을 요약해 핵심만 뽑아주거나, 복잡한 과학 개념을 쉽게 풀어서 설명해줍니다. 특정 개념을 표로 정리해달라고 요청하면 복잡한 내용을 한눈에 볼 수 있게 시각화해주어 초등학생이나 시각적 학습에 강한 학생들에게 효과적입니다.

학부모도 함께 참여할 수 있는 AI 기반 학습 환경

초등학생이나 중학생의 경우, 학부모의 관심과 지도가 함께할 때 학습 효율성과 효과성이 현격하게 높아질 수 있습니다.

생성형 AI는 학부모에게도 도움이 되는 정보를 제공해줄 수 있습니다. 예를 들어, "우리 아이가 지금 어떤 개념에서 어려움을 겪고 있는지", "어떤 방식의 학습이 더 효과적인지" 등을 분석하여 학부모에게 조언을 해줄 수 있습니다. 또한, 자녀와 함께 AI에게 질문하거나 내용을 정리하면서, 학부모도 자연스럽게 학습 과정에 참여할 수 있게 됩니다.

학부모가 AI를 활용해 자녀 학습에 관심을 갖는 순간, 학생의 동기부여는 훨씬 강해지고 학습의 질도 높아지게 됩니다. AI를 자녀와 함께 활용함으로써 자녀와 함께하는 성장 동반자가 될 수 있습니다.

2. 학생들이 AI를 학습 도구로 활용하는 방법

생성형 AI는 더 이상 기술 전문가들만 사용하는 어렵고 복잡한 도구가 아닙니다. 이제 모든 연령대의 학생들, 심지어 학부모님들까지 누구나 일상적인 공부 속에서 손쉽게 활용할 수 있는 아주 유용한 도구가 되었습니다.

이 절에서는 실제로 학생들이 어떤 방식으로 생성형 AI를 공부에 활용할 수 있는지를 상황을 예로 들면서 간단하게 알아보겠습니다. 이 절에서 나오는 예시들의 자세한 프롬프트들은 뒤에서 구체적으로 다루어 볼 예정이니, 여러분들은 예시들을 읽으면서 각 상황마다 어떤 프롬프트를 써야만 AI가 가장 적합하고 만족스러운 답변을 내놓을지 생각해보고 뒤에서 확인하고 비교해보기 바랍니다.

요점 정리와 핵심 내용 파악

공부를 할 때 가장 중요한 것 중 하나는 '핵심 내용을 파악하고 정리하는 능력'입니다. 하지만 학생들이 교과서나 참고서를 읽을 때, 어떤 부분이 중요한지 감을 잡기 어려운 경우가 많습니다. 이럴 때 생성형 AI는 복잡한 내용을 이해하기 쉽게 정리해주고, 중요한 개념을 뽑아내는 데 큰 도움을 줍니다.

예를 들어, 중학생이 과학 시간에 배우는 '광합성'에 대한 설명을 읽고 중요한 내용을 정리하고 싶다면, 생성형 AI에게 해당 내용을 입력하면 요약된 핵심 개념을 문장이나 표, 리스트로 정리해줍니다. 이렇게 하면 학생은 스스로 요점을 정리하는 연습도 하고, AI가 정리한 내용을 바탕으로 다시 확인하며 복습할 수 있습니다.

어려운 개념을 쉬운 말로 풀어 듣기

공부를 하다 보면 이해가 잘 되지 않는 어려운 개념이 종종 등장합니다. 예를 들어 '이차방정식의 근의 공식', '유전법칙', '역사 속 개혁 운동' 등은 중·고등학생들도 한 번에 이해하기 어려운 주제입니다.

이럴 때 학생은 AI에게 "초등학생도 이해할 수 있도록 설명해줘", "예를 들어서 쉽게 말해줘"와 같은 요청을 통해 빠르고 간단하게 쉬운 설명을 받을 수 있습니다. 생성형 AI는 요청에 따라 말투나 설명 수준을 조절해줄 수 있어, 학년별 이해 수준에 맞춘 설명을 받을 수 있습니다. 이렇게 AI를 '설명 잘하는 선생님'처럼 활용하면, 학습에서 막혔던 부분을 자연스럽게 해결할 수 있습니다.

개념 연결과 배경지식 확장

공부는 단편적인 암기보다 개념 간의 연결과 배경지식의 확장이 중요합니다. 생성형 AI는 단순히 질문에 대한 답을 주는 것을 넘어서, 개념 간의 연관성을 설명하거나, 주제에 대해 더 넓은 배경지식을 제공할 수 있습니다.

예를 들어, '조선 시대의 세종대왕'에 대해 공부하고 있다면 AI는 세종대왕의 업적뿐 아니라, 그 시대의 과학, 경제, 정치 상황까지 연결해 설명해줄 수 있습니다. 학생은 AI와의 대화를 통해 단편적인 지식에서 벗어나 더 깊고 넓은 사고력을 키울 수 있습니다.

오답노트 정리 및 복습 도우미

시험을 준비하는 과정에서 틀린 문제를 복습하고, 그 원인을 정확히 이해하는 것은 매우 중요한 과정 중 하나입니다. 하지만 많은 학생들이 오답노트를 만드는 데 귀찮음을 느끼고, "아 모르겠다" 하면서 틀린 문제를 그냥 넘기는 경우가 많습니다.

이런 상황에서 AI는 오답 원인 분석, 비슷한 문제 제공, 복습 방향 안내 등 다양한 방식으로 도와줄 수 있습니다. 학생이 틀린 문제와 본인이 푼 방식을 입력하면, AI는 학생이 왜 이 문제를 틀렸는지 설명하고, 비슷한 개념을 묻는 다른 예제 문제를 제시하거나, 관련 개념을 정리해 줄 수 있습니다.

글쓰기와 작문 도우미

국어, 사회, 역사 등 글쓰기가 중요한 과목에서는 생각을 정리하여 논리적으로 표현하는 능력이 중요합니다. 생성형 AI는 글의 전체적인 구조를 잡아주고, 내용을 풍부하게 만들 수 있는 표현을 제안해줍니다. AI가 처음부터 끝까지 다 작성해줄 수 있긴 하지만 AI에게 처음부터 글을 다 맡기기보다는, 학생이 작성한 초안을 AI에게 입력하고 AI가 학생에게 초안에 대한 피드백을 주고 발전시켜 나가는 방식으로 활용하면 더욱 효과적입니다.

예를 들어, 고등학생이 '환경 보호의 중요성'에 대한 글을 쓴다면, AI는 글의 전개 방식이 자연스러운지, 표현이 명확한지와 맞춤법 등을 알려주고, 더 논리적인 문장과 형식을 제안해줄 수 있습니다.

학습 계획 세우기와 시간 관리 도우미

학생이 하루 혹은 일주일, 한달 동안 어떤 공부를 어떻게 할지 고민된다면, 생성형 AI에게 학습 계획 수립을 도와달라고 요청할 수 있습니다. 예를 들어 "수학과 영어를 중심으로 일주일 동안 공부할 계획을 짜줘. 내 목표는 수학과 영어 점수가 각각 10점씩 오르는 거야."라고 요청하면, AI는 학습 목표와 시간 배분, 과목별 추천 학습 방법을 포함한 계획을 대신 짜줍니다.

특히 복습 주기 설정이나 과목 간 균형 조절 등 세부적인 부분까지 맞춰줄 수 있어, 학생은 AI와 함께 자기만의 맞춤 시간표를 만들 수 있습니다.

참고로 AI는 학습 계획 세우기에 더해, 수학 문제 풀이, 영어 지문 해석, 과학 개념 설명 등 과목별로 맞춤 피드백을 잘 제공할 수 있기 때문에, 자기주도 학습에 매우 유용한 도구가 될 수 있습니다.

학부모님이 함께 활용할 수 있는 방법

학생뿐 아니라 학부모님도 생성형 AI를 통해 자녀의 학습을 보다 능동적으로 도울 수 있습니다. 예를 들어, 자녀가 공부하는 개념을 이해하고 싶을 때 AI에게 설명을 요청하거나, 학습 계획을 함께 점검하고 조율할 때 AI의 도움을 받을 수 있으며, 자녀가 작성한 글이나 수행평가 자료를 검토할 때 AI에게 피드백을 요청할 수도 있습니다.

이런 방식으로 학부모도 AI와 함께 자녀의 교육 파트너가 되어줄 수 있습니다.

이제 AI는 단순한 검색 도구나 자동 답변기가 아니라, 함께 생각하고 정리하고 확장할 수 있는 학습 파트너입니다.

다음과 같은 태도로 접근하면, AI를 더 효과적으로 활용할 수 있습니다.

- AI가 알려주는 정보를 그대로 받아들이기보다, 스스로 판단하고 질문을 던지는 습관을 기르기
- AI의 설명을 바탕으로 다른 관점에서 생각해보기
- AI의 답변을 토대로 도출한 추가 질문과 다른 생각을 다시 입력(답변 요청)하기
- AI가 만든 요약이나 자료를 자신의 언어로 다시 정리해보기

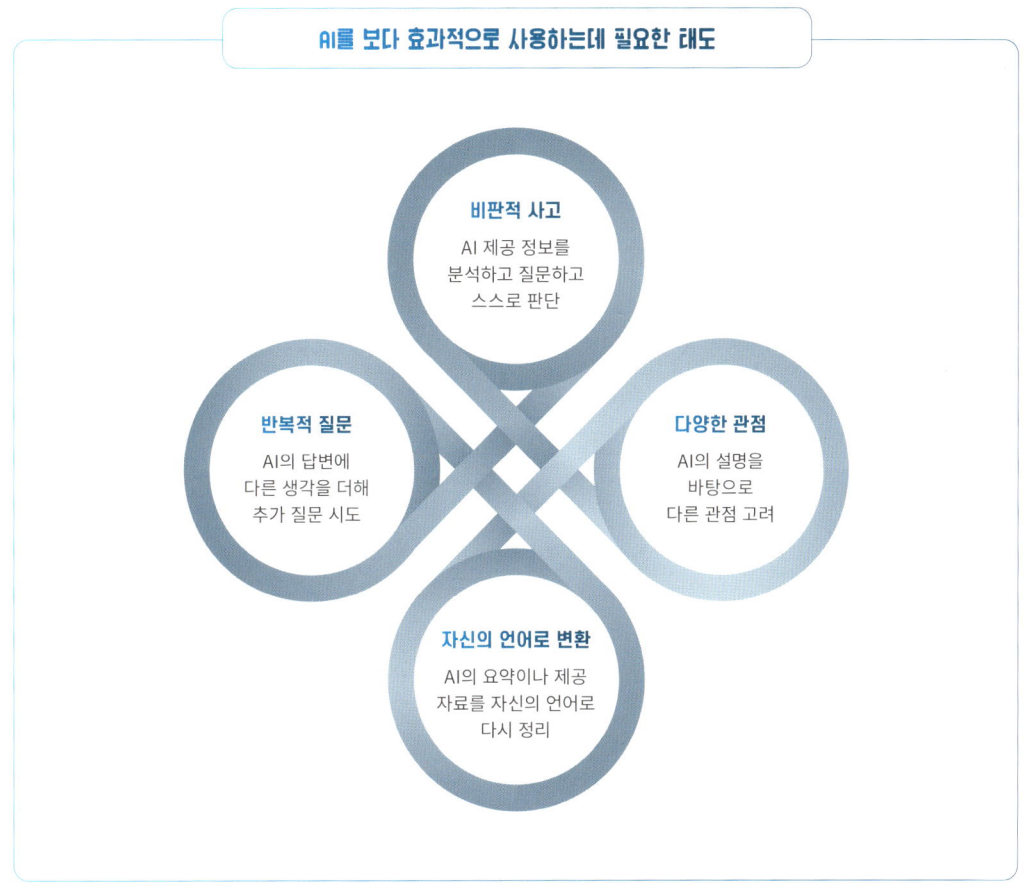

지금 이 순간에도 수많은 학생들이 생성형 AI와 함께 문제를 풀고, 글을 쓰고, 스스로에게 질문을 던지고 있습니다. 어떤 학생은 챗지피티를 이용해 모르는 개념을 설명 받고, 어떤 학생은 퍼플렉시티나 클로드로 복잡한 내용을 요약하며 학습의 실마리를 찾고 있습니다. 이 모든 과정은 과거에 상상하지 못했던 방식으로 '학습'이라는 행위 자체를 재정의하고 있습니다.

AI는 지치지 않고, 실수를 두려워하지 않으며, 질문이 많을수록 더 많은 정보를 제공해줍니다. 하지만 이로 인해 학습자의 능동성은 약해질 수도 있고, AI의 설명을 무비판적으로 수용할 가능성도 높아집니다. 실제로 많은 전문가들이 지적하듯, AI는 완벽하지 않으며, 때때로 사실과 다른 정보를 제시하거나, 표면적인 이해에 머무를 수도 있습니다. 따라서 AI를 교육에 활용할 때 가장 중요한 것은 기술 자체가 아니라 그 기술을 어떻게 활용하고 해석하느냐에 대한 인간의 태도입니다.

3. AI의 장점과 한계: 학생들에게 미치는 영향

생성형 AI는 학습 분야에까지 큰 영향을 미치고 있으며, 학생들이 공부하는 방식에도 새로운 가능성을 열어주고 있습니다. 그러나 모든 기술이 그렇듯, 생성형 AI 역시 장점이 있는 동시에 반드시 이해하고 조심해야 할 한계도 존재합니다.

이 절에서는 생성형 AI가 학습에 어떤 긍정적인 영향을 주는지, 또 어떤 점을 유의해야 하는지 짧지만 구체적이게 살펴보겠습니다. 이를 통해 학생 여러분은 물론 학부모님께서도 보다 현명하게 AI를 학습에 활용할 수 있는 바탕을 마련하실 수 있을 겁니다. 여기에서 다루는 AI 활용 방법들의 자세한 내용과 그에 대한 프롬프트들은 뒷장에서 더 자세하게 다루겠습니다.

생성형 AI의 장점: 강력한 학습 도우미

1) 적시에 빠르게 학습 정보 습득 지원

생성형 AI는 학생이 궁금해하는 내용을 빠르고 대부분의 경우 정확하게 설명해줍니다. 예를 들어 어떤 개념이 헷갈릴 때, 책을 여러 번 뒤적이기보다 AI에게 질문을 던지면 몇 초 만에 이해하기 쉽게 개념을 설명해줍니다. 특히 초등학생과 중학생처럼 아직 자기 주도 학습에 익숙하지 않은 학생들에게는 AI가 큰 도움이 됩니다.
또한, 고등학생처럼 심화 학습이 필요한 경우에는 개념 정리뿐만 아니라 복잡한 문제 풀이 과정, 핵심 정리, 관련된 배경 지식까지도 함께 제공할 수 있어 학습의 깊이를 더하는 데 도움이 됩니다.

2) 학습 계획 세우기와 습관 형성 지원

학생들이 공부를 할 때 가장 어려워하는 점 중 하나가 바로 '계획을 세우고 꾸준히 지키는 것'입니다. 생성형 AI는 개인이 활용할 수 있는 시간과 학습 목표에 따라 맞춤형 학습 계획을 제안해줄 수 있습니다. 하루에 몇 시간 공부할지, 어떤 과목을 어떤 순서로 학습하면 좋은지 등을 알려주고, 공부한 내용을 복습하거나 확인하는 방법도 제시해줄 수 있습니다.

3) 흥미를 자극하는 학습 방식 제공

기존의 교과서 중심 학습은 다소 지루할 수 있지만, 생성형 AI는 이야기 형식, 예시 중심, 문제 해결 중심 등 다양한 방식으로 내용을 설명할 수 있기 때문에 학생들을 학습에 흥미를 느끼게 만들 수 있습니다. 예를 들어 역사 과목에서는 마치 소설처럼 상황을 묘사해주기도 하고, 수학 문제는 실생활 예시로 설명해주기도 합니다. 학생들에게는 이런 설명 방식이 학습의 흥미를 이끌고 기억에 더 오래 남는 학습 방식이 될 수 있습니다.

4) 맞춤형 피드백과 실시간 도움 제공

AI는 학생의 요청에 따라 바로 바로 피드백을 줄 수 있습니다. 영어 문장을 썼을 때 문법이 맞는지, 수학 문제 풀이 과정이 정확한지, 과학 실험 결과 해석이 옳은지 등 다양한 학습 부분에서 실시간으로 도움을 받을 수 있습니다. 또한, 학생의 수준에 맞게 설명을 조절할 수 있어, 초, 중학생에게는 간단하고 친절하게, 고등학생에게는 논리적이고 깊이 있게 설명해줄 수 있습니다.

생성형 AI의 한계

생성형 AI의 장점이 많다고 해서 AI가 무적이라고 생각해서는 안 됩니다. 오히려 그 장점을 잘 활용하기 위해서는 AI가 가진 한계도 정확히 이해하고 있어야 합니다.

1) 틀린 정보를 제공할 가능성

가장 대표적인 문제 중 하나는 '허위 정보'입니다. 즉, 거짓말을 하는 것이죠. 생성형 AI는 방대한 데이터를 기반으로 학습했지만, 그 정보들이 모두 정확한 것은 아닙니다. 때때로 틀린 내용을 사실처럼 보여주거나, 존재하지 않는 정보를 만들어내는 경우도 있습니다. 예를 들어 실제로는 존재하지 않는 과학 이론을 마치 실제처럼 설명하거나, 수학 문제의 풀이 과정을 잘못 제시하는 경우가 있습니다. 게다가 AI는 허위 정보, 즉 거짓말을 매우 그럴듯하게 하기 때문에 티가 안 나는 경우가 많습니다. 그래서 많은 사람들이 그 정보를 사실로 받아들여 잘못된 지식을 갖게 되는 경우가 생기죠.

그래서 학생들이 AI의 설명만 믿고 다른 검증 없이 학습을 이어간다면, 오히려 잘못된 지식이 쌓일 수 있습니다. 따라서 반드시 교과서, 선생님의 설명, 신뢰할 수 있는 출처와 함께 AI의 설명을 비교하고, 비판적으로 수용하는 자세가 필요합니다.

2) 학생의 사고력과 창의력 저해 가능성

AI는 학생의 학습을 도와주는 '도구'일 뿐, 스스로 학습을 대신해줄 수는 없습니다. AI에 의존하다 보면 자기 스스로 생각하고 고민하는 과정을 생략하고 오직 AI의 답변에만 의존할 수 있습니다. 특히 문제 풀이를 할 때 모르는 문제를 AI에게 물어보고 AI가 정답과 풀이 과정을 바로 보여주면, 학생들은 그 내용을 외우기만 하고 스스로 그 문제에 대해 고민해보지 않을 가능성이 높습니다.

이처럼 AI에 대한 지나친 의존은 학생의 사고력, 논리력, 창의력을 키우는 데 방해가 될 수 있습니다. 따라서 AI는 '힌트'를 얻는 도구로 사용하고, 최종적인 답은 스스로 고민하는 습관이 중요합니다.

3) 감정적 교류의 한계

학습은 단순히 지식을 전달받는 과정만이 아닙니다. 때로는 혼자 공부하다가 힘들고 지칠 때, 선생님의 따뜻한 격려나 친구의 공감이 큰 힘이 되기도 합니다. 하지만 AI는 아무리 정교해져도 실제 사람처럼 감정을 느끼거나 공감할 수는 없습니다.[1]

따라서 AI를 학습 도구로 활용하더라도, 학부모님과 교사의 관심과 소통, 친구들과의 교류는 여전히 중요한 요소입니다.

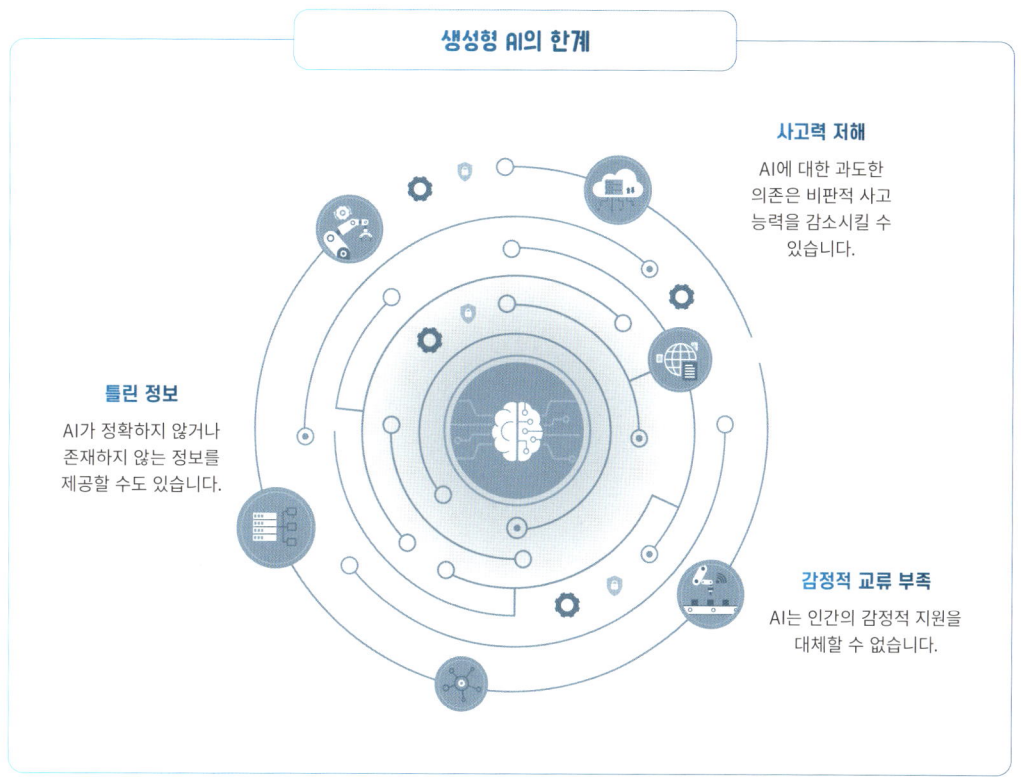

결론적으로, 생성형 AI는 학생들의 학습을 획기적으로 지원하지만, 올바른 사용법과 비판적 사고, 그리고 인간적인 소통이 함께할 때 그 효과가 더욱 극대화됩니다.

---

1 최근의 AI는 따뜻한 격려나 공감의 표현을 상담 선생님이 하는 수준으로 제공하기도 해, 상황에 따라서는 친구, 선생님, 학부모님에게 얘기 하기 힘든 고민을 나누고 위로를 주기도 합니다. 한계는 있으나 상당한 수준의 감정적 교류가 일반화되고 있고 점점 더 잘하는 추세입니다.

PART II

AI를 활용한 학습 전략과 방법

학습을 효과적이면서도 효율적으로 하는 것만큼 중요한 것은 없습니다. 특히 현대 사회에서 학생들이 해야 할 과제가 늘어남에 따라 시간은 부족해지고, 그 부족한 시간 속에서 어떻게 공부해야 할지에 대한 고민은 더욱 깊어집니다. 효율성, 집중력, 시간 관리는 모든 학생들의 해결해야 할 숙제입니다. 그래서 많은 학생들이 이런 고민을 해결하기 위해 어떻게 AI를 활용해야 할지에 대한 방법을 찾고 있습니다. AI는 학생이 보다 체계적이고 효율적으로 공부할 수 있도록 돕는 학습 파트너로 부각되고 있습니다.

챗지피티(ChatGPT), 클로드(Claude), 퍼플렉시티(Perplexity), 제미나이(Gemini) 등 여러 생성형 AI 뿐만 아니라 다양한 AI의 등장은 학생들이 학습에 필요한 시간과 에너지를 절약하면서도 더 좋은 결과를 얻을 수 있도록 돕습니다. 이런 AI는 공부뿐만 아니라 공부하는 과정에서의 효율성을 높이는 데 큰 도움이 됩니다.

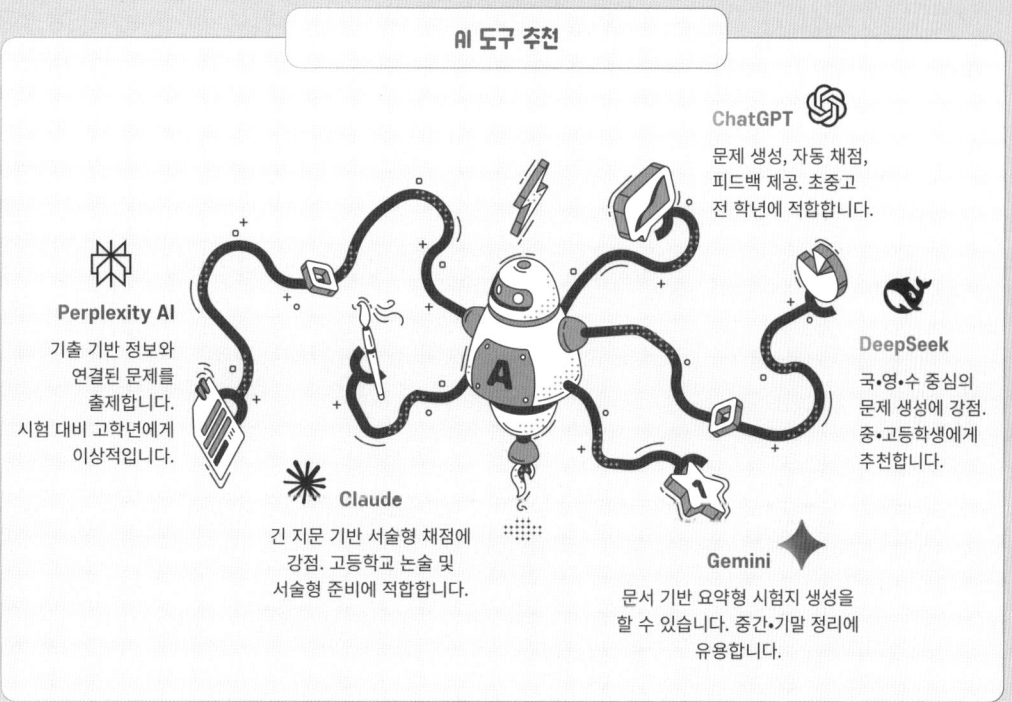

바로 피드백 받기는 AI 활용에 있어 매우 중요한 부분입니다. 스스로 학습한 내용을 돌아보며, 부족한 부분을 점검하고 개선하는 것은 중요하지만 그 과정이 쉽지 않습니다. AI는, 예를 들어, 글쓰기나 수학 문제 풀이에서 발생한 실수들을 분석하여 어디서 실수를 했는지, 더 나은 방법은 무엇인지를 짚고 정리해줍니다. 이를 통해 학생은 단순히 틀린 답을 고치는 것이 아니라, 스스로 어떻게 더 나은 방법으로 틀린 문제들을 해결할 수 있을지에 대해 배우게 됩니다.

AI를 모의고사(시험)와 관련 실시간 피드백, 그리고 개념 정리 및 핵심 내용 요약이라는 두 가지 측면에서 효과적으로 활용하는 것은 매우 중요합니다. 여기서는 그 실제 사례와 함께 단계별 활용법을 제시하여, 여러분들이 바로 적용할 수 있도록 도움을 드릴 예정입니다. AI와 함께하는 시험 준비는 단순히 점수를 높이기 위한 방법이 아니라, 자신의 학습을 되돌아보고, 부족한 부분을 점검하며, 자신감을 키워나가는 과정입니다. 이는 시험을 넘어서 평생학습의 기초가 되는 메타인지 능력, 즉 '학습하는 방법을 학습하는 능력'을 기르는 데도 큰 도움이 될 것입니다.

생성형 AI로 논리적 사고력과 문제 해결 능력을 기를 수 있습니다. 여기에서는 초등학생부터 고등학생까지, 각 단계에 맞는 쉬운 예시와 실제로 사용할 수 있는 AI 프롬프트, 그리고 AI의 응답 예시까지 담았습니다. AI를 통해 어떤 방식으로 사고 훈련을 할 수 있는지 직접 체험할 수 있으며, 학생의 사고 능력을 키우고 싶은 학부모님이나 선생님께도 매우 유용한 자료가 될 것입니다.

AI를 활용하여 시간 관리와 학습 계획을 세운다면, 학생들은 자신에게 필요한 학습 시간과 우선순위를 정확하게 파악할 수 있습니다. AI는 목표를 설정하는 것을 도와주거나 학생들의 목표를 분석해서 그 목표를 달성하기 위해 필요한 구체적인 계획을 세워주거나 이를 도와줍니다. 시험이나 과제가 밀려있을 경우, AI에게 어떤 과목부터 어떻게 공부할지를 물어보면 AI가 본인의 학습 패턴과 개인의 일정에 맞춰 적절한 계획을 세워줄 수 있습니다. 이 과정에서 AI의 학습 계획 제시는 학생이 중요 과목에 집중하고, 시간을 낭비하지 않도록 도와줄 수 있습니다.

AI는 학습 습관을 만드는 데 큰 역할을 합니다. 계속해서 공부하다 보면, 종종 집중력이 깨지거나 지치기도 합니다. 이때 AI는 학생들에게 일정한 공부 루틴을 만들어주고, 꾸준히 공부할 수 있도록 유도합니다. 또한 AI는 학습 일정을 체계적으로 관리하고 꾸준한 학습을 유도하는 조언을 제공합니다. AI는 학습의 일관성을 유지하도록 돕는 중요한 역할을 하며, 학생이 그 과정을 자연스럽게 습관으로 만들 수 있게 도와줍니다.

또한 AI는 집중력 향상에 도움을 줄 수 있습니다. 오늘날의 많은 학생들이 게임과 스마트폰, 소셜 미디어 등의 여러 외부 방해 요소로부터 집중력을 잃곤 합니다. AI는 학생이 집중력을 높일 수 있는 방법을 제안하고, 학습 환경을 최적화하는 데 도움을 줄 수 있습니다. 학습하는 동안 활용할 수 있는 유용한 팁을 제공해주고 학습 상태를 점검하여 피드백을 줄 수 있습니다.

AI 활용 학습 향상 방법

즉시 피드백
AI는 즉시 피드백을 제공하여 학습자가 실시간으로 개선할 수 있도록 함

모의고사
AI는 실시간 피드백으로 모의고사를 제공하여 시험 준비를 향상시킴

개념 요약
AI는 개념을 요약&정리하여 학습자가 핵심 정보를 효율적으로 이해할 수 있도록 함

논리 훈련
AI는 논리적 사고와 문제 해결 능력을 향상시킴

비판적 사고
AI는 비판적 사고 능력을 개발하여 학습자가 정보를 분석할 수 있도록 함

시간 관리
AI는 시간 관리를 지원하여 학습자가 학습을 효과적으로 계획할 수 있도록 함

학습 습관
AI는 일관된 학습 습관을 형성하는 데 도움을 줌

집중력 향상
AI는 집중력을 향상시켜 학습자가 주의를 유지할 수 있도록 함

이 장에서는 AI를 활용하여 학습 효율성과 효과성을 높이는 전략과 방법을 하나하나 다뤄볼 것입니다. 학생들이 직접 경험할 수 있도록 구체적인 프롬프트와 실제 AI의 답변을 함께 제공합니다. AI가 제공하는 맞춤형 학습 전략과 구체적인 방법을 통해, 시간을 절약하면서도 보다 효과적으로 학습할 수 있는 방법을 배워보기 바랍니다.

1. AI를 활용한 즉시 피드백 받기와 자기주도 학습

공부를 잘하는 학생은 무엇이 다를까요?
단지 오래 공부하거나 어려운 문제를 푸는 능력만으로는 설명할 수 없습니다. 정말 중요한 차이는 바로 자신의 학습 상태를 스스로 점검하고, 필요한 방향으로 조절할 수 있는 능력, 즉 자기주도 학습 역량에 있습니다.
이러한 자기주도 학습은 단순히 계획을 세우고 열심히 실천하는 것에서 그치지 않습니다.
지속적인 피드백을 통해 자신의 학습 상태를 인식하고 개선하는 과정이 함께 이루어져야 비로소 제대로 작동합니다.

그렇다면 이 중요한 '피드백'과 '자기 점검'은 어떻게 하면 좋을까요?
바로 생성형 AI의 도움을 받는 것이 훌륭한 방법이 될 수 있습니다.

왜 AI를 활용한 피드백이 중요한가요?

공부를 하다 보면 "이건 내가 잘 이해한 게 맞을까?", "문제는 풀었는데 왜 답이 틀렸지?" 같은 의문이 생기기 마련입니다. 이때 가장 효과적인 방법은 선생님이나 친구처럼 누군가에게 내 설명을 들어보게 하고, 그에 대한 즉각적이고 구체적인 피드백을 받는 것입니다.
하지만 모든 순간에 선생님이나 친구의 도움을 받을 수는 없습니다. 그래서 AI를 나만의 학습 파트너로 활용하면, 언제 어디서든 피드백을 주고받는 자기주도 학습 환경을 만들 수 있습니다.

특히 생성형 AI는 다음과 같은 점에서 효과적인 피드백 도구가 됩니다:
- 내가 작성한 답변이나 설명을 분석하고 부족한 점을 알려줍니다.
- 틀린 문제에 대해 잘못 풀었던 과정 전체를 점검해줍니다.
- 내가 놓치고 있는 개념이나 다음 학습 방향까지 제안해줍니다.

효과적인 피드백 도구로서의 AI

답변 분석
AI는 내 답변의 부족한 점을 식별하여 개선 지원

틀린 문제 검토
AI는 내가 잘못 풀었던 과정 전체를 검토하고 점검함

개념 및 학습 방향 제안
AI는 내가 놓친 개념과 학습 방향을 제안해 줌

이제부터는 실제로 어떻게 AI에게 효과적으로 피드백을 요청하고, 그것을 바탕으로 자기주도 학습을 할 수 있는지 실전 프롬프트와 예시를 통해 하나씩 알아보겠습니다.

문제 풀이 과정에 대한 AI 피드백 받기

많은 학생들이 문제를 풀고 나면 정답만 확인하고 지나가는 경우가 많습니다.
하지만 자기주도 학습을 위해서는, "왜 이 풀이가 맞았는지", "틀렸다면 어떤 사고 과정이 잘못됐는지"를 분석하는 피드백 과정이 반드시 필요합니다.
생성형 AI를 활용하면 단순한 정오답 확인을 넘어서, 사고 과정 전체를 분석하고 피드백받는 환경을 만들 수 있습니다.

프롬프트 예시 1

문제 풀이 과정에 대해 AI로부터 피드백을 받는 프롬프트의 구성과 이를 반영한 실제 프롬프트 예시 및 응답을 함께 살펴보겠습니다.

프롬프트 구성

- 역할(Role): 당신은 수학 선생님입니다.
- 맥락(Context): 제가 푼 문제의 풀이 과정을 확인하고 싶습니다.
- 목적(Goal): 풀이가 맞는지 확인하고, 실수한 부분이 있다면 알려주세요.
- 제약 조건(Constraints): 풀이의 정확성, 논리적 흐름 측면에서 평가해주고, 더 나은 풀이법이 있으면

제시해 주세요.

- 출력 형식(Format): 피드백 요약 + 문제 풀이 분석

예시 프롬프트

"당신은 수학 선생님입니다.

제가 아래 문제를 아래의 풀이 과정을 거쳐 풀었어요.

풀이 과정이 맞는지 확인해 주고, 틀렸다면 어떤 부분에서 실수했는지 알려주세요.

풀이의 논리 흐름과 표현 방식을 평가해주고, 더 좋은 풀이 방법이 있다면 추천해 주세요.

순서는 피드백을 요약한 후 문제 풀이 분석을 이어서 해주세요."

문제: $x^2 - 3x - 4 = 0$

내 풀이:

1. $x^2 - 3x - 4 = 0$
2. $(x - 1)(x + 4) = 0$
3. $x = -1, 4$

(*문제와 풀이가 있는 문제집, 연습장 또는 태블릿 등에 있는 내용을 사진(그림)으로 찍어(캡처해) 첨부해도 됨)

AI 예시 응답

피드백 요약

- 정답 여부: 최종 답은 맞지만, 인수분해 과정에 부호 실수가 있었습니다.
- 실수 지점: $(x - 1)(x + 4)$로 인수분해 한 부분에서 부호 오류 발생, 정답은 $(x - 4)(x + 1)$이 맞습니다. 부호 기준을 착각하신 듯합니다.
- 개선 방법: 인수분해 시 곱해서 -4, 더해서 -3이 되는 수를 정확히 판단하는 훈련이 필요합니다.
- 논리 흐름: 전반적으로 단계적 흐름은 잘 잡았으나, 검산 과정이 생략되어 있어 아쉽습니다.
- 표현 방식: 수학적으로 간결하게 표현했으나, 풀이 설명이 생략되어 있어 자기주도 학습에는 다소 불리할 수 있습니다.

문제 풀이 분석

문제

$x^2 - 3x - 4 = 0$

학생 풀이

1. $x^2 - 3x - 4 = 0$
2. $(x - 1)(x + 4) = 0$
3. $x = -1, 4$

분석 및 피드백

1단계: 문제 인식

- 이차방정식의 표준형인 $ax^2 + bx + c = 0$ 꼴로 잘 정리하셨습니다.
- $a = 1, b = -3, c = -4$로 식을 바로 분석하신 점은 좋습니다.

2단계: 인수분해

- 목표는 두 수를 찾아 곱해서 −4, 합해서 −3이 되도록 하는 것입니다.
  - $(-4) \times (1) = -4$, $(-4) + 1 = -3$ → −4와 1이 찾는 수입니다.
- 따라서 올바른 인수분해는

  $x^2 - 3x - 4 = (x - 4)(x + 1)$

  ※ 팁: 인수분해는 항상 곱셈과 덧셈 조건을 동시에 만족하는지를 꼭 대입해서 검산해보세요.

3단계: 해 구하기

- $(x - 4)(x + 1) = 0$이면

  $x = 4$ 또는 $x = -1$

- 답은 맞습니다. 다만, 중간 과정에서 검산을 통해 직접 대입하여 식이 참인지 확인했으면 더 완성도 있는 풀이가 되었을 것입니다.

4단계: 논리 흐름 및 표현

- 풀이의 흐름은 간결하고 핵심 단계로 구성되어 있어 좋습니다.
- 그러나 서술형 문제나 설명 중심 문제에서는 "왜 그렇게 인수분해 했는지", "어떤 수를 찾았는지" 등을 간단히 적어주는 것이 좋습니다. 예를 들어 다음과 같이 서술형으로 보완해볼 수 있습니다:

$x^2 - 3x - 4 = 0$은 두 수를 곱해 -4, 더해 -3이 되는 수인 -4와 1을 찾아

$(x - 4)(x + 1) = 0$

로 인수분해 됩니다.

따라서 해는 x = 4, x = −1입니다.

더 좋은 풀이 방법 제안

- 검산 포함한 풀이 예시:

    $x^2 - 3x - 4 = 0$

    → 곱해서 −4, 합해서 −3인 두 수는 −4와 1

    → $(x - 4)(x + 1) = 0$

    → x = 4, x = −1

    → 검산: $4^2 - 3 \times 4 - 4 = 16 - 12 - 4 = 0$,

    $(-1)^2 - 3 \times (-1) - 4 = 1 + 3 - 4 = 0$

    → 따라서 답은 맞습니다.

마무리 조언

- 인수분해 실수는 매우 흔한 실수이므로, 항상 조건을 만족하는지를 빠르게 검산하는 습관을 들이면 좋습니다.
- 서술형 문제를 대비할 때는 풀이의 논리뿐 아니라 표현 방식도 중요하므로, 생각의 과정을 말로 풀어내는 연습을 자주 해보세요.
- 필요하다면 AI를 활용해 "이 인수분해 맞아?"라고 묻고 검산을 함께 해보는 방법도 추천드립니다.

더 궁금한 풀이나 다른 문제 풀이 피드백도 언제든지 요청해주세요!

※ AI가 생성한 답변에는 틀린 정보가 있을 수 있습니다.

이러한 피드백은 단순히 '맞다/틀리다'에 머무르지 않고, 사고의 깊이까지 확장하는 데 도움을 줍니다. 특히 자기주도 학습을 위한 반성적 사고를 유도한다는 점에서 매우 효과적입니다.

개념 설명에 대한 피드백 받기

단순히 문제를 푸는 것뿐만 아니라, 내가 이해한 개념을 직접 설명해보고 AI로부터 피드백을 받을 수 있습니다.

이 방식은 특히 "내가 이걸 정말로 이해했을까?"를 점검하는 데 탁월합니다. 설명이 정확하지 않다면, AI가 논리 오류나 개념의 누락을 짚어주고 수정할 수 있도록 도와줍니다.

프롬프트 예시 2

개념 설명에 대한 정확성에 대해 AI로부터 피드백을 받는 프롬프트의 구성과 이를 반영한 실제 프롬프트 예시 및 응답을 함께 살펴보겠습니다.

프롬프트 구성

- 역할: 당신은 과학 선생님입니다.
- 맥락: 제가 배운 광합성 내용을 설명해보겠습니다.
- 목적: 설명의 정확성, 부족한 점, 더 나은 표현 등을 확인하고 싶습니다.
- 제약 조건: 틀린 내용은 수정해주고, 더 정확한 표현이 있다면 함께 제시해주세요.
- 출력 형식: 표 형태

프롬프트

> "당신은 과학 선생님입니다.
> 제가 배운 '광합성' 개념을 직접 설명해보겠습니다.
> 아래의 제 설명이 과학적으로 정확한지 확인해주시고, 부족한 점이나 더 나은 표현이 있다면 알려주세요.
> 틀린 내용은 수정해주고 더 정확한 표현이 있다면 함께 제시해주세요.
> 표 형태로 부족한 점과 수정할 점을 작성해 주세요.
> 설명: 광합성이란 식물이 햇빛을 받아서 에너지를 만드는 과정입니다. 식물은 이산화탄소와 햇빛을 사용해 산소를 만들어내고 에너지를 얻습니다."

AI 예시 응답

원문 설명:

"광합성이란 식물이 햇빛을 받아서 에너지를 만드는 과정입니다. 식물은 이산화탄소와 햇빛을 사용해 산소를 만들어내고 에너지를 얻습니다."

과학적 검토 및 수정

항목	평가 및 피드백	수정 제안
정확성	전반적으로 핵심 개념은 잘 담았습니다. 하지만 일부 표현이 과학적으로 부정확하거나 생략된 부분이 있어 보완이 필요합니다.	- "햇빛을 받아서 에너지를 만든다"는 표현은 빛에너지를 당 형태의 화학 에너지로 전환한다는 것이 더 정확합니다. - "이산화탄소와 햇빛을 사용해 산소를 만들어낸다" → 실제로는 이산화탄소와 물을 이용해 포도당과 산소를 생성합니다.
핵심 구성요소	물(H_2O)의 역할이 빠져 있고, 생성되는 에너지원이 명확하지 않습니다. 또한, 에너지의 형태(포도당)가 구체적으로 언급되지 않았습니다.	'이산화탄소 + 물 + 햇빛 → 포도당 + 산소'라는 반응식 구조를 개념적으로 포함하면 좋습니다.
표현력	용어는 비교적 쉬우나, 과학적 언어로 좀 더 정밀하게 표현할 필요가 있습니다.	"식물은 광합성을 통해 빛 에너지를 포도당이라는 형태의 화학 에너지로 바꾸고, 이 과정에서 산소를 방출합니다."

수정된 설명 예시 (중학생 수준)

광합성이란 식물이 햇빛을 이용해 이산화탄소와 물을 원료로 포도당과 산소를 만드는 과정입니다. 이 과정에서 햇빛의 에너지가 포도당이라는 화학 에너지 형태로 저장되고, 산소는 부산물로 방출됩니다.

광합성은 식물의 잎에 있는 엽록체에서 일어나며, 광합성의 대표적인 반응식은 다음과 같습니다.

$$6CO_2 + 6H_2O + 빛에너지 \rightarrow C_6H_{12}O_6 + 6O_2$$

즉, 광합성은 식물이 스스로 영양분을 만드는 자가영양 생명체임을 보여주는 대표적인 생명 활동입니다.

※ AI가 생성한 답변에는 틀린 정보가 있을 수 있습니다.

이처럼 AI는 개념 설명의 정확성과 깊이를 평가하고, 추가적으로 이해하고 학습해야 할 내용까지 제시할 수 있어 자기주도적 개념 정리에 큰 도움이 됩니다.

AI를 활용한 자기주도 학습 계획 짜기

학습의 마지막 단계는 내가 무엇을 잘했는지 확인한 뒤, 다음 학습 목표를 세우는 것입니다. 생성형 AI는 이런 과정에서도 학생의 수준, 최근 학습 내용, 현재 목표를 반영해 맞춤형 학습 계획을 제안해줍니다.

프롬프트 예시 3

AI에게 맞춤 학습 방향과 향후 학습할 개념의 추천을 요청하는 프롬프트의 구성과 이를 반영한 실제 프롬프트 예시 및 응답을 함께 살펴보겠습니다.

프롬프트 구성

- 역할: 당신은 공부 코치입니다.
- 맥락: 최근에 '분수의 곱셈과 나눗셈'을 공부했습니다. 어느 정도 이해는 되었지만, 더 깊이 있는 연습이 필요할 것 같습니다.
- 목적: 다음 단계로 공부할 개념을 추천해주세요.
- 제약 조건: 수준에 맞는 학습 단계를 추천해 주세요.
- 출력 형식: 표 형태로 작성해주세요.

프롬프트

> "당신은 공부 코치입니다.
> 제가 최근에 '분수의 곱셈과 나눗셈'을 공부했습니다. 어느 정도 이해는 되었지만, 더 깊이 있는 연습이 필요할 것 같습니다.
> 이제 다음 단계로 공부할 개념을 추천해주세요.
> 제 수준에 맞는 학습 방향을 추천해주세요.
> 표 형태로 작성해주세요."

AI 예시 응답

아래는 '분수의 곱셈과 나눗셈'을 어느 정도 이해한 학습자를 대상으로 다음 학습 단계를 제안한 표입니다. 각 개념을 이해 수준, 학습 목표, 추천 이유, 연습 예시와 함께 제시하여 앞으로의 공부 방향을 구체적으로 가이드 합니다.

분수의 곱셈과 나눗셈 이후 추천 학습 방향 (중간 수준 학습자용)

다음 학습 개념	이해 수준	학습 목표	추천 이유	연습 예시
대분수의 곱셈과 나눗셈	중	대분수를 가분수로 바꾸고, 곱셈·나눗셈 수행	분수 연산의 실전 적용력을 키우는 데 필수	1과2/3 × 2/5 = ? 2과1/4 ÷ 3/8 = ?
분수를 활용한 단위 환산	중하	cm, m, 시간 등 단위 간 환산에 분수 적용	실생활 문제 해결력 향상	3/4m는 몇 cm인가요? 1/2시간은 몇 분인가요?
비와 비율 (분수 형태)	중	비의 개념과 분수로 표현하는 방법 이해	분수 개념을 활용한 사고력 확장	2:3은 분수로 어떻게 나타내나요? 3/5는 어떤 비인가요?
분수 × 소수, 소수 ÷ 분수	중상	분수와 소수 간 혼합 계산 수행	수 개념 통합과 계산 능력 향상	3/4 × 0.6 = ? 1.2 ÷ 3/5 = ?
분수 포함된 복잡한 문제 해결	중상	여러 연산이 섞인 문제를 단계별로 해결	분수 활용 실력 심화 훈련	(1/2 + 2/3) ÷ 3/4 = ? 2 × (1과1/2 ÷ 3/4) = ?
분수의 실생활 적용 문제	중	실생활 문제에 분수 연산 적용	수학을 실용적으로 느끼게 함	피자를 3/4만큼 먹었고, 나머지를 2명과 나눌 때 한 명당 몇 조각?

학습 코치의 추천 방향

- 먼저 할 것: 대분수의 곱셈과 나눗셈 → 기존 개념에 가장 가까워 복습 겸 확장하기 좋습니다.
- 중간 단계: 분수와 소수의 혼합 계산 및 단위 환산 → 개념 응용력을 키우고 실생활 연결
- 심화 단계: 복합 문제 해결과 실생활 문제 → 창의력과 문제 해결력까지 함께 기르기

※ AI가 생성한 답변에는 틀린 정보가 있을 수 있습니다.

이 절에서 살펴본 것처럼, 생성형 AI는 피드백 도구로서 매우 강력한 역할을 수행할 수 있습니다.

학생 여러분은 AI와 대화하면서도 단순히 정답을 물어보는 것이 아니라,
- 내가 어떤 점이 부족한지
- 어떻게 더 잘할 수 있는지
- 어떤 방식이 더 효과적인지

등을 스스로 묻고 탐색하는 태도를 가져야 합니다.
이러한 학습 태도는 앞으로의 교육 환경에서 점점 더 중요해지고 있습니다.

AI를 피드백 받기와 자기주도 학습에 적절히 활용해서 생기는 가장 중요한 변화는 학습의 주도권이 완전히 학습자에게 돌아온다는 점입니다. AI는 학생에게 일방적인 정보를 제공하는 존재가 아니라, 학생의 질문에 귀 기울이고, 필요에 맞게 조언을 해주는 '대화형 학습 조력자'입니다. 이전에는 어려운 개념이나 복잡한 문제에 부딪혔을 때, 질문할 사람이 없으면 그대로 멈출 수밖에 없었지만, 이제는 언제 어디서든 AI에게 도움을 요청할 수 있습니다. 이는 학습의 연속성을 유지시켜주고, 학생들에게 든든한 지원군이 되어줍니다.

예를 들어, 어떤 학생이 수학의 함수 단원을 공부하고 있다고 가정해 봅시다. 그는 개념은 이해했지만 문제풀이에 어려움을 느끼고 있습니다. 이때 AI에게 "함수의 최대값과 최소값 문제 중 난이도 중상 정도의 문제 3개를 만들어줘" 라고 요청하면, 학생의 수준에 맞는 문제를 곧바로 제공 받을 수 있습니다. 이후 풀이를 작성한 뒤, "내 풀이에서 틀린 부분이 있다면 설명해줘" 라고 말하면, AI는 세심하게 논리적 오류나 계산 실수를 짚어주고, 올바른 풀이 방향도 제시해줍니다.

이러한 과정은 단순한 문제 풀이를 넘어서, 학습자 스스로 사고하고 점검하며 성장하는 자기 주도 학습의 기회를 만들어줍니다. AI와의 대화를 통해 학생은 자연스럽게 자신의 이해 수준을 점검하고, 무엇이 부족한지, 어떻게 보완해야 하는지를 알게 됩니다. 이는 기존의 강의형 수업이나 일방향 피드백으로는 얻기 어려운 깊이 있는 학습 경험입니다.

또한 AI는 판단이나 편견 없이 일관된 피드백을 제공하기 때문에, 학생들은 실수에 대해 두려워하지 않고 자유롭게 질문하고 도전할 수 있습니다. 이는 특히 질문을 부끄러워하거나, 학습 과정에서 실수를 두려워하는 학생들에게 큰 장점이 됩니다. 실패와 오류를 통해 배우는 것이 학습의 핵심이라는 점을 떠올린다면, AI와 함께하는 학습 환경은 매우 이상적인 형태라고 할 수 있습니다.

2. AI 기반 모의고사와 실시간 피드백

많은 학생과 학부모님들이 시험을 앞두고 가장 고민하는 것은 아마 "어떻게 공부해야 할까?"일 것입니다. 학교 시험은 여전히 중요한 평가 기준으로 자리 잡고 있고, 중간·기말고사, 수행평가, 단원평가, 고등학생들은 심지어 모의고사, 수능까지 준비해야 할 것들은 점점 많아지고 있습니다.

하지만 공부 방법은 여전히 "문제집 한 권 풀기", "기출문제 반복하기", "오답 노트 작성하기"와 같은 전통적인 방식에 머무는 경우가 많습니다. 물론 이런 방식도 효과가 있지만, 더 나은 방법이 있다면 어떨까요?

생성형 AI는 이제 학생의 학습 상황을 파악하고, 그에 맞는 모의고사를 출제해주며, 틀린 문제에 대해 실시간 피드백까지 제공하는 '개인 맞춤형 평가 도우미' 역할을 할 수 있습니다. 지금부터 AI 기반 모의고사와 실제 활용 방법을 하나씩 알아보겠습니다.

AI 기반 모의고사란 무엇인가요?

기존의 모의고사는 출판사나 기관에서 만들어 놓은 통일된 시험지를 푸는 방식이었습니다. 반면, AI 기반 모의고사는 학생의 학습 수준, 학습 목표, 약점 과목에 따라 실시간으로 문제를 생성하고 평가까지 자동으로 진행할 수 있다는 점에서 근본적인 차이가 있습니다.
예를 들어, 한 중학교 2학년 학생이 국어 과목에서 "1단원 '문장의 형식'만 집중적으로 연습하고 싶다"고 프롬프트를 통해 요청하면, AI는 이에 맞는 적절한 문제를 생성할 수 있습니다.

예시 프롬프트

> "당신은 중학교 2학년 국어 교사입니다.
> '문장의 형식' 단원에서 자주 출제되는 객관식 문제 5문항과 서술형 문제 2문항을 생성해주세요.
> 난이도는 중간 수준으로 해주세요.
> 각 문제에는 정답과 간단한 해설도 함께 제공해주세요."

AI 예시 응답

단원명: 문장의 형식

난이도: 중간

객관식 문제 (5문항)

1. 다음 중 '주어+서술어'의 문장 형식을 가진 문장은 무엇인가요?

① 민호는 공을 찼다.

② 친구가 학교에 갔다.

③ 나는 학생이다.

④ 비가 온다.

정답: ④ 비가 온다

해설: '비(주어)+온다(서술어)'로 이루어진 가장 기본적인 문장 형식입니다. 나머지는 보어, 목적어 등이 포함된 다른 형식입니다.

2. 다음 중 '주어+서술어+목적어' 구조를 가진 문장은?

① 나는 친구이다.

② 그는 책을 읽는다.

③ 동생이 학교에 간다.

④ 어머니가 요리사이다.

정답: ② 그는 책을 읽는다

해설: '그는(주어)+책을(목적어)+읽는다(서술어)' 구조입니다. 목적어가 들어가 문장의 형식이 3형식이 됩니다.

3. 문장의 형식 중 보어가 들어가는 문장은 어떤 형식인가요?

① 1형식

② 2형식

③ 3형식

④ 5형식

정답: ② 2형식, ④ 5형식

해설: 보어가 들어가는 문장은 2형식(주어+서술어+보어), 또는 5형식(주어+서술어+목적어+보어)입니다.

4. 다음 문장의 형식으로 알맞은 것은?

'아버지가 나에게 선물을 주셨다.'

① 2형식

② 3형식

③ 4형식

④ 5형식

정답: ③ 4형식
해설: '아버지(주어)+나에게(간접목적어)+선물을(직접목적어)+주셨다(서술어)'는 4형식입니다.

5. 다음 중 4형식 문장에 해당하는 것은?

① 아버지는 의사이다.

② 동생이 책을 읽는다.

③ 형이 나에게 돈을 빌려주었다.

④ 날씨가 좋다.

정답: ③ 형이 나에게 돈을 빌려주었다.
해설: '형이(주어) + 나에게(간접목적어) + 돈을(직접목적어) + 빌려주었다(서술어)'로 구성된 4형식 문장입니다. 4형식은 간접목적어와 직접목적어가 모두 있는 문장입니다.

서술형 문제 (2문항)

1. 다음 문장을 분석하여 문장의 형식을 쓰고, 그 이유를 간단히 설명하세요.

    '지민이는 가수가 되었다.'

예시답안:

- 형식: 2형식
- 이유: '지민이(주어)+되었다(서술어)+가수(보어)'로 이루어진 문장으로, 보어가 포함되어 있기 때문에 2형식이다.

2. 다음 문장을 5형식 문장으로 바꾸어 보세요.

    '선생님은 나를 칭찬했다.'

예시답안:

- 바꾼 문장: 선생님은 나를 모범생으로 칭찬했다.
- 해설: '나를(목적어)+모범생으로(보어)+칭찬했다(서술어)'로 바뀌며, 5형식 문장이 된다.

※ AI가 생성한 답변에는 틀린 정보가 있을 수 있습니다.

이처럼 AI는 교과 단원, 난이도, 문제 유형, 해설 방식 등 다양한 조건을 바탕으로 문제를 생성해주고, 틀린 문제에 대해서는 실시간 해설을 제공함으로써 학습자의 이해를 도울 수 있습니다.

AI 기반 모의고사 활용 단계

AI를 활용한 모의고사는 다음과 같은 단계로 활용할 수 있습니다.

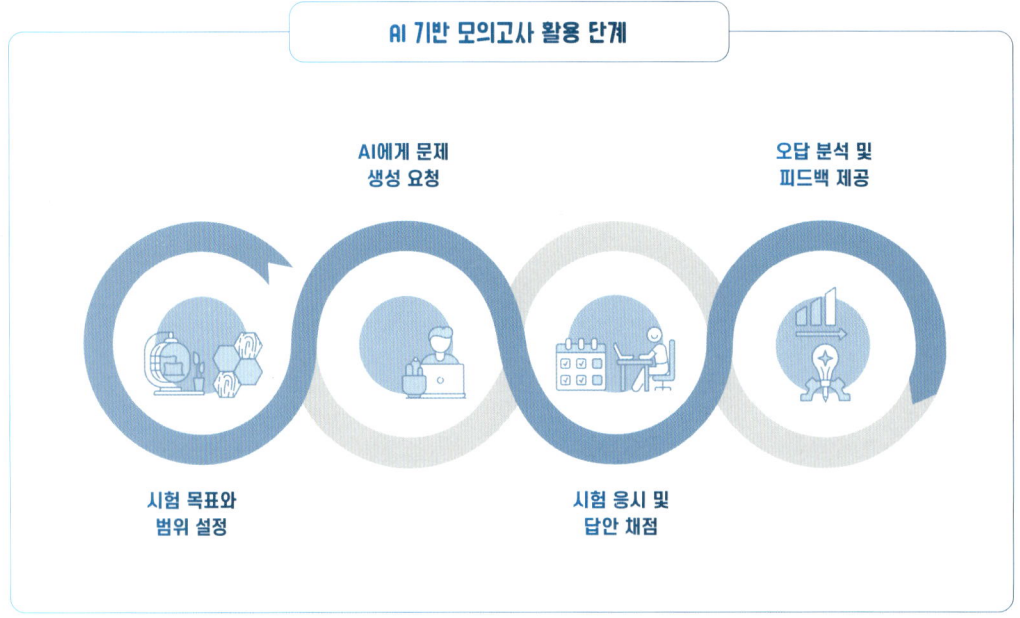

1) 시험 목표와 범위 설정

먼저 시험의 목적과 범위를 명확하게 설정해야 합니다. 수능, 학교 중간·기말고사, 내신, 자격시험 등 시험 종류에 따라 출제 범위와 난이도가 달라지기 때문입니다.

예를 들어, 고등학생 수능 영어 파트 대비를 원한다면 '수능 영어 모의고사 10문제'를 요청할 수 있습니다. 초등학생은 '3학년 수학 곱셈 문제 20문제'처럼 구체적인 범위를 설정할 수 있습니다.

- **과목**: 수학, 영어, 과학, 역사, 국어 등
- **범위**: 중간고사 전체 / 2단원만 / 최근 수업한 개념만
- **문제 유형**: 객관식 / 서술형 / 단답형 / OX / 기출유형
- **난이도**: 쉬움 / 중간 / 어려움
- **형식**: 모의고사 / 퀴즈 / 단원 요약 평가

본인이 설정한 목표는 프롬프트에 그대로 반영할 수 있습니다.

예시 프롬프트

"당신은 고등학교 수학 선생님입니다.

고등학교 1학년 수학 시험을 준비 중입니다. '지수함수와 로그함수' 단원의 서술형 문제 3개와 객관식 문제 5개를 출제해주세요.

난이도는 학교 시험 수준으로 해주세요.

정답과 해설도 함께 제공해주세요."

2) AI에게 문제 생성 요청

AI는 위의 조건에 따라 즉석에서 문제를 생성합니다. 기존 문제집에서는 볼 수 없던 학생 맞춤형 문제 출제가 가능한 것이 AI의 강점입니다.

특히, 틀리기 쉬운 부분을 중심으로 문제를 구성하거나, 틀린 문제를 변형하여 다시 출제하는 것도 가능합니다.

예시 프롬프트

"당신은 국어 선생님입니다.

중학교 2학년 수준의 국어 독해 모의고사 문제 10개를 객관식으로 출제해 주세요.

각 문제는 지문과 4지선다형 문항으로 구성하며, 지문 길이는 100~150단어 정도로 해주세요.

각 문제 뒤에 정답과 간단한 해설도 같이 작성해주세요."

AI 예시 응답 (일부)

> 문제 1
>
> 다음 글을 읽고 물음에 답하세요.
>
> (지문) … (100단어 내외 독해 지문) …
>
> ① …
>
> ② …
>
> ③ …
>
> ④ …
>
>
> 정답: ②
>
> 해설: 지문의 핵심 내용을 파악하면 정답이 ②임을 알 수 있습니다. 여기서 '~' 부분이 근거입니다.
>
>
> ※ AI가 생성한 답변에는 틀린 정보가 있을 수 있습니다.

추가 예시 프롬프트:

> "당신은 초등학교 선생님입니다.
>
> 초등학교 6학년 수학 '분수의 나눗셈' 단원을 복습할 수 있는 문제 5문항을 생성해주세요.
>
> 3문제는 서술형, 2문제는 OX 형식으로 해주세요.
>
> 각 문제의 정답은 제가 답을 입력한 후 알려주세요."

※ 프롬프트를 입력할 때 문제의 정답을 나중에 알려달라고 하면 답을 제외하고 문제만 제공해 줍니다.

3) 시험 응시 및 답안 채점

출제된 문제를 보고 실제 시험처럼 시간 제한을 두고 풀어보세요. 답안은 AI에게 직접 입력하거나, 정리한 답안을 AI에게 보내어 채점 받을 수 있습니다.

예시 프롬프트 – 답안 채점 요청

> "아래는 내가 푼 국어 독해 모의고사 답안으로 각 문제의 번호와 답입니다.
>
> 채점해 주세요.
>
> 틀린 문제는 왜 틀렸는지 간단히 설명해주세요."
>
> 1. ②
> 2. ③
> 3. ①
> …
> 10. ④

이를 통해 틀린 문제에 대한 즉각적인 피드백을 받을 수 있고, 오답 원인 분석으로 약점을 보완할 수 있습니다.

4) 오답 분석 및 피드백 제공

학생이 틀린 문제를 AI가 분석해 다음과 같이 피드백을 줄 수 있습니다:

- "이 문제에서 '조건'을 놓쳤어요. 문제의 핵심 조건은 무엇이었는지 다시 찾아보세요."
- "당신이 고른 선택지는 이 개념을 혼동한 결과예요. 두 개념의 차이를 설명해줄게요. …(두 개념의 차이)…"
- "다음은 비슷한 유형의 문제인데, 다시 한번 풀어보세요." (재출제)

추가 예시 프롬프트:

> "제가 방금 틀린 문제들에 대해 공통된 약점이 있는지 분석해주고, 같은 유형의 문제를 다시 출제해주세요."

AI 기반 모의고사의 장점

1. **개별 맞춤 문제 출제**: 학생의 수준과 목표에 맞춰 문제 난이도와 유형을 자동으로 조정할 수 있습니다. 예를 들어, 수학의 특정 단원에서 자주 틀리는 유형이나, 영어 독해 중 어려움을 겪는 문법 문제만 집중적으로 출제하는 것도 가능합니다.
2. **즉각적인 피드백과 해설 제공**: 시험이 끝나면 바로 AI가 정답과 오답 분석, 그리고 왜 틀렸는지에 대한 상세한 해설을 제공합니다. 이런 피드백은 자신의 취약점을 바로 인지하고 개선하는 데 큰 도움이 됩니다.
3. **시험 결과 데이터로 학습 전략 수립 가능**: 시험 결과를 바탕으로 AI가 맞춤형 학습 계획을 추천하거나, 집중해야 할 부분을 알려줘 학생의 자기주도 학습에 큰 도움이 됩니다.
4. **시간과 장소에 구애 받지 않는 시험 준비**: 스마트폰이나 컴퓨터만 있으면 언제 어디서든 모의고사를 볼 수 있습니다. 시간을 효율적으로 사용할 수 있어, 시험 대비가 훨씬 용이합니다.

초·중·고 학생별 AI 모의고사 활용 팁

- **초등학생**: 기본 개념 확인과 기초 문제 풀이에 중점을 둡니다. 문제 난이도는 너무 어렵지 않게 조절하고, AI가 문제를 쉽게 설명해 주도록 프롬프트를 설계하세요.
- **중학생**: 내신 대비 모의고사를 자주 보고, 틀린 문제 중심으로 반복 학습합니다. 객관식, 단답형, 서술형 문제를 골고루 활용하면 효과적입니다.
- **고등학생**: 수능이나 평가원 기출 문제 스타일에 맞춘 고난도 모의고사 출제가 중요합니다. AI에게 문제 난이도와 유형을 구체적으로 지정하고, 해설과 해법 전략도 요청하세요.

실제 활용 가능한 프롬프트 구성법

구성 요소	설명	예시
역할 (Role)	AI에게 어떤 역할을 맡아야 하는지 명시합니다.	"당신은 수학 선생님입니다."
맥락 (Context)	프롬프트가 사용되는 상황이나 배경 정보를 제공합니다. (학년, 과목, 학습 목표, 기존 학습 상태 등)	"이 학생은 중학교 2학년이고, 최근 문장의 형식을 배우고 있습니다."
목적 (Goal)	AI에게 무엇을 해달라는 것인지 구체적인 목표를 제시합니다.	"문장의 형식 관련 기출 스타일 문제 20개를 만들어 주세요."

제약 조건 (Constraints)	문제의 형식, 난이도, 수량, 답변 형식 등 요구사항을 구체화합니다.	"객관식 4지선다, 각 문제는 30단어 이내, 해설 포함"
예시 (Example)	원하는 출력물의 예시를 간단히 보여줍니다. AI가 참고하여 유사한 결과를 생성할 수 있습니다.	"예를 들어, 함수 문제는 이런 형식으로 만들어 주세요: $y = ax + b$ 형태의 문제."
출력 형식 (Format)	AI가 결과물을 어떤 형식으로 출력해야 하는지를 구체적으로 지시합니다.	"번호와 정답, 해설을 포함해 표 형식으로 출력해 주세요."

예시 프롬프트

"당신은 중학교 2학년 국어 선생님입니다.

이 학생은 문장의 형식을 어려워하고 있으며, 1단원 복습을 희망하고 있습니다.

문장의 형식 단원에 해당하는 객관식 문제 5개를 생성해 주세요.

각 문제는 4지선다형으로 구성하고,

문장 길이는 20단어 이내로 해주세요.

문제는 다음과 같은 형식으로 만들어주세요: '다음 중 1형식 문장으로 가장 적절한 것은?'

각 문항에 정답과 해설을 함께 표 형식으로 제공해 주세요."

이제 시험 준비는 더 이상 혼자 외롭게 하는 싸움이 아닙니다. AI는 학생의 수준과 목표에 맞춰 문제를 출제하고, 그 자리에서 채점하고, 틀린 이유를 알려주며 다시 연습할 기회를 줍니다. 이 모든 과정이 실시간으로 이루어지기 때문에, 공부는 더 짧은 시간 안에, 더 높은 효과로 이어질 수 있습니다.

중요한 것은 AI가 학습을 '대신'하는 것이 아니라, 학생이 스스로 사고하고 이해할 수 있도록 유도하는 역할을 한다는 점입니다. AI 기반 모의고사를 잘 활용하면, 단순히 성적을 올리는 것을 넘어, 자기주도적 학습 능력과 시험 대응력까지 함께 키울 수 있습니다.

다음 절에서는 시험 대비의 또 다른 핵심, 바로 '개념 정리와 핵심 요약'에 대해 다루겠습니다. 단순 암기에서 벗어나, AI를 활용해 어떻게 효율적으로 개념을 정리하고 내 것으로 만들 수 있는지를 함께 살펴보겠습니다.

3. AI를 활용한 개념 정리와 핵심 내용 요약

시험 공부를 할 때 가장 중요한 과정 중 하나는 바로 개념 정리와 핵심 내용 요약입니다. 하지만 공부를 하다 보면 어떤 개념은 머릿속에 금방 들어오는 반면, 어떤 개념은 아무리 반복해도 잘 정리가 되지 않을 때가 있습니다. 특히 중·고등학생이 되면 학습량이 많아지고 교과서나 참고서에 나오는 정보도 점점 더 복잡해지기 때문에, 공부한 내용을 스스로 정리하고 요약하는 능력이 매우 중요해집니다. 하지만 모든 학생이 정리를 잘하는 것은 아닙니다. 때로는 정리를 하다 오히려 더 헷갈리거나, 어디가 핵심이고 어떻게 요약해야 할지 몰라서 포기해버리기도 합니다.

이럴 때, 생성형 AI는 매우 강력한 도구가 될 수 있습니다. AI는 복잡한 내용을 간단하게 요약해주고, 핵심을 짚어주며, 내가 놓친 부분을 알려주는 역할을 할 수 있기 때문입니다. 이 절에서는 생성형 AI를 활용하여 어떻게 개념 정리와 핵심 내용 요약을 효과적으로 할 수 있는지를 실제로 사용할 수 있는 프롬프트와 함께 구체적으로 알려드리겠습니다.

AI를 활용한 개념 정리의 장점은 무엇일까요?

많은 학생들이 무작정 개념을 외우는 데 집중하지만, 사실은 개념을 '이해하고 정리하는 능력'이 시험과 실전에서 훨씬 더 큰 힘이 됩니다. 예를 들어 '광합성'이란 말을 단순히 암기하는 것보다, 광합성이 왜 중요한지, 어떤 과정을 거치는지, 우리 생활에 어떤 영향을 주는지를 스스로 설명할 수 있을 때 진정한 학습이 이루어집니다.

정리와 요약은 단순히 핵심만 추리는 것이 아닙니다. 자신의 수준에 맞춰 정리하고 요약해야 원하는 효과를 볼 수 있습니다. 생성형 AI는 학생의 학년, 수준, 원하는 형식에 맞춰 맞춤형 개념 정리와 요약을 도와줍니다.
예를 들어, 초등학생이 "물의 순환"을 배우고 있다면, AI는 간단한 그림 설명과 함께 해당 개념을 정리해줄 수 있습니다. 중학생에게는 교과서 중심의 서술형 정리, 고등학생에게는 논리적 구조를 중심으로 한 요약까지 해주는 등 각 학생들의 수준과 원하는 형식에 맞추어 개념 정리와 요약이 가능합니다.

프롬프트 예시 1: 중학교 과학 개념 정리 요청

프롬프트 구성

- 역할(Role): 당신은 중학교 1학년 과학 선생님입니다.
- 맥락(Context): 물질의 상태 변화 단원을 공부한 후 정리를 하려고 합니다.
- 목적(Goal): 핵심 개념과 용어를 정리하고, 중요한 변화 과정을 쉽게 외울 수 있게 만들어 주세요.
- 제약 조건(Constraints): 초등학생 수준으로 설명해주세요.
- 형식(Format): 표 형식, 핵심 요약 3줄로 구성해 주세요.

예시 프롬프트

"당신은 중학교 1학년 과학 선생님입니다.

물질의 상태 변화 단원을 공부한 후 정리를 하려고 합니다.

핵심 개념과 용어를 중요한 변화 과정을 중심으로 정리해 주세요.

쉽게 외울 수 있게 초등학생 수준으로 설명해주세요.

상태 변화의 종류, 예시, 조건을 표로 정리하고, 핵심 내용을 3줄로 요약해주세요."

AI 예시 응답

물질의 상태 변화 정리

물질의 3가지 상태

- 고체: 모양과 부피가 일정해요 (얼음처럼 딱딱함)
- 액체: 부피는 일정하지만 모양은 변해요 (물처럼 흘러다님)
- 기체: 모양과 부피가 모두 변해요 (수증기처럼 퍼져나감)

중요한 용어들

- 융해: 고체가 액체로 변하는 것 (얼음 → 물)
- 응고: 액체가 고체로 변하는 것 (물 → 얼음)
- 기화: 액체가 기체로 변하는 것 (물 → 수증기)
- 액화: 기체가 액체로 변하는 것 (수증기 → 물)
- 승화: 고체가 바로 기체로 변하는 것 (드라이아이스 → 기체)

상태 변화 정리표

변화 이름	변화 과정	쉬운 예시	필요한 조건
융해	고체 → 액체	얼음이 녹아서 물이 됨	열을 받음 (온도 ↑)
응고	액체 → 고체	물이 얼어서 얼음이 됨	열을 빼앗김 (온도 ↓)
기화	액체 → 기체	물이 끓어서 수증기가 됨	열을 받음 (온도 ↑)
액화	기체 → 액체	수증기가 차가운 유리창에 닿아 물방울이 됨	열을 빼앗김 (온도 ↓)
승화	고체 → 기체	드라이아이스가 바로 기체로 변함	열을 받음 (온도 ↑)

외우기 쉬운 기억법

온도 변화의 규칙

- 열을 받으면 → 고체 → 액체 → 기체 (더 자유롭게!)
- 열을 잃으면 → 기체 → 액체 → 고체 (더 단단하게!)

일상생활 속 예시

- 아침에 서리가 사라지는 것 = 승화 (고체 → 기체)
- 뜨거운 국물에서 김이 나오는 것 = 기화 (액체 → 기체)
- 겨울에 입김이 하얗게 보이는 것 = 액화 (기체 → 액체)

3줄 요약

1. 물질은 온도에 따라 고체 → 액체 → 기체 순서로 상태가 바뀝니다.
2. 열을 받으면 자유로운 상태로, 열을 잃으면 단단한 상태로 변합니다.
3. 우리 주변에서 일어나는 얼음 녹기, 물 끓기, 김 서리기는 상태 변화입니다.

※ AI가 생성한 답변에는 틀린 정보가 있을 수 있습니다.

프롬프트 예시: 고등학교 역사 요약 요청

프롬프트 구성

- 역할(Role): 당신은 고등학교 한국사 선생님입니다.
- 맥락(Context): '3.1 운동' 단원을 공부했습니다.
- 목적(Goal): 복습을 위해 핵심 내용을 요약하고자 합니다.
- 조건(Constraints): 주요 인물, 배경, 전개, 결과를 순서대로 정리하고, 외우기 쉬운 핵심 키워드로 마무리해주세요.
- 형식(Format): 인물 + 배경 + 전개 + 결과 정리 + 핵심 키워드 순서

예시 프롬프트

"당신은 고등학교 한국사 선생님입니다.
3.1 운동 단원을 공부했습니다.
복습을 위해 핵심 내용을 요약해주세요.
주요 인물, 배경, 전개, 결과를 순서대로 정리하고, 외우기 쉬운 핵심 키워드로 마무리해주세요."

AI 예시 응답

3.1 운동 요약

- 배경: 1910년 일본이 조선을 강제로 병합하며 식민 지배를 시작했습니다. 이에 대한 저항은 계속되었고, 1919년에는 미국 윌슨 대통령의 민족자결주의가 확산되며 독립 의지가 고조되었습니다.
- 주요 인물: 유관순, 손병희, 한용운, 최린 등 종교계·교육계 인사들이 중심이 되어 독립 선언서를 작성하고 배포했습니다.
- 전개 과정: 1919년 3월 1일, 서울 탑골공원에서 독립선언이 낭독되었고, 전국으로 시위가 확산되었습니다. 학생, 농민, 종교인들이 자발적으로 참여했습니다.
- 결과: 일본은 무력으로 진압했지만, 이후 통치 방식이 무단통치에서 문화통치로 바뀌고, 대한민국 임시정부가 수립되는 계기가 되었습니다.

키워드 정리
- 민족자결주의
- 유관순
- 독립선언서
- 탑골공원
- 임시정부 수립

※ AI가 생성한 답변에는 틀린 정보가 있을 수 있습니다.

AI 요약 활용 꿀팁

생성형 AI를 활용하여 개념 정리와 요약을 할 때 다음과 같은 방법들도 매우 유용합니다:

1) '배운 내용을 AI에게 설명하기' 방식

공부한 내용을 AI에게 설명한 후, 그것이 정확했는지 평가받는 방식입니다.

예시 프롬프트

"제가 탄소 순환에 대해 이렇게 이해했는데, 맞는지 확인해주시고, 틀린 부분이 있으면 수정해주세요."

…[탄소 순환에 대한 나의 이해]…

→ AI가 내용을 분석하고 수정 및 보완 제안

2) '나만의 요약노트 만들기' 방식

AI에게 원하는 형식(표, 요점 정리, 마인드맵 등)으로 요약 노트를 만들어달라고 요청할 수 있습니다.

예시 프롬프트

"고등학교 생명과학1 '세포 호흡' 단원을 글머리표 요약 + 표 정리 + 핵심 개념 3줄 요약으로 만들어주세요."

개념 정리와 요약을 생활화하면 생기는 변화

학생들이 생성형 AI를 활용하여 개념 정리와 요약을 생활화하게 되면 다음과 같은 긍정적인 변화가 일어납니다:

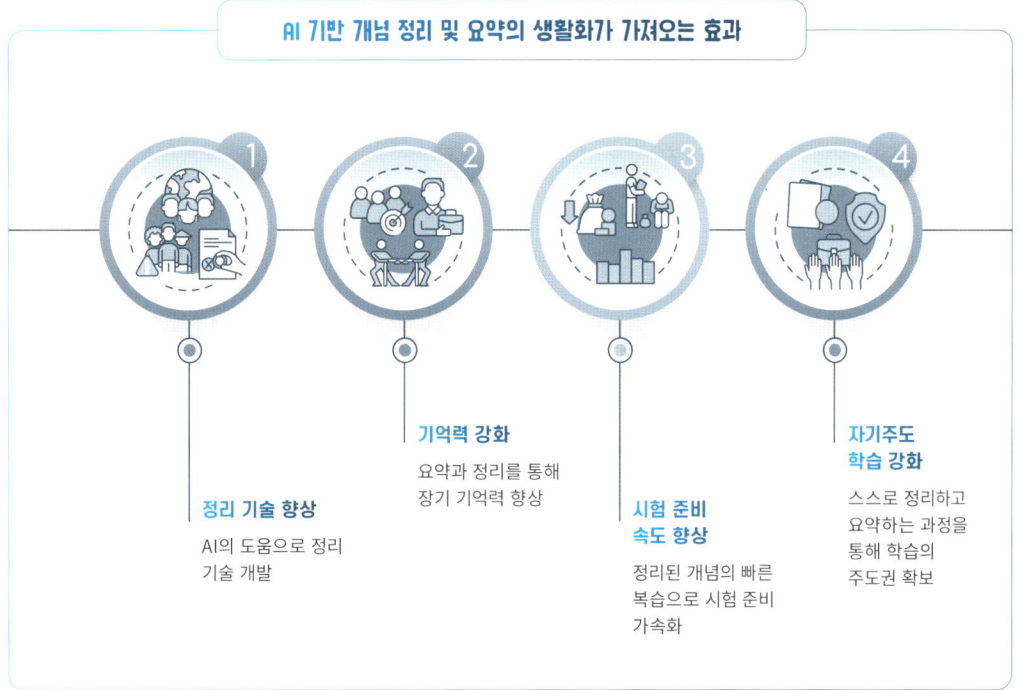

- 스스로 정리하는 능력 향상: AI의 도움을 받으며 점점 정리 실력을 키우게 됩니다.
- 기억력 강화: 요약과 정리는 장기기억에 도움이 됩니다.
- 시험 준비 속도 향상: 정리된 개념만 빠르게 복습하면 시험 대비가 빨라집니다.
- 자기주도 학습 강화: 스스로 정리하고 요약하는 과정을 통해 학습의 주도권을 갖게 됩니다.

이번 절의 요약

- 개념 정리와 핵심 요약은 학습 효과를 극대화하는 중요한 방법입니다.
- 생성형 AI는 학생 수준에 맞춰 쉽고 정확한 요약을 제공할 수 있습니다.
- 실제 수업 내용, 참고서, 강의 내용을 AI에게 정리 요청하며 복습 효율을 높일 수 있습니다.
- 초·중·고 어느 학년이든 쉽게 따라 할 수 있으며, 바로 적용 가능한 프롬프트 예시는 실전에서 큰 도움이 됩니다.
- 프롬프트 작성 시 프롬프트 구성 요소(역할, 맥락, 목적, 제약 조건, 형식, 예시)를 잘 활용하면 더 효과적입니다.

4. AI와 함께하는 문제 해결 훈련

학교 공부는 단순히 지식을 외우는 것을 넘어서, 그 지식을 어떻게 활용할 수 있는지를 묻고 있습니다. 특히 수학 문제나 과학 탐구, 또는 실생활 속 문제 해결 상황에서는 '논리적으로 생각하고, 단계적으로 해결하는 능력'이 매우 중요합니다.

예를 들어, 수학 문제를 푼다고 해도 정답을 바로 외우는 것이 아니라 문제를 분석하고, 공식을 활용하여 조건을 논리적으로 조합해가며 정답을 도출하는 과정이 필요합니다. 또, 글쓰기나 발표에서도 생각의 흐름을 조리 있게 정리하고, 주장을 뒷받침하는 근거를 제시하는 능력이 중요합니다.

이런 사고 능력은 단기간에 만들어지지 않으며, 반복적인 훈련을 통해 조금씩 자라납니다. 다행히도, 이제는 생성형 AI를 통해 이러한 논리적 사고력과 문제 해결력을 보다 체계적이고 효과적으로 연습할 수 있습니다.

이번 절에서는 AI를 활용해 문제 해결을 위한 창의력 키우기와 아이디어 발상 훈련을 다룹니다. 비판적 사고에서 생산적 사고로 확장해가는 방법입니다. 논리와 창의가 균형 잡힌 학습이 될 수 있도록, AI가 여러분의 훌륭한 사고 훈련 도우미가 되어줄 것입니다.

생성형 AI는 어떻게 논리 훈련을 도와줄까요?

생성형 AI는 스스로 사고하게 만들고, 생각을 정리해보게 유도하는 대화 파트너로 활용할 수 있습니다. 예를 들어 다음과 같은 방식으로 훈련이 가능합니다.

- 사고력을 기르는 논리 퍼즐을 출제해주고 함께 풀어보기
- 다양한 문제 해결 시나리오를 제공하고 스스로 해결 방안을 떠올리게 하기
- 학생이 생각한 해결 과정에 대해 피드백과 질문을 던지며 사고를 깊이 있게 확장해주기

즉, AI는 나의 생각을 끌어내고, 내가 말한 내용에 대해 더 깊이 생각하게 도와주는 존재가 될 수 있습니다. 문제를 푸는 것 자체보다 생각하는 훈련을 반복하는 것이 핵심입니다.

실제 예시: 전 연령대가 함께할 수 있는 논리 퍼즐 프롬프트

다음은 초등학생부터 고등학생까지 사용할 수 있는 공통 프롬프트입니다. 난이도는 AI가 사용자에 맞게 자동으로 조절할 수 있으며, 반복할수록 사고력도 같이 성장합니다.

프롬프트 구성

- 역할(Role): 당신은 사고력 훈련을 도와주는 논리 퍼즐 선생님입니다.
- 맥락(Context): 저는 논리적 사고력을 키우고 싶습니다.
- 목적(Goal): 논리적 사고력을 키울 수 있도록 논리 퍼즐을 만들어 주세요.
- 제약 조건(Constraints): 나이와 수준에 맞춰 난이도를 조절해주세요. 퍼즐은 수수께끼, 조건 추론, 논리 순서, 패턴 찾기 등 다양하게 섞어주세요.
- 출력 형식(Format): 퍼즐 → 내 생각 유도 질문 → 풀이 해설

예시 프롬프트

> "당신은 사고력 훈련을 도와주는 논리 퍼즐 선생님입니다.
> 저는 논리적 사고력을 키우고 싶습니다.
> 제 나이(초등학교/중학교/고등학교 수준)에 맞춰서 난이도를 조절한 논리 퍼즐을 하나 내주세요.
> 퍼즐은 수수께끼, 조건 추론, 논리 순서, 패턴 찾기 등 다양한 유형으로 섞어주세요.
> 제가 스스로 풀 수 있도록 질문을 던져주세요. 마지막에는 풀이 해설도 해주세요."

AI 예시 응답 – 중학생 수준

퍼즐 문제:
세 사람(민수, 철수, 지훈)이 한 줄로 서 있습니다.
- 민수는 철수보다 앞에 서 있습니다.
- 지훈은 맨 뒤에 있지 않습니다.
- 철수는 민수와 지훈 사이에 있지 않습니다.

이때 사람들의 줄 선 순서를 맞춰보세요.

사고 유도 질문:

1. 각 사람의 위치는 총 몇 가지 경우가 있을까요?
2. '지훈은 맨 뒤에 있지 않다'는 말은 어떤 위치를 배제할 수 있나요?
3. 철수가 민수와 지훈 사이에 없다는 건 어떤 의미일까요?

정답 풀이:

- 첫 번째 조건: 민수는 철수보다 앞에 있음 → 민수는 철수 앞.
- 두 번째 조건: 지훈은 맨 뒤가 아님 → 지훈은 앞 또는 중간.
- 세 번째 조건: 철수는 민수와 지훈 사이에 있지 않음 → 철수는 양 끝이어야 함.

  → 유일한 가능한 순서는: **지훈 – 민수 – 철수**

※ AI가 생성한 답변에는 틀린 정보가 있을 수 있습니다.

활용 팁: 프롬프트 응용법

이 프롬프트는 다음과 같은 방법으로도 응용이 가능합니다.

응용 목적	프롬프트 확장 문장
여러 문제 풀고 싶을 때	"하나 풀고 나면 다음 문제를 계속 이어서 내주세요."
스스로 만들어보고 싶을 때	"이제는 제가 문제를 만들어볼게요. 검토와 피드백을 해주세요."
친구와 함께 풀고 싶을 때	"두 명이서 토론하며 풀 수 있는 논리 퍼즐을 만들어주세요."

AI 예시 응답 – 고등학생 수준

퍼즐 문제:

수학 동아리의 네 명 학생이 각자 다른 요일에 발표 합니다.

- 수연이는 화요일보다 먼저 발표합니다.
- 민재는 금요일에 발표하지 않습니다.
- 지훈이는 수연이와 민재 사이에 발표합니다.
- 유나는 수연이보다 하루 뒤에 발표합니다.

누가 어떤 요일에 발표했는지 맞춰보세요.

풀이 요약:
- 조건을 정리하며 표로 배열
- 경우의 수를 제외하면서 가능한 순서 탐색
- 논리 추론을 통한 유일한 해 찾기

정답:
(월) 수연 – (화) 유나 – (수) 지훈 – (목) 민재

※ AI가 생성한 답변에는 틀린 정보가 있을 수 있습니다.

실생활 문제 해결을 위한 논리 훈련 프롬프트
프롬프트 구성
- 역할(Role): 당신은 학생의 논리적 사고력과 실생활 문제 해결 능력을 길러주는 코치입니다.
- 맥락(Context): 학생은 실생활 속에서 마주칠 수 있는 다양한 상황에서 올바른 판단을 내리는 훈련을 하고자 합니다.
- 목적(Goal): 문제 상황을 분석하고, 주어진 조건을 바탕으로 가장 합리적인 해결 방법을 찾아내는 훈련을 하고 싶습니다.
- 조건(Constraints): 문제 상황은 실생활 기반이어야 하며, 조건 정리와 추론 위주로 구성해주세요. 나이에 따라 난이도를 조절해주세요.
- 예시(Example): 친구들과 약속 잡기, 용돈 계획 세우기, 시간표 짜기, 동아리 활동 조율 등 일상적인 상황이어야 합니다.
- 출력 형식(Format): ① 상황 설명 → ② 내가 선택할 수 있는 행동 3~4가지 제시 → ③ 각각의 장단점 분석 유도 질문 → ④ 최선의 선택 찾기 → ⑤ AI의 해설 및 논리 피드백

예시 프롬프트

"당신은 학생의 논리적 사고력과 실생활 문제 해결 능력을 길러주는 코치입니다.

저는 실생활 속에서 마주칠 수 있는 다양한 상황에서 올바른 판단을 내리는 훈련을 하고자 합니다.

문제 상황을 분석하고, 주어진 조건을 바탕으로 가장 합리적인 해결 방법을 찾아내는 훈련에 필요한 논리 퍼즐을 만들어 주세요.

문제 상황은 실생활 기반이어야 합니다.

복잡한 수학이나 과학 지식보다는 조건 정리와 추론 위주로 구성해주세요.

나이에 따라 난이도를 조절해주세요.

친구들과 약속 잡기, 용돈 계획 세우기, 시간표 짜기, 동아리 활동 조율 등 일상적인 상황이어야 합니다.

응답은 상황 설명, 내가 선택할 수 있는 행동 3~4가지 제시, 각각의 장단점 분석 유도 질문, 최선의 선택 찾기, 해설 및 논리 피드백 순으로 구성해주세요."

AI 예시 응답

실생활 상황

다음 주에 수행평가와 동아리 발표가 겹쳤습니다. 수행평가는 학점에 들어가고, 동아리 발표는 친구들과 함께 준비한 결과물입니다. 둘 다 중요한데 시간이 부족합니다. 어떤 선택을 하시겠어요?

선택지

1. 수행평가에 집중하고 동아리 발표는 최소한만 준비한다.
2. 동아리 친구들에게 양해를 구하고 역할을 분담해서 발표를 마친다.
3. 시간을 잘 나눠서 둘 다 준비하되, 잠을 줄이더라도 양쪽을 포기하지 않는다.
4. 선생님께 상황을 말씀드리고 발표 연기를 요청한다.

생각 유도 질문

- 어떤 선택이 장기적으로 더 좋은 결과를 줄까요?
- 누구에게 어떤 영향을 줄까요?
- 이 상황에서 내 책임은 무엇이며, 나눌 수 있는 책임은 무엇인가요?

해설 및 피드백

"이 문제는 우선순위 정하기 + 협업 + 시간 관리를 모두 포함하고 있어요. 특히 2번처럼 역할 분담을 제안하는 것은 팀워크 능력과 현실적 문제 해결력을 함께 보여주는 선택이에요. 그리고 4번도 용기 있는 의사소통이 필요한 방법이죠."

※ AI가 생성한 답변에는 틀린 정보가 있을 수 있습니다.

팁: 실생활 문제 해결 프롬프트 활용법

활용 방식	프롬프트 추가 문장 예시
친구들과 토론용으로 활용	"이 문제를 두 명 이상이 토론하며 풀 수 있게 구성해주세요."
실생활 시뮬레이션 게임처럼 연습	"하루에 하나씩 새로운 상황을 만들어서 실생활 게임처럼 연습하고 싶어요."
자기반성 훈련으로 확장	"제가 선택한 방법에 대해 비판적으로 피드백을 해주세요."
가족 또는 학급에서 함께	"가족이나 반 친구들과 함께 생각을 나눌 수 있는 상황을 만들어주세요."

이 프롬프트는 단순한 정답 찾기보다는, 실제 삶에서 마주치는 상황을 성찰하고, 분석하고, 현명하게 판단하는 연습에 중점을 둡니다. 이러한 활동은 학생들의 자기주도성, 공감능력, 협력 태도, 그리고 미래 사회 대응력을 키우는 데 결정적인 역할을 하게 됩니다.

논리 퍼즐은 단지 머리를 쓰는 재미를 위한 것이 아닙니다. 매일 10분씩 AI와 함께하는 퍼즐 훈련은 복잡한 문제를 해결하는 힘, 조건을 해석하는 능력, 논리의 흐름을 파악하는 훈련으로 이어집니다.
학생들은 시험 문제 속 문장도 더 잘 읽고 해석할 수 있게 되며, 친구들과의 토론에서도 조리 있게 말할 수 있고 상대의 논리를 비판적으로 분석하는 능력이 자연스럽게 길러집니다.

이제, AI는 단지 답을 주는 도구가 아니라 함께 생각하는 파트너입니다. 논리력은 생각의 근육이고, 훈련할수록 강력해집니다. 오늘부터 AI와 함께 그 훈련을 시작해보세요.

5. AI를 활용한 비판적 사고 훈련

여러분은 어떤 글이나 말을 들었을 때, 그냥 받아들이시나요? 아니면 "왜 그런가?", "이게 정말 맞는 이야기일까?" 하고 스스로 질문을 던지시나요?
이처럼 어떤 정보나 주장을 무조건 믿지 않고, 논리적으로 따져보고, 다양한 시각으로 분석하는 능력을 비판적 사고력이라고 합니다. 즉, 비판적 사고(critical thinking)란 단순히 지식을 받아들이는 것이 아니라 그 내용을 의심해보고, 다양한 관점에서 살펴보며, 자신만의 논리적 판단을 내리는 사고 방식입니다. 이러한 사고력은 공부뿐 아니라 일상생활에서도 매우 유용합니다.

비판적 사고력은 모든 학문의 기초입니다. 과학에서 실험 결과를 분석하거나 사회에서 여러 입장을 비교할 때, 수학 문제를 논리적으로 해결하거나 국어에서 글을 읽고 요지를 파악할 때 모두 비판적 사고가 필요합니다. 또한 앞으로 여러분이 사회에 나가서도, 쏟아지는 정보 속에서 진짜와 가짜를 구분하고, 옳고 그름을 판단하는 데 이 능력은 아주 중요합니다.

학문에서 비판적 사고의 역할

그렇다면 이 중요한 사고력을 어떻게 키울 수 있을까요? 책을 많이 읽고 토론을 하면 좋겠지만, 혼자 하기 어렵거나 시간이 부족할 수도 있습니다. 이럴 때 생성형 AI가 여러분의 사고력을 키워주는 똑똑한 훈련 파트너가 되어줄 수 있습니다.

이 절에서는 생성형 AI를 활용해 비판적·논리적 사고력과 문제 해결 능력을 길러주는 방법을 소개합니다. 초등학생부터 고등학생까지, 각 단계에 맞는 쉬운 예시와 실제로 사용할 수 있는 AI 프롬프트, 그리고 AI의 응답 예시까지 담았습니다. AI를 통해 어떤 방식으로 사고 훈련을 할 수 있는지 직접 체험할 수 있습니다.

비판적 사고란 무엇인가요?

비판적 사고는 단순히 '비판하는 것'이 아닙니다. 다음의 네 가지 활동이 모두 포함된 생각의 과정입니다.

1. 정보를 정확히 이해하고 해석하기
    → 글이나 말을 읽거나 들었을 때 정확히 무슨 뜻인지 파악합니다.
2. 논리적으로 분석하고 따져보기
    → 주장의 근거가 타당한지, 앞뒤가 맞는지 확인합니다.
3. 다양한 관점에서 생각해보기
    → 다른 입장이나 반대 의견도 고려합니다.
4. 자신의 입장을 정리하고 표현하기
    → 앞선 내용을 바탕으로 자신만의 결론을 논리적으로 말하거나 글로 씁니다.

이 과정은 학년이 올라갈수록 학교 수업과 시험에서 점점 더 중요해지며, 특히 서술형 문제, 면접, 논술 같은 부분에서 매우 중요한 핵심 역량으로 평가됩니다.

AI가 어떻게 비판적 사고 훈련을 도와줄 수 있을까요?

생성형 AI는 단순히 정보를 알려주는 것을 넘어서, 여러분이 사고하고 판단할 수 있도록 질문을 던지고, 대부분의 경우 적절한 반대 의견을 제시하고, 논리를 검토해주는 대화 파트너 역할을 할 수 있습니다.

예를 들어, 여러분이 어떤 주장에 대해 찬성하는 글을 썼다면, AI는 다음과 같이 말할 수 있습니다.

"좋은 주장입니다. 그런데 이 주장에 반대하는 사람들은 어떤 이야기를 할 수 있을까요?"

"이 근거는 조금 약한 것 같아요. 더 명확한 예시를 제공하거나 통계 숫자를 넣으면(수치화시키면) 어떨까요?"

이처럼 AI는 여러분의 생각을 점검하고, 논리를 강화해주며, 여러 관점을 떠올릴 수 있도록 도와주는 역할을 합니다.

AI를 활용한 비판적 사고 훈련 – 실제 사용 예시와 프롬프트

다음은 실제로 여러분이 따라할 수 있는 비판적 사고 훈련 프롬프트와 예시입니다.

예시 프롬프트 1: 초등학생 수준 – 동물원은 꼭 필요한 공간일까요?

> "당신은 초등학교 5학년 사회 선생님입니다.
> 학생들이 '동물원이 꼭 필요한가?'라는 주제로 비판적으로 생각해보도록 도와주려 해요.
> 먼저 동물원이 꼭 필요하다고 생각하는 사람들의 주장을 간단히 정리해주고, 그 뒤에는 반대하는 사람들의 주장도 알려주세요.
> 마지막에는 학생이 스스로 생각해볼 수 있는 질문을 2개 만들어주세요.
> '찬성 의견', '반대 의견', '생각할 거리' 세 가지로 나누어 정리해주세요."

AI 예시 응답

[찬성 의견]
- 동물원은 사람들이 다양한 동물을 직접 보고 배울 수 있는 장소입니다.
- 멸종 위기에 처한 동물을 보호하고 번식시킬 수 있습니다.

[반대 의견]
- 동물원은 동물의 자유를 빼앗는 곳입니다.
- 좁은 공간에서 동물이 스트레스를 받으며 살 수 있습니다.

[생각할 거리]
1. 사람을 위한 장소가 동물에게는 괴로운 공간일 수도 있을까요?
2. 동물원을 대신할 수 있는 다른 방법은 무엇이 있을까요?

※ AI가 생성한 답변에는 틀린 정보가 있을 수 있습니다.

예시 프롬프트 2: 중학생 수준 – 스마트폰 사용 시간은 제한해야 할까요?

"당신은 중학교 2학년 도덕 교사입니다.

학생들이 '청소년의 스마트폰 사용 시간 제한'에 대해 찬반 양쪽 입장을 논리적으로 비교하고,

스스로 의견을 정리해볼 수 있도록 도와주려 해요.

각 입장의 핵심 주장과 이유를 제시해 주세요.

마지막에 학생 스스로 자기 생각을 쓸 수 있는 틀을 제공해주세요.

'찬성', '반대', '자기 생각 정리 템플릿'으로 구성해주세요."

AI 예시 응답

[찬성]
- 스마트폰을 오래 사용하면 건강에 해롭고, 학습에 방해 됩니다.
- 중독될 위험이 있어 일정 시간 이상 사용을 막아야 합니다.

[반대]
- 스마트폰은 정보 검색, 소통 등 다양한 학습 도구가 될 수 있습니다.
- 제한은 개인의 자유를 침해할 수 있습니다.

[자기 생각 정리 템플릿]
- 저는 (찬성/반대) 쪽입니다. 왜냐하면 _____ 이기 때문입니다.
- 하지만 저와 다른 입장도 이해되는 점은 _____ 입니다.
- 그래서 저는 _____ 하는 것이 가장 좋다고 생각합니다.

※ AI가 생성한 답변에는 틀린 정보가 있을 수 있습니다.

예시 프롬프트 3: 고등학생 수준 – AI가 인간의 일자리를 대체할까요?

> "당신은 고등학생 토론반의 코치입니다.
> 'AI의 발전이 인간의 일자리를 빼앗을 것인가?'라는 주제로 학생들이 비판적 사고 훈련을 할 수 있도록 도와주려 해요.
> 각 입장을 정리하고, 실제 통계나 예시를 넣어 설득력을 높이며, 학생 스스로 결론을 도출하도록 유도해주세요.
> '찬성 주장', '반대 주장', '중립적 질문', '학생의 생각 정리' 순서로 구성해주세요."

AI 예시 응답

[찬성 주장]
- AI는 반복적인 일을 빠르고 정확하게 처리해 많은 일자리를 대체할 수 있습니다.
- 실제로 고객센터, 회계, 번역 등의 분야에서 자동화가 빠르게 진행되고 있습니다.

[반대 주장]
- AI는 창의적이고 인간적인 감정이 필요한 직업을 완전히 대체하기 어렵습니다.
- AI로 인해 새로운 직업이 생기기도 합니다 (예: 프롬프트 엔지니어, AI 윤리 전문가 등).

[중립적 질문]
1. AI는 인간과 협력하는 도구가 될 수 있을까요?
2. 일자리의 개념이 바뀌는 것일까요, 없어지는 것일까요?

[학생의 생각 정리]
- 나는 _____ 입장을 지지한다.
- 그 이유는 _____ 이기 때문이다.
- 앞으로 AI 시대에 내가 준비해야 할 것은 _____ 이라고 생각한다.

※ AI가 생성한 답변에는 틀린 정보가 있을 수 있습니다.

여기서 추가로 AI에게 토론을 요청하면 AI와 여러 주제를 가지고 직접 토론하는 연습도 할 수가 있습니다. AI와 토론하면서 실전 토론 능력을 기르는 것이죠. 아래 프롬프트는 누구나 수정해서 즉시 사용 가능합니다.

※ 아래 프롬프트뿐만 아니라 지금까지 설명했던 프롬프트, 앞으로 제시할 프롬프트 모두 바로 사용 가능한 프롬프트이니, 여러분들께서는 책을 읽으면서 AI에 직접 프롬프트를 입력해서 응답을 요청해보고 어떤 결과가 나오는지 살펴보기 바랍니다.

AI와의 토론 프롬프트 템플릿(예시)

"당신은 지금부터 저와 찬반 토론을 하는 토론 상대입니다.

제가 먼저 토론 주제와 제 입장을 말하면, 당신은 그 반대 입장에서 주장해 주세요.

[*토론 주제는 _____ 이고 제 입장은 _____ 입니다.]

제 주장이 끝난 후, 당신은 다음의 순서로 토론을 진행해 주세요:

   1. 반대 입장의 주장 제시 (2~3가지, 근거 포함)

   2. 제 주장에 대한 반론

   3. 다시 생각해볼 수 있는 질문 2가지 제시

제 나이나 학습 수준에 맞게 말투나 예시를 조절해 주세요.

제가 초등학생이면 쉽게 설명하고, 중고등학생이면 논리적으로 말해 주세요.

학부모라면 성인 수준의 비판적 사고로 대응해 주세요.

[*저는 _____ 입니다.]

제가, 준비가 됐으니 토론을 시작해 달라고 말하면, 그 때 토론을 시작해 주세요."

실제 토론 진행 예시 프롬프트

"준비 됐으니 토론을 시작해 주세요.

토론 주제는 "AI 기술이 인간보다 공정하게 판단할 수 있나?"이고,

제 입장은 "AI 기술은 인간보다 공정하게 판단할 수 있다" 입니다.

저는 고등학생 입니다."

위의 "AI와의 토론 프롬프트 템플릿(예시)"를 먼저 AI에게 제공하면, AI는 준비되면 얘기해 달라고 응답합니다. 그 다음 "실제 토론 진행 예시 프롬프트"를 순차적으로 입력하면 AI와의 토론이 시작됩니다. 토론은 현장감을 높이기 위해 텍스트 보다는 음성으로 해달라고 요청해 실전 토론을 대비하는 걸 권합니다.

AI 예시 응답

[반대 주장]
AI가 데이터를 기반으로 판단한다고 해도, 그 데이터에는 편향이 포함될 수 있습니다.
예를 들어, 과거의 차별이 반영된 데이터를 학습했다면 AI도 그런 판단을 할 수 있습니다.
또한, 인간은 맥락과 감정을 고려하지만 AI는 그것을 완전히 이해하지 못합니다.
[반론]
AI는 빠르고 일관된 판단을 내릴 수 있지만, 판단의 '공정성'은 데이터와 설계에 달려있습니다.
결국 공정한 AI를 위해선 인간의 지속적인 감독과 교정이 필요합니다.
[생각할 거리 질문]
1. 공정성을 판단할 기준은 누가, 어떻게 정해야 할까요?
2. 인간과 AI의 협력으로 판단의 질을 높일 수 있는 방식은 무엇일까요?

※ AI가 생성한 답변에는 틀린 정보가 있을 수 있습니다.

AI를 활용하면 누구나, 어떤 주제든, 자신의 수준에 맞게 실전처럼 토론 훈련이 가능합니다!

확장 활동: AI에게 역할을 바꿔달라고 요청해보세요.

AI는 유연하게 역할을 바꿔가며 다양한 방식의 토론을 진행할 수 있습니다. 다음과 같은 요청도 가능합니다.

- "이번에는 AI가 찬성, 제가 반대해볼게요."
- "AI가 사회자 역할을 맡아서 두 입장을 비교해 주세요."
- "두 입장을 모두 설명한 뒤, 제 생각을 정리할 수 있는 틀을 주세요."
- "실제 사례를 더 추가해서 설명해주세요."

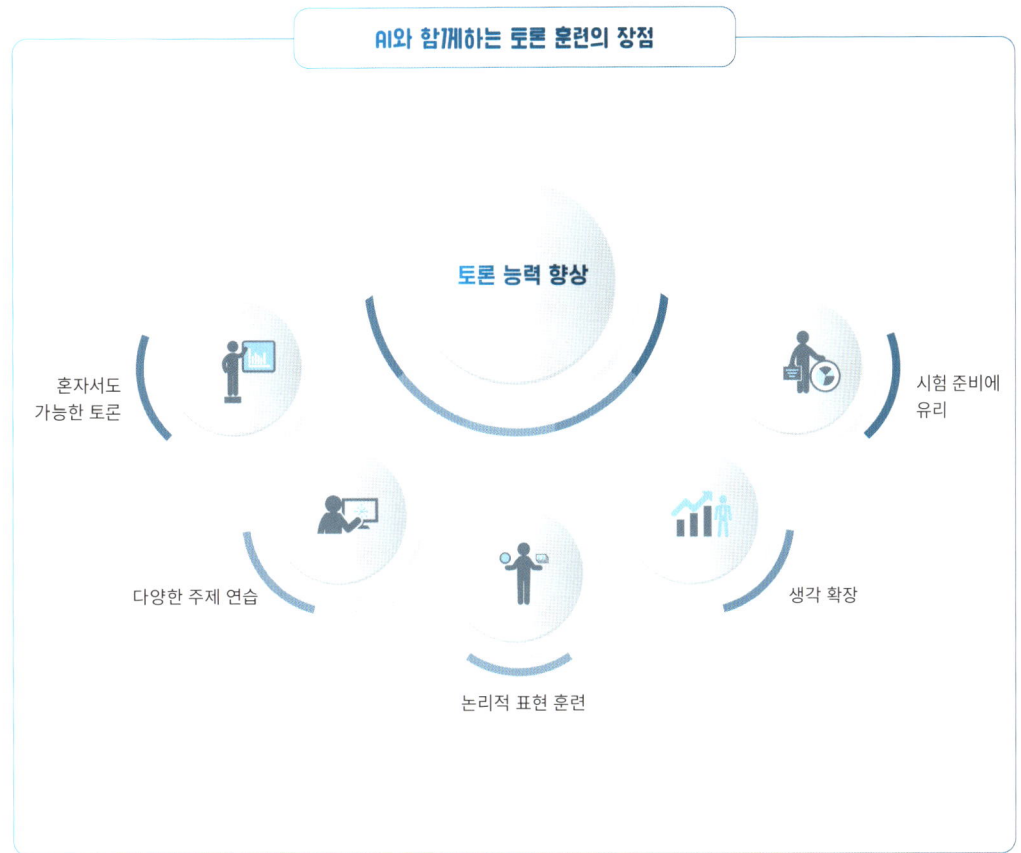

6. AI를 활용한 손쉬운 시간 관리와 학습 계획 세우기

학습을 할 때 가장 중요한 요소 중 하나는 바로 '시간 관리'와 '학습 계획'입니다. 아무리 좋은 공부 방법이나 자료가 있어도, 시간을 효율적으로 관리하지 못하면 원하는 성과를 얻기 어렵기 때문입니다. 특히 학생들은 학교 공부, 숙제, 학원 공부, 과외 활동 등 여러 일정이 복잡하게 얽혀 있어 계획을 세우기 쉽지 않습니다.

이럴 때 생성형 AI를 활용하면 체계적인 시간 관리와 맞춤형 학습 계획을 세우는 데 큰 도움이 됩니다. 이번 절에서는 AI를 통해 어떻게 시간을 효율적으로 관리하고, 학습 계획을 세울 수 있는지 실제 예시와 함께 자세히 알려드리겠습니다.

시간 관리와 학습 계획이 중요한 이유

먼저 시간 관리와 학습 계획의 중요성을 이해하는 것이 필요합니다. 누구에게나 하루 24시간이라는 똑같은 시간이 주어지지만, 그 시간을 어떻게 활용하느냐에 따라 결과는 크게 달라집니다. 체계적인 계획 없이 무작정 공부하다 보면 중요한 과목이나 어려운 단원에 충분한 시간을 투자하지 못할 수 있습니다.

많은 학생들이 겪는 공통적인 문제 중 하나는 '시간은 부족한데 해야 할 일은 너무 많다'는 것입니다. 이런 상황에서 계획 없이 공부를 시작하면 여러 문제가 발생합니다.
첫째, **우선순위 혼란**이 생깁니다. 어떤 과목을 먼저 공부해야 할지, 어떤 과제가 더 급한지 판단하기 어려워집니다. 결과적으로 상대적으로 쉬운 과목만 계속 공부하거나, 급하지 않은 일에 시간을 과도하게 투자하는 경우가 발생합니다.
둘째, **비효율적인 학습 패턴이 형성**됩니다. 예를 들어, 수학 문제를 30분 풀다가 지루해지면 영어 단어 암기로 넘어가고, 다시 지겨워지면 사회 교과서를 읽는 식으로 산발적인 학습을 하게 됩니다. 이런 방식은 집중력을 분산시키고, 깊이 있는 학습을 방해합니다.
셋째, **학습 효과 측정의 어려움**이 있습니다. 무계획적으로 공부하면 '오늘 몇 시간 공부했는지'는 알 수 있어도 '무엇을 얼마나 제대로 익혔는지'를 파악하기 어렵습니다. 이는 성취감 부족으로 이어지고, 학습 동기 저하의 원인이 됩니다.

반면 체계적인 학습 계획을 세우면 여러 긍정적 효과를 얻을 수 있습니다.
- **명확한 목표 설정을 통한 학습 방향의 명확화**: '이번 주에 영어 단어 100개 외우기', '수학 2단원 문제집 완료하기'처럼 구체적인 목표가 있으면 무엇을 해야 할지 고민하는 시간이 줄어들고, 바로 실행에 옮길 수 있습니다.
- **성취감과 자신감 향상 경험**: 계획한 것을 하나씩 완료할 때마다 작은 성공 경험이 쌓입니다. 이런 경험들이 모여 학습에 대한 자신감으로 발전하고, 더 어려운 도전을 시도할 동기가 됩니다.
- **스트레스 감소**: 해야 할 일들이 머릿속에서 뒤엉켜 있을 때는 막연한 불안감을 느끼기 쉽습니다. 하지만 모든 일을 계획표에 정리하고 우선순위를 정하면, 마음이 한결 가벼워집니다. '언제 무엇을 할지' 미리 정해져 있기 때문에 불필요한 고민이 줄어듭니다.
- **자기주도 학습 능력의 발달**: 스스로 계획을 세우고 실행하는 과정에서 '내가 무엇을 모르는지', '어떤 방식으로 공부할 때 효과적인지'를 스스로 파악하게 됩니다. 이런 메타인지 능력은 평생 학습의 기초가 됩니다.
- **균형 잡힌 생활 패턴 형성**: 공부뿐만 아니라 휴식, 취미, 운동, 친구와의 시간까지 고려한 계획을 세우면, 슬럼프 또는 번아웃을 방지하고 지속 가능한 학습 리듬을 만들 수 있습니다.

계획이 공부에 미치는 영향

구분	계획적 공부	비계획적 공부
공부 우선순위	정돈	혼란
학습 패턴 형성	효율적	비효율적
학습 효과 측정	용이함	어려움
학습 방향	분명	불분명
성취감과 자신감	향상	높은 저하 가능성
공부 스트레스	감소	높은 증가 가능성
자기주도 학습 능력	발달	낮은 발달 가능성
생활 패턴 형성	균형적 (지속 가능한 학습 리듬)	불균형적

AI가 시간 관리와 학습 계획에 어떻게 도움을 줄까요?

- **일정 정리와 분류**: 학교 수업, 과제, 시험, 학원 수업, 독서, 운동 등 해야 할 일들을 나열하고 중요한 순서대로 정리해줍니다.
- **우선순위 설정**: 어떤 과목을 먼저 공부해야 할지, 어떤 과제가 급한지를 판단해줍니다.
- **시간 분배 조언**: 하루 2시간밖에 공부할 수 없다면, 그 안에서 어떤 과목에 몇 분을 투자할지 세분화해줍니다.
- **실행 가능성 분석**: 너무 과하거나 부족한 계획은 없는지 검토하고 수정해줍니다.
- **주간·월간 계획 제안**: 장기적인 계획도 함께 세워 지속적으로 학습할 수 있도록 도와줍니다.

이제 실제로 어떻게 활용할 수 있는지 알아보겠습니다. 아래는 여러분이 AI에게 요청해볼 수 있는 프롬프트 예시입니다.

예시 프롬프트 구성

- 역할(Role): 당신은 중학교 2학년 학생의 학습 플래너입니다.
- 맥락(Context): 학생은 다음 주에 영어 단어 시험과 수학 단원평가를 앞두고 있고, 방과 후 학원 일정으로 하루에 2시간 정도 자율 학습 시간이 있습니다.
- 목적(Goal): 일주일 동안 효율적으로 공부할 수 있는 계획표를 짜는 것이 목적입니다.
- 제약 조건(Constraints): 하루 공부 시간은 최대 2시간이며 학원 때문에 오후 8시 이후부터 공부를 시작할 수 있습니다. 수학에 어려움을 겪고 있습니다.
- 예시(Example): 실제 계획표 이미지가 있다면 이를 첨부합니다(일자별로 과목과 시간, 학습 내용을 나눈 계획표 예시가 있다면 이를 예시로 제공).
- 출력 형식(Format): 월~일 요일별 표 형식, 과목별 학습 내용별 시간 분배를 포함합니다.

예시 프롬프트

"당신은 중학교 2학년 학생의 학습 플래너입니다.
학생은 다음 주에 영어 단어 시험과 수학 단원평가가 있습니다.
일주일 간 효율적으로 공부할 수 있는 시간표를 짜주세요.
학생은 하루에 최대 2시간의 공부 시간이 있고,
수학 과목에서 어려움을 겪고 있습니다.
학원 때문에 오후 8시 이후부터 공부할 수 있습니다.
요일별로 표로 정리하고, 과목별 공부 시간과 공부 내용을 함께 작성해주세요."

AI 예시 응답

요일	과목	공부 시간	학습 내용
월요일	수학	70분	단원 문제 풀기 (개념 복습 후 문제 10개)
	영어	50분	시험 단어 암기 + 문장 만들기 연습
화요일	수학	80분	오답노트 정리 + 어려운 문제 유형 다시 풀기
	영어	40분	단어 시험 예상 문제 풀이
수요일	수학	90분	단원평가 예제 문제 집중 연습
	영어	30분	단어 퀴즈 형식으로 복습
목요일	수학	60분	이전 문제 복습 + 약점 파악
	영어	60분	단어 시험 전 최종 정리
금요일	수학	80분	시험 예상 문제 집중 풀기
	영어	40분	문법 정리 및 단어 다시 보기
토요일	수학	100분	모의 단원평가 풀기
	영어	없음	휴식 또는 복습
일요일	수학	60분	오답 분석 및 마무리 복습
	영어	60분	시험 전 최종 점검

※ AI가 생성한 답변에는 틀린 정보가 있을 수 있습니다.

프롬프트 응답 확인

- [실행 가능한 계획 수립] 과도하지 않고 학생의 실제 생활 리듬에 맞는 계획을 제안합니다.
- [과목별 집중 시간 배분] 어려운 과목에 더 많은 시간을 투자하고, 쉬운 과목은 반복 학습으로 유지할 수 있습니다.
- [표 형식으로 한눈에 보기 쉬움] 주간 계획이 표로 제시되어 학부모나 학생이 바로 확인하고 수정 가능합니다.

이 학습 계획은 매주 다른 상황에 맞춰 비슷한 방식으로 프롬프트만 수정해 다시 활용할 수 있습니다.

고등학생이라면 과목 수가 많고 학습량도 많습니다. 이럴 땐 AI에게 조금 더 세부적인 요청을 할 수 있습니다.

예시 프롬프트

"당신은 고등학생의 공부 코치입니다.
학생은 3주 후에 모의고사를 앞두고 있고, 국어, 수학, 영어, 사회탐구, 과학탐구를 골고루 공부해야 합니다.
공부 시간을 효율적으로 배분한 3주 계획을 과목별로 정리해주세요.
하루에 3시간 공부할 수 있으며,
수학과 과학탐구는 더 어려워합니다.
각 주에 할 일도 요약해주세요."

AI가 계획을 세워주는 것의 심리적 효과

AI가 세워주는 계획을 검토해 나에게 맞게 최적화 한 후 이를 따르면 "무엇을 해야 할지 몰라서 시간 낭비"하는 일이 줄어듭니다. 계획이 이미 준비되어 있으니, 학생은 공부(계획 실행)에 집중할 수 있습니다. 이는 스트레스를 줄이고, 자기주도 학습 능력을 키우는 데 큰 도움이 됩니다.

또한, AI는 중간에 계획을 수정하거나 조정하는 것도 도와줍니다. 예를 들어, 감기 때문에 이틀 공부를 쉬었더라도, AI는 "남은 시간 안에 계획을 어떻게 조정할지" 바로 제안해줄 수 있습니다. 마치 친구나 멘토처럼 함께 공부를 설계해주는 조력자인 셈입니다.

AI를 이용한 시간 관리와 학습 계획은 단순히 '계획표 만들기' 이상의 의미를 가집니다. AI는 여러분의 공부 습관을 관찰하고, 점점 더 여러분에게 맞는 방식으로 진화합니다. 계획에 따른 매일의 작은 실천이 쌓이면 큰 차이를 만들어냅니다. 공부는 단거리 달리기가 아닌 마라톤입니다. AI는 그 여정을 함께 달릴 수 있는 가장 지혜로운 친구가 될 수 있습니다.

7. AI를 활용한 학습 습관 만들기

공부를 잘하는 학생과 그렇지 않은 학생의 차이는 지능이나 재능보다 습관에 있는 경우가 많습니다. 규칙적인 시간에 공부를 시작하고, 계획대로 실천하며, 스스로 피드백을 받는 행동들이 쌓여 하나의 습관이 됩니다. 이 습관이야말로 성적을 높이는 가장 강력한 무기입니다.
그러나 많은 학생들이 좋은 습관을 만들기 어렵다고 느낍니다. 작심삼일로 끝나는 계획, 하루만 어긋나도 무너지는 루틴, 무엇을 어떻게 해야 할지 모르는 막막함. 바로 이런 문제들을 생성형 AI가 효과적으로 해결해줄 수 있습니다. AI는 학생의 생활 패턴과 목표에 맞춘 맞춤형 루틴을 제안하고, 실천을 도와주는 조력자가 될 수 있습니다.
이 절에서는 AI를 활용해 학습 습관을 만들고 유지하는 실제적인 방법과 프롬프트를 구체적으로 안내하겠습니다.

습관 형성의 원리를 AI와 함께 이해하기

습관은 단순한 반복 이상의 심리적 메커니즘을 따릅니다. 심리학자 찰스 두히그는 저서『습관의 힘』에서 습관은 '신호 - 행동 - 보상'이라는 3단계를 걸쳐 형성된다고 설명합니다. 예를 들어, "학교 끝나고 집에 오면(신호) 30분간 복습을 한다(행동). 이후 10분간 휴식을 준다(보상)." 이 패턴이 반복되면 자연스럽게 몸에 익숙해지는 것입니다.
AI는 이 과정을 체계적으로 분석하고, 각 단계에 맞는 전략을 추천하는 데 매우 유용합니다. 생성형 AI는 사용자의 학습 리듬과 습관 형성 패턴을 이해하고, 그에 맞는 구체적인 실천 방법을 제안할 수 있습니다.

예시 프롬프트: 습관 형성 원리 기반 루틴 설계

> "당신은 습관 형성 전문가입니다.
> 요즘 공부가 너무 안되고 하기가 귀찮아요.
> 매일 공부하는 습관을 (신호, 행동, 보상 순서에 따라) 만들어 주세요.
> 매일 저녁 7시부터 1시간씩 시간이 가용합니다.

동기부여가 될 만한 문장도 필요합니다.

표로 학습 루틴을 제안해주세요."

프롬프트 구성

- 역할(Role): 습관 형성 전문가
- 맥락(Context): 요즘 공부가 너무 안되고 하기가 귀찮지만 해야함
- 목적(Goal): 매일 저녁 때 공부하는 습관을 (신호, 행동, 보상 순서에 따라) 만들고 싶음.
- 제약 조건(Constraints): 시간은 매일 저녁 7시, 1시간 공부, 동기부여 문장 포함
- 출력 형식(Format): 신호, 행동, 보상 구조로 표 형식으로 제시

AI 예시 응답

습관 형성 전문가로서, 공부 습관을 만들기 위해 가장 효과적인 방법 중 하나는 '신호(Trigger) - 행동(Behavior) - 보상(Reward)' 구조로 습관을 설계하는 것입니다. 이 구조는 뇌가 반복 학습을 통해 자동화된 행동을 형성하는 데 기반이 됩니다.

당신의 목표인 "매일 저녁 7시에 1시간씩 공부하기"를 위해 맞춤형 학습 루틴을 아래와 같이 설계해드립니다.

공부 습관 루틴 설계 (신호 – 행동 – 보상)

단계	구성 요소	구체적 내용	목적 및 효과
신호 (Trigger)	저녁 6시 50분, 스마트폰 알람+공부 전용 자리 정돈	- 매일 정해신 시간에 알람이 울려 '공부 시작'을 알립니다. - 책상 위를 간단히 정돈해 공부 모드 전환을 돕습니다.	뇌가 "이제 공부 시간이나"라고 인식하게 만듭니다. 정돈된 공부 환경도 신호 역할을 함.
행동 (Behavior)	저녁 7시 ~ 8시, 집중 공부 타임 ▪방법: 25분 공부+5분 휴식×2회 (= 1시간)	- 집중력 유지를 위해 '포모도로 타이머' 사용 추천 - 구체적 학습 목표를 정하고 시작 (예: "수학 문제 10개 풀기")	부담 없이 집중 가능한 시간 단위로 구성. 실질적 학습 성과가 생기면서 성취감 유도.
보상 (Reward)	공부 후 10분 좋아하는 활동 (예: 유튜브 시청, 디저트, 게임 10분, 산책 등)	- 공부 후 뇌가 긍정적인 감정을 느끼도록 '즐거운 보상'을 줍니다. - 보상은 미루거나 생략하지 말고 반드시 지켜야 합니다.	뇌가 '공부하면 좋은 일이 생긴다'고 인식하게 만들어 반복을 쉽게 합니다.

성공적인 습관 형성을 위한 팁

- 습관 추적 시각화: 달력에 스티커 붙이기나 체크리스트 활용
- 시작 장벽 줄이기: 책상 위에 미리 책과 노트 준비해두기
- 완벽하지 않아도 꾸준히: 하루 빠져도 괜찮습니다. 다시 시작하는 게 더 중요합니다.
- AI 도우미 활용: 공부 계획 짜기, 요점 정리, 피드백 받기 등에 AI 활용하면 더욱 수월합니다.

당신에게 힘이 되는 동기부여 문장

"매일 조금씩 쌓은 1시간이, 한 달 후 당신의 실력을 완전히 바꿉니다."

"의지가 부족할 때는, 습관이 당신을 대신 움직이게 하세요."

"공부가 힘들다면, 당신은 성장 중이라는 증거입니다."

필요하다면 하루 1시간 공부 루틴을 AI가 매일 자동으로 짜주는 프롬프트나, 동기부여 알림을 받을 수 있는 방법도 안내드릴 수 있습니다. 원하시나요?

※ AI가 생성한 답변에는 틀린 정보가 있을 수 있습니다.

AI로 나만의 학습 루틴 만들기

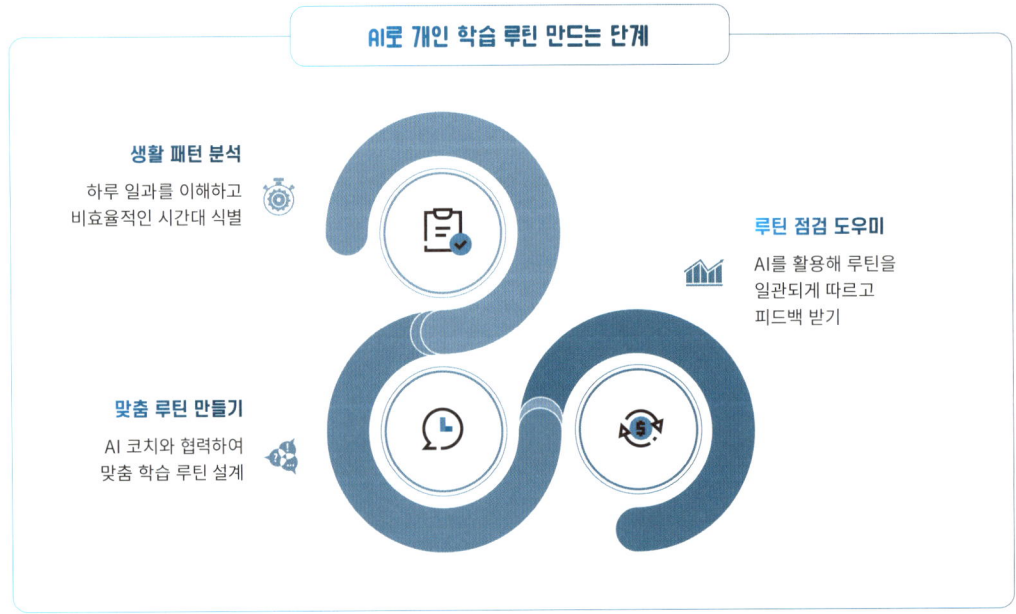

1) 생활 패턴 분석부터 시작하기

먼저 자신이 하루를 어떻게 보내는지를 아는 것이 중요합니다. AI에게 본인의 하루 일과를 입력하면 이를 분석해 비효율적인 시간과 집중이 잘 되는 시간대를 분류해줄 수 있습니다.

예시 프롬프트: 생활 패턴 분석 설계

> "당신은 학습 코치입니다.
> 저는 중학생이고 공부 시간 분배를 잘하고 싶습니다.
> 아래는 제 하루 일과입니다.
> 효율적으로 공부할 수 있는 방법을 알려주세요.
> 이 시간을 분석해서 집중하기 좋은 시간대와 공부에 방해가 되는 시간대를 알려주고 그 시간대에 효율적으로 공부하는 방법을 제시해 주세요.
> 한눈에 보기 쉽게 정리해주세요."
>
> [하루 일과]
> 07:30 기상
> 08:00 등교
> 09:00~16:00 학교
> 17:00 학원
> 20:00 귀가
> 20:30~21:30 휴식 및 스마트폰 사용
> 21:30~22:30 공부
> 23:00 취침

AI 예시 응답

집중이 잘 되는 시간대
- 21:30 ~ 22:30 (자기주도 공부 시간)
  - 하루 중 유일한 자기만의 시간
  - 조용하고 방해 요소 적음

- 추천 활동:
    - 오늘 배운 내용 정리
    - 오답 복습
    - 간단한 예습
    - AI 요약 요청 (예: "오늘 수학 개념 정리해줘")

주의가 필요한 시간대

- 20:30 ~ 21:30 (휴식 및 스마트폰)
    - 집중력 저하의 원인
    - 스마트폰 사용 후 뇌 흥분 상태로 공부 집중 어려움
    - 활용 팁:
        - 스마트폰은 30분 이내로 제한
        - 나머지 30분은 가볍게 퀴즈 풀이, 개념 영상, AI 복습 등
        - 스트레칭이나 명상으로 뇌 준비 상태 만들기

효율적인 공부 루틴 제안

시간대	추천 활동
아침(07:30~08:00)	전날 배운 내용 간단히 머릿속으로 떠올리기
등교 시간	AI 단어 퀴즈, 개념 요약 듣기 (짧은 학습)
학교·학원 수업	놓친 개념/질문 메모해 두기 → 저녁 복습에 활용
20:30~21:00	스마트폰 사용 (30분 이내)
21:00~21:30	AI 활용 가벼운 복습 or 개념 정리 영상
21:30~22:30	오늘 배운 내용 정리, 오답 풀이, 예습, 정리형 복습
자기 전(잠들기 전)	오늘 공부 칭찬하며 마무리 (긍정적 마무리로 기억 강화)

동기부여 한마디

"하루 1시간의 집중이 10시간의 반복을 이깁니다."

"시간이 부족한 게 아니라, 내가 시간을 어떻게 쓰는지가 중요해요."

필요하시면 이 루틴을 일주일 단위 체크표로 바꿔드릴 수도 있고, AI 스케줄 알림 설정용 메시지도 만들어드릴 수 있어요! 원하시나요?

※ AI가 생성한 답변에는 틀린 정보가 있을 수 있습니다.

2) 나만의 루틴 만들기: AI 코치와의 대화

루틴은 단순히 '언제 공부할까'뿐 아니라 '무엇을 어떻게 할까'까지 포함되어야 합니다. 생성형 AI는 이런 요소를 모두 반영한 맞춤 루틴을 만들 수 있습니다.

예시 프롬프트: 맞춤형 학습 루틴 생성

> "당신은 학습 코치입니다.
> 저는 중학교 3학년이고 일찍부터 시험 공부를 해보려고 합니다.
> 국어, 수학, 영어를 매일 조금씩 복습하는 주간 학습 루틴을 짜주세요.
> 평일은 저녁 9시부터 1시간, 주말은 오전 10시부터 2시간 공부할 수 있습니다.
> 수학을 잘 못해서 수학 중심으로 주간 학습 루틴을 짜주세요.
> 계획표 형태로 작성해 주세요."

AI 예시 응답

중3이라는 중요한 시기에 국어, 영어, 수학을 꾸준히 복습하고 특히 수학을 중점적으로 공부하려는 의지가 아주 훌륭합니다. 말씀해주신 시간을 기준으로, 수학에 더 많은 시간을 배분한 효율적인 주간 학습 루틴을 아래와 같이 계획표 형태로 구성했습니다.

중3 주간 시험 대비 학습 루틴 (수학 중심)

요일	시간	학습 과목	학습 내용 예시	비고
월요일	21:00 ~ 22:00	수학	개념 복습: 인수분해, 공식 정리	개념 노트 정리, 예제 풀이
화요일	21:00 ~ 22:00	영어	문법 포인트 정리 + 간단 독해 문제 풀이	어려운 문장 해석 연습
수요일	21:00 ~ 22:00	수학	유형별 문제풀이: 이차방정식 기본유형	오답 정리 필수
목요일	21:00 ~ 22:00	국어	비문학 지문 독해 + 주요 개념어 정리	요약 훈련
금요일	21:00 ~ 22:00	수학	응용 문제풀이: 도형, 함수 유형별 접근	AI 풀이 비교 활용 가능
토요일	10:00 ~ 12:00	수학(90분) / 영어(30분)	실전 모의 문제풀이 + 해설 분석 / 영단어 테스트 + 듣기 연습	주간 실력 점검
일요일	10:00 ~ 12:00	수학(60분) / 국어(60분)	오답 정리 + 취약단원 집중 학습 / 고전, 문학 지문 연습	주간 복습

학습 전략 요약

- 수학 중심 분배:
  - 전체 주간 8시간 중 수학 5.5시간 이상 집중 배분
  - 개념 → 기본문제 → 응용 → 실전 → 오답까지 순차 학습
- 영어/국어는 부담 없이 반복:
  - 영어는 문법 + 독해 + 단어 골고루
  - 국어는 지문 독해 + 개념어 파악 위주로
- 주말엔 실전처럼 학습:
  - 실전 문제 + AI 피드백 + 자기 점검
  - 주중에 놓친 부분 보완하는 시간

추천 꿀팁

- 공부 전 5분 복습 + 공부 후 5분 정리 → 기억 유지율 상승
- AI 질문·요약 기능 적극 활용 (예: "이 문제를 단계별로 설명해줘")
- 어려운 단원은 AI 도움으로 풀이 구조 이해하기

필요하다면 이 계획을 30일 학습 플래너 형식이나, AI 활용 예시 포함 루틴으로 확장해드릴 수도 있습니다. 원하시나요?

※ AI가 생성한 답변에는 틀린 정보가 있을 수 있습니다.

3) 매일 체크하는 '루틴 점검 도우미'

습관은 계획보다 실천과 점검이 더 중요합니다. AI에게 매일 오늘의 루틴을 잘 지켰는지를 확인받고, 문제점이 무엇이었는지를 피드백 받는 과정을 통해 실천력이 향상됩니다.

예시 프롬프트: 학습 루틴 점검

"오늘 공부 루틴은 다음과 같았습니다:

- 수학 문제 풀이 1시간
- 국어 문학 정리 1시간

실제로는 수학만 했고, 국어는 못했습니다.
왜 그런지 분석하고, 내일 더 잘 실천할 수 있는 방법을 알려주세요.
알아보기 쉽게 작성해주세요."

AI 예시 응답

오늘 학습 분석

계획한 공부 루틴

- 수학 문제 풀이 1시간
- 국어 문학 정리 1시간

실제 실행

- 수학만 하고, 국어는 하지 못함

예상 원인 분석

범주	문제점	구체적인 설명
시간 배분	수학에 과도한 집중	수학에 1시간 이상 몰입하다 보니 국어에 쓸 시간이 부족해졌거나 체력이 소진되었을 가능성이 높습니다.
우선순위 인식	국어의 중요도 저평가	국어는 "나중에 해도 된다"는 생각이 들어 실천을 미뤘을 수 있습니다. '수학=중요', '국어=부차적'이라는 인식이 있었을 수 있습니다.
피로와 집중력	에너지 고갈	수학 문제 풀이가 집중력과 체력을 많이 소모했기 때문에, 국어까지 이어갈 힘이 떨어졌을 수 있습니다.
계획 구조	루틴 간 연결성 부족	수학과 국어를 연속된 두 시간으로 배치하면서 피로 누적과 전환의 어려움이 발생했을 수 있습니다.

내일 더 잘 실천하는 방법

- 과목 간 전환 시간을 확보하세요
    - 수학을 마친 후 10~15분 가벼운 휴식 또는 산책을 넣으면 국어로의 전환이 쉬워집니다.
    - 피로 상태에서 다른 과목으로 바로 넘어가면 집중력이 떨어지기 쉽습니다.
- 국어 목표를 더 구체화하세요
    - "문학 정리"는 너무 추상적입니다.
        - → 예: '윤동주 시인의 시 2편 주제·감상 정리하기'
    - 구체적일수록 실천 가능성과 집중력이 올라갑니다.
- 시간보다 '성과 중심' 계획을 세우세요
    - "국어 1시간"보다는,
        - → "문학 작품 2편 핵심 내용 정리 + 관련 기출문제 2개 풀기"
    - 이렇게 할 일 중심으로 계획을 짜면 실천에 도움이 됩니다.
- 국어 먼저, 수학 나중 전략도 고려하세요
    - 수학은 비교적 동기부여가 되어 있고 실천력이 높으니,
        - → 국어를 먼저 하고, 수학은 보상처럼 마무리하는 순서를 시도해보세요.
    - 국어가 밀리는 문제를 예방할 수 있습니다.

- '딱 20분만' 전략 활용하기
  - 국어가 부담스럽게 느껴질 경우,
    "딱 20분만 해보고 나머지는 그때 결정하자"는 마중물 전략이 유효합니다.
  - 시작의 진입장벽을 낮춰 실천력을 높일 수 있습니다.

※ AI가 생성한 답변에는 틀린 정보가 있을 수 있습니다.

AI와 함께 습관 유지하기: 지속 가능한 실천 전략

1) 작은 성공 쌓는 습관

습관은 한 번에 만들 수 있는 것이 아닙니다. AI는 '하루 10분', '문제 3개 풀기' 같은 작은 목표부터 시작하여 점차 확장하는 전략을 추천할 수 있습니다. 이를 '마이크로 루틴 전략'이라고 부릅니다.

예시 프롬프트: 마이크로 루틴 생성

> "당신은 학습 루틴 코치입니다.
> 공부 습관이 부족해서 하루에 30분만이라도 집중해보려 합니다.
> 일주일 후에는 점차 늘릴 계획입니다.
> 부담 없이 실천할 수 있는 초간난 주간 학습 루틴을 만들어 주세요.
> 요일별 타임라인[2] 형태로 만들어주세요."

---

[2] 타임라인(Time Line) 형식은 시간 순서대로 할 일을 일기처럼 서술합니다. 자연스럽고 직관적인 흐름을 보여주기에 좋습니다. 예시는 아래와 같습니다.
- 오후 7시: 책상 정리 후 바로 수학 문제집 풀이
- 오후 7시 50분: 10분 휴식 (간단한 스트레칭)
- 오후 8시: 영어 단어 복습 + 퀴즈
- 오후 8시 30분: 국어 문학 요점 정리

AI 예시 응답

> **초보자용 하루 30분 주간 학습 루틴**
>
> 목표: 하루 30분 집중 / 과목별 균형 유지 / 꾸준한 습관 강화
>
> 월요일 7:00pm ~ 7:30pm
> 국어 – 문학 작품 한 편 읽고 중요한 문장 3개 밑줄 긋기 + 간단한 느낌 쓰기
>
> 화요일 7:00pm ~ 7:30pm
> 수학 – 계산 문제 10개 풀기 + 틀린 문제 다시 풀기
>
> 수요일 7:00pm ~ 7:30pm
> 영어 – 단어 10개 외우기 + 문장 3개 만들어 보기 + 간단한 문법 복습
>
> 목요일 7:00pm ~ 7:30pm
> 복습 – 이번 주 공부한 내용 2가지 정리 및 요약 노트 만들기
>
> 금요일 7:00pm ~ 7:30pm
> 정리 및 계획 – 주간 학습 체크리스트 점검 + 다음 주 학습 계획 세우기
>
> 토요일 10:00am ~ 10:30am
> 국어/사회 – 주요 개념 정리 + 관련 문제 3개 풀기
>
> 일요일 10:00am ~ 10:30am
> 수학/과학 – 개념별 문제 풀이 + 개념 노트 작성
>
> ※ AI가 생성한 답변에는 틀린 정보가 있을 수 있습니다.

2) 스스로 피드백하며 성장하는 습관

AI는 단지 루틴을 제안하고 체크하는 데 그치지 않습니다. 매일의 실천 결과를 기록하고 분석하여 자기 피드백 능력을 키워주는 도구가 됩니다.

예시 프롬프트: 자기 피드백 도우미

"당신은 피드백 분석 코치입니다.

오늘 학습 루틴을 실천한 후 느낀 점을 아래에 적었습니다.

이에 대해 피드백을 주세요.

더 나은 습관을 만들기 위해 어떤 점을 개선하면 좋을지 알려주세요."

"느낀 점: 수학은 잘했지만, 집중력이 떨어져 국어는 대충 넘겼다. 과학은 아예 건너뛰었다. 휴대폰을 너무 자주 본 것 같다."

AI 예시 응답

요청사항 분석
- 수학은 잘 집중해서 수행하셨지만, 국어와 과학에서는 집중력이 부족했고 과학은 아예 공부하지 못하셨습니다.
- 휴대폰 사용이 학습 집중을 방해한 주요 원인으로 보입니다.

개선할 점 및 추천 방법
- 휴대폰 사용 관리
  - 공부할 때 휴대폰을 손이 닿지 않는 곳에 두거나, '방해 금지 모드'를 켜서 알림을 차단해 보세요.
  - 휴대폰 사용 시간을 정해 두고 공부 시간에는 완전히 멀리해 보세요.
- 집중력 분산 방지
  - 한 과목에 너무 오래 집중하기보다, 20~30분씩 짧게 나누어 공부하는 '포모도로 기법'을 활용해 보세요.
  - 짧은 휴식 후 다른 과목으로 전환하면 집중력을 유지하는 데 도움이 됩니다.
- 공부 순서와 계획 조정
  - 가장 집중이 잘 되는 시간대에 어려운 과목을 배치하고, 비교적 부담이 적은 과목은 그 다음 시간대로 옮겨 보세요.
  - 과학을 아예 건너뛰지 않고, 아주 짧게라도 매일 5~10분씩 꼭 다루는 루틴을 만들어 습관화해 보세요.

- 동기 부여와 목표 설정
    - 각 과목별로 작고 구체적인 목표를 설정해 성취감을 자주 느낄 수 있게 해보세요. 예를 들어, 국어는 오늘 시 한 편 읽기, 과학은 오늘 공식 1개 외우기처럼요.
    - 작은 성공 경험이 모여서 꾸준한 습관 형성에 큰 힘이 됩니다.

필요하다면 다음 루틴에 적용할 수 있는 구체적인 시간 관리와 집중력 강화 방법도 제안해 드릴 수 있으니, 언제든 알려주세요!

※ AI가 생성한 답변에는 틀린 정보가 있을 수 있습니다.

좋은 학습 습관은 하루아침에 만들어지지 않습니다. 그러나 생성형 AI는 우리가 매일 실천할 수 있도록 도와주는 습관 설계자이자 코치가 될 수 있습니다. AI는 피곤한 날엔 루틴을 가볍게 조정해주고, 지쳤을 땐 따뜻한 격려를 해줄 수 있는 조력자입니다. 무엇보다 스스로 점검하고 성장할 수 있는 힘을 키워주는, 진정한 '자기주도 학습 파트너'입니다.

8. AI 기반 집중력 향상 방안

"공부하려고 책상 앞에 앉았는데 자꾸 스마트폰을 보게 돼요."
"할 일은 많은데 도무지 집중이 되질 않아요."

많은 학생들이 학습 과정에서 마주하는 가장 큰 장애물 중 하나는 집중력 부족입니다. 단순히 의지가 부족해서가 아니라, 스마트폰의 알림, 끝없는 영상 콘텐츠, 다양한 메시지와 친구들과의 연락, 또는 막막한 학습 계획이 집중력을 방해하는 주된 요인입니다. 이 문제를 생성형 AI를 활용하여 똑똑하게 극복할 수 있습니다. AI를 집중력을 높이는 '학습 조력자'로 활용하는 것이 바로 이 절에서 이야기할 핵심입니다.

참고로, 모든 사람은 집중하는 방식이 다릅니다. 어떤 학생은 짧은 시간 동안 몰입하는 방식(예: 포모도로 기법)이 효과적이고, 어떤 학생은 긴 시간 동안 한 가지 과제에 집중하는 방식이 더 적합합니다. 이를 감안해 AI를 활용하기 바랍니다.

집중력 향상에 AI가 주는 도움

생성형 AI는 집중력을 향상시키는 데 있어 다음과 같은 역할을 할 수 있습니다.

- 집중력을 방해하는 요인을 분석하고 해결 방안을 제시해주는 상담자
- 휴식과 학습의 균형을 잡아주는 코치
- 공부 분위기를 조성해주는 가상 멘토

학생들은 AI와의 간단한 대화를 통해 자신만의 집중력 향상 방안을 마련하고, 스스로 공부할 수 있는 환경을 만들어 갈 수 있습니다. 그럼 이제부터 활용 가능한 실제 프롬프트를 제시하고, 그 효과와 활용법을 자세히 알아보겠습니다.

1) AI를 활용한 맞춤형 집중력 향상 방안 추천 받기

예시 프롬프트

"당신은 학습 코칭 전문가입니다.
저는 공부할 때 항상 조용한 환경에서 공부하고, 정리된 노트를 만드는 습관이 있습니다. 하지만 30분 이상 집중이 어렵고, 자주 스마트폰을 보게 되는 문제를 겪고 있습니다.
집중력을 높일 수 있는 전략 3가지를 제안해 주세요.
위의 제 학습 습관을 고려해서 간단한 설명을 담아,
리스트 형식으로 작성해주세요."

프롬프트 설명

구성 요소	프롬프트 내용	프롬프트 효과
역할	학습 코칭 전문가	역할 설정 덕분에 AI는 일반적인 정보 제공이 아니라 코칭 중심의 실용적인 조언 제공
맥락	조용한 환경, 노트 습관, 스마트폰 주의 산만 문제	학습 습관과 집중하는데 있어서의 어려움에 대한 구체적 맥락을 제공함으로써, 나에게 맞는 개인화된 집중력 향상 방안을 유도할 수 있음
목적	집중력을 높일 수 있는 전략 추천	목적을 분명히 설정하여, 산만함 개선을 위한 명확하고 실천 가능한 방안이 도출됨
제약 조건	본인 학습 습관 고려, 간단한 설명	간단한 설명을 리스트 형식으로 요청함으로써 정보의 가독성과 실용성이 높아집니다.
출력 형식	리스트 형식	

AI 예시 응답

맞춤 집중력 향상 방안 3가지

1. 타이머 공부법(Pomodoro 기법)
   - 25분 집중 + 5분 휴식 방식으로, 짧은 시간 동안 몰입을 유도합니다. 집중 시간이 짧은 경우 효과적입니다.
2. 핸드폰 거리 두기 환경 설정
   - 공부 시작 전 스마트폰을 다른 방에 두거나, '집중 모드 앱(예: Forest)'을 설치해 사용을 제한하세요.
3. 노트 정리 후 미니퀴즈 만들기
   - 정리된 노트를 바탕으로 간단한 퀴즈를 만들어 10분 복습. 집중도를 높이고 산만함을 줄여줍니다.

※ AI가 생성한 답변에는 틀린 정보가 있을 수 있습니다.

이 프롬프트는 아래처럼 변경하여 활용할 수 있습니다:
- 대상 변경: "초등학생에게 맞는 집중 전략을 알려줘"
- 상황 추가: "시험이 일주일 남았을 때 집중력 유지 전략을 추천해줘"
- 출력 형식 변경: "표로 정리해줘", "카드 형식으로 알려줘"

2) 공부 시작 전 뇌를 깨우는 집중 유도 퀴즈

예시 프롬프트

> "당신은 집중력 퀴즈 출제자입니다.
> 저는 고등학교 1학년이고, 지금 수학 공부를 시작하려고 해요.
> 공부 시작 전에 뇌를 깨우기 위한 짧은 논리 퀴즈나 계산 퀴즈 3문제를 내주세요.
> 정답과 해설도 함께 알려주세요."

AI 예시 응답

1. 문제: 2, 4, 8, 16, (?) → 다음 숫자는?
   - 정답: 32
   - 해설: 2의 거듭제곱 수열입니다.
2. 문제: "모든 소년은 사람이다. 모든 사람은 동물이다. 그러면 모든 소년은 동물인가?"
   - 정답: 예
   - 해설: 논리적 포함 관계에 따라 맞는 명제입니다.
3. 문제: 345 x 11을 암산으로 계산해보세요.
   - 정답: 3795
   - 해설: 345 → 3 | (3+4) | (4+5) | 5 → 3 7 9 5 (11 곱셈 암산법)

※ AI가 생성한 답변에는 틀린 정보가 있을 수 있습니다.

짧고 간단한 퀴즈는 학습 시작 전에 '두뇌 시동 걸기' 역할을 합니다. 집중 전환에 효과적이며, 특히 아침 학습이나 낮잠 이후 공부에 들어가기 전 활용하면 학습 효율이 올라갑니다.

학부모와 함께하는 집중력 향상 AI 활용 팁

초등학생이나 중학생의 경우, AI를 혼자서 제대로 활용하기 어려운 경우가 많습니다. 이럴 때는 학부모님이 함께 AI를 사용하는 과정에 참여해 주시면 훨씬 큰 효과를 거둘 수 있습니다. 다음은 학부모와 함께 실천할 수 있는 활용 팁입니다.

팁 1. 하루 학습 전 "집중 루틴에 대해 대화" 해보기

공부를 시작하기 전, 학부모와 자녀가 함께 다음과 같은 프롬프트로 AI와 대화해보세요.

예시 프롬프트

> "당신은 초등학생의 집중력 코치입니다.
> 오늘은 국어와 수학을 30분씩 공부하려고 해요.
> 공부를 시작하기 전 간단한 응원 메시지와 오늘의 공부 루틴을 제안해주세요."

이런 식의 대화는 학습 시작을 하나의 '의식'으로 만들고, 아이가 공부에 들어가는 전환 시간을 더 자연스럽게 받아들이게 도와줍니다

팁 2. '집중 다이어리'를 AI와 함께 작성

학부모님이 아이에게 "AI로 오늘 공부한 내용과 집중력 점수를 기록해보자"고 유도하면, 아이는 스스로 학습 일지를 쓰는 감각을 익히게 됩니다. 매일 다음과 같은 프롬프트를 사용해보세요.

예시 프롬프트

> "오늘 공부한 내용을 5문장으로 요약해줘.
> 오늘 집중력을 1부터 10까지 점수로 평가하고, 이유도 간단히 설명해줘."

※ 공부하는 내내 AI에게 요청하고 질문해 가며 AI와 함께 공부한 경우만 위 프롬프트로 적절한 응답을 받을 수 있음.

이런 일상적 기록은 학습 태도뿐 아니라 자기 성찰 능력도 함께 향상시켜 줍니다.

이 절에서는 생성형 AI를 활용하여 초등학생부터 고등학생까지 누구나 실천할 수 있는 집중력 향상 방법을 실전 프롬프트와 함께 알아보았습니다. 단순히 공부를 잘하게 만드는 것이 아니라, 공부에 몰입할 수 있는 상태를 유지하고, 공부에 집중하는 습관으로 만드는 것이 이 장의 핵심입니다.

지금 당장은 작은 변화처럼 느껴지더라도, AI와 함께 차근차근 공부에 집중하는 습관을 쌓아간다면 1개월 후, 3개월 후에는 자신도 놀랄 만큼 몰입력이 강해진 자신을 발견하게 될 것입니다.

이 장을 마치며...

이제 우리는 AI를 통해 나만의 학습 루틴을 만드는 새로운 시대에 살고 있습니다. 아침에 일어나 오늘 공부할 계획을 AI 도움을 받아 세우고, AI에게 맞춤형 학습 자료를 받고, 공부 중 막히는 부분과 문제를 AI와 함께 풀어보고 실시간으로 피드백 받는 것은 물론, 모의고사 문제 출제도 요청합니다. 그리고, AI에게 개념 정리와 핵심 내용 요약도 요청하며 학습한 내용을 다지고, 하루가 끝날 땐 AI와 함께 복습하고 피드백을 받는 하루. 이 모든 것이 이제 누구에게나 가능해졌습니다. 학습의 주도권을 쥐고, AI를 내 편으로 만드는 것. 그것이 지금 이 시대의 새로운 공부법이며, 앞으로의 교육이 나아가야 할 방향입니다.

AI와 함께하는 학습에서는 학생이 능동적인 질문자가 됩니다. "이 개념을 다른 방식으로 설명해줄 수 있어요?", "실생활 예시를 들어 설명해주세요", "이 문제에서 왜 이런 공식을 사용하나요?" 같은 질문을 통해 학생은 자신만의 이해 방식을 찾아갈 수 있습니다. 더 나아가 AI는 학생의 질문 수준에 맞춰 답변의 깊이와 방식을 조절할 수 있어, 진정한 개별화 맞춤 학습이 가능해집니다.

특히 AI와 함께 공부하면서 학생들은 자연스럽게 자기주도적 학습 태도를 키우게 됩니다. 예전에는 "무엇을 공부해야 하지?", "이건 왜 틀렸을까?", "어떻게 정리해야 좋을까?" 하는 고민을 교사에게 의존했다면, 이제는 AI에게 질문하고 스스로 분석하며 계획을 세울 수 있게 됩니다. 바로 이 점이 AI를 학습 도구로 활용할 때 가장 큰 변화이자 진정한 의미입니다.

또한, AI는 학생 혼자서 공부하더라도 항상 곁에서 돕는 조력자로서 기능할 수 있기 때문에, 부모님이 바쁘거나 학원에 의존하지 않아도 안정적인 학습 환경을 만들 수 있습니다. 이는 특히 지역적, 경제적 제약으로 인해 양질의 교육 기회에 접근하기 어려웠던 학생들에게 획기적인 변화를 가져다 줍니다.

시간과 장소의 제약도 크게 줄어듭니다. 새벽 시간이든 늦은 밤이든, AI는 언제나 학생의 질문에 답할 준비가 되어 있습니다. 통학 시간에 스마트폰으로 핵심 개념을 정리하거나, 집에서 혼자 있을 때 모의고사를 치르고 즉시 피드백을 받을 수 있습니다. 이러한 유연성은 학생들이 자신만의 학습 리듬을 찾아가는 데 큰 도움이 됩니다.

더 중요한 것은 AI가 학생의 학습 과정 전체를 지속적으로 관찰하고 분석할 수 있다는 점입니다. 어떤 유형의 문제를 자주 틀리는지, 어떤 개념에서 이해도가 부족한지, 어떤 설명 방식을 선호하는지 등을 파악하여 점점 더 정교한 맞춤형 학습을 제공할 수 있습니다.

AI와 함께 하는 학습 과정을 통해 학생들은 미래 사회에서 요구되는 핵심 역량들을 자연스럽게 기를 수 있습니다. 적절한 질문을 던지는 능력, 정보를 비판적으로 평가하는 능력, 자신의 학습 과정을 메타인지적으로 관리하는 능력 등은 모두 AI 시대의 필수 역량이라 할 수 있습니다. 또한 AI와의 상호작용을 통해 학생들은 자연스럽게 디지털 리터러시를 향상시키게 됩니다. 어떻게 프롬프트를 구성해야 원하는 답을 얻을 수 있는지, AI의 답변을 어떻게 검증하고 활용해야 하는지 등을 익히면서, 디지털 도구를 효과적으로 활용하는 능력을 기르게 됩니다.

이 장을 마치며 여러분에게 전하고 싶은 메시지는 단 하나입니다. AI는 당신의 학습을 더 똑똑하고, 효율적이며, 즐겁게 만들어줄 수 있는 도구라는 것. 그리고 이 도구를 얼마나 잘 활용하느냐는 여러분의 손에 달려 있습니다. 매일 조금씩, 실험하듯이, AI와 함께 공부해보세요. 어느 순간, 이전보다 더 성장한 자신을 발견하게 될 것입니다.

이제 다음 장에서는, 초등학생부터 고등학생까지, 실제 학년별로 생성형 AI를 어떻게 활용할 수 있는지 구체적인 사례를 살펴보겠습니다. 지금까지 배운 원칙과 방법들을 바탕으로, 각 학년에 맞는 AI 활용법을 따라 실천해보세요. 생성형 AI는 이제 여러분의 손 안에 있는 강력한 학습 도구입니다. 이 도구를 어떻게 활용하느냐에 따라 여러분의 학습 여정은 완전히 달라질 것입니다.

PART III

초등학생 AI 활용법
- 창의력 키우기와
기초 학습

아이들이 처음 공부를 시작하는 시기는 바로 초등학교 시절입니다. 이 시기는 단순히 지식을 외우는 것을 넘어서, 세상을 이해하고 배우는 방법을 익히는 시기입니다. 그리고 그 과정에서 가장 중요한 것은 바로 재미입니다. 공부가 어렵고 지루하게 느껴지면 아이들은 쉽게 흥미를 잃게 되지만, 즐겁고 신기한 경험으로 다가오면, 스스로 더 알고 싶어하고, 배우는 데 적극적으로 참여하게 됩니다.

이제는 시대가 달라졌습니다. 예전에는 책이나 선생님의 설명을 통해서만 공부할 수 있었다면, 지금은 AI, 즉 인공지능이라는 친구가 아이들과 함께 공부할 수 있는 시대입니다. 특히 생성형 AI는 질문을 하면 친절하게 대답해주고, 어려운 내용을 쉽게 설명해주는 똑똑한 도우미입니다. 게다가 재미있는 이야기나 그림도 만들어주고, 수학 문제를 퀴즈처럼 내주기도 하죠.
아이들은 자연스럽게 AI와 대화를 나누며 배우는 즐거움을 느낄 수 있습니다. 마치 재미있는 놀이를 하듯, AI와 함께 공부하는 경험은 아이들의 자기주도 학습력을 키우고, 창의적인 표현력도 자라나게 합니다. 게다가 AI는 실수를 해도 절대 혼내지 않고, 몇 번이고 반복해서 설명해줍니다. 이처럼 부담 없이 질문하고, 실수하면서 배우는 환경은 초등학생에게 효과적인 학습 환경 중 하나라 할 수 있습니다.

이 장에서는 초등학생이 AI를 활용해 언어 능력을 기르고, 창의적인 글쓰기와 그림 그리기를 즐기며, 수학 개념을 손쉽게 이해할 수 있는 다양한 방법을 소개합니다. 각 절에서는 실제 사용할 수 있는 프롬프트(요청) 예시와 함께, 어떤 AI 도구를 쓰면 좋을지도 안내해 드립니다.

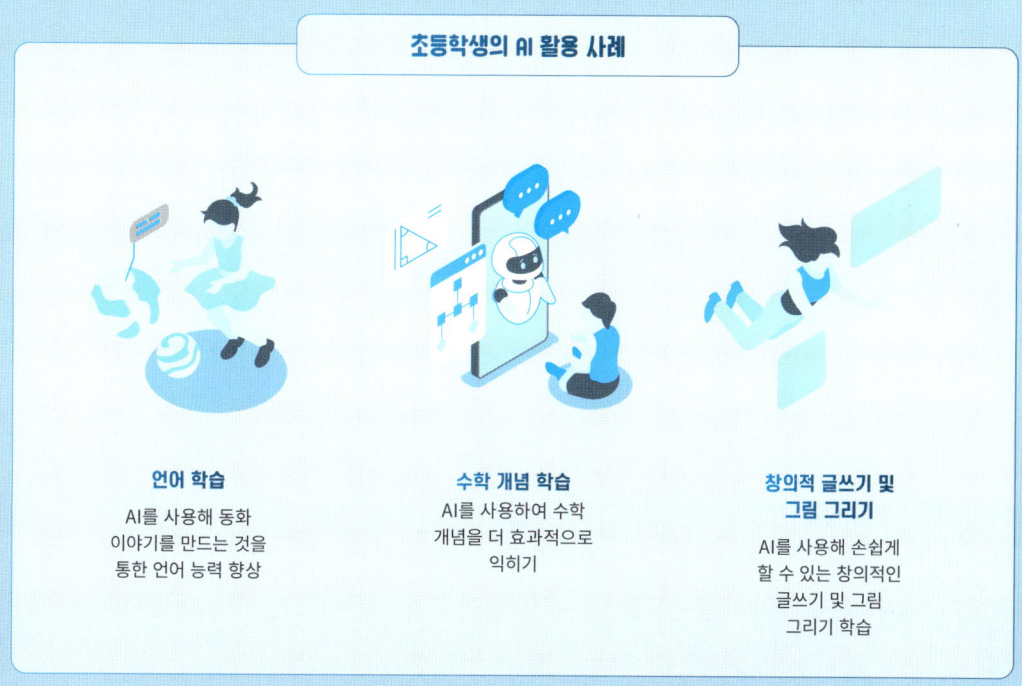

또한, 학부모님과 선생님을 위한 팁도 함께 담았습니다. 아이 혼자 AI를 사용하는 것이 처음에는 낯설 수 있지만, 옆에서 살짝 도와주면 점차 스스로 활용할 수 있게 됩니다. 아이의 눈높이에 맞춰 학습을 돕고, 창의적인 결과물을 함께 감상하면서 공부가 즐거운 활동이 될 수 있도록 도와주는 것이 가장 중요합니다.

이제 공부는 더 이상 지루하고 힘든 것이 아닙니다. AI와 함께라면 언제든지, 어디서든지 즐겁게 시작할 수 있습니다. 이 장을 통해 우리 아이가 배움을 즐기고, 자신만의 방식으로 생각하고 표현하는 멋진 학습자가 될 수 있도록 함께 응원해주세요.

1. AI와 함께하는 언어 학습: 동화 이야기 만들기

여러분은 동화를 좋아하나요? 아마도 '해와 달이 된 오누이', '신데렐라', '아기 돼지 삼형제' 같은 이야기를 한 번쯤 들어본 적이 있을 거예요. 이런 동화는 우리에게 상상력과 창의력을 키워주고, 재미있는 이야기 속에서 새로운 단어와 문장을 자연스럽게 배울 수 있게 해줍니다.

그런데 이제는 단지 동화를 읽는 것뿐만 아니라, 여러분이 직접 이야기를 만들 수 있는 시대가 되었습니다. 바로 생성형 AI라는 유용한 도구 덕분이에요. AI는 여러분이 상상한 이야기의 내용을 읽어주기도 하고, 여러분이 직접 주인공이 되어 이야기 속을 여행하게 해주기도 해요.

어려울 것 같다고요? 전혀 그렇지 않아요! 지금부터 아주 쉽게, 그리고 바로 따라할 수 있는 방법으로 알려드리겠습니다.

AI에게 내가 원하는 동화 만들어 달라고 해보기

여러분이 직접 동화를 만들어 보고 싶다면, AI에게 '이런 이야기를 만들어줘!'라고 요청해 보세요. 주인공, 장소, 사건 등을 여러분이 직접 정하면 AI가 그걸 가지고 아주 멋진 이야기를 만들어줘요.

예시 프롬프트

> "당신은 초등학생을 위한 창의적인 동화를 쓰는 동화작가입니다.
> 마법을 사용할 수 있는 고양이를 동화의 주인공으로 동화를 작성해 주세요.
> 이야기에는 재미있고 상상력 넘치는 마법 장면이 포함되어야 합니다.
> 실제 동화처럼 자연스러운 전개로 구성해주세요.
> 폭력적이거나 무서운 장면은 제외해 주세요.
> 이해하기 쉬운 문장과 단어를 사용해주세요.
> 이야기 분량은 약 400자에서 600자 사이로 해 주세요.
> 마지막에는 어린이들이 배울 수 있는 짧은 교훈이나 느낀 점을 한 줄로 덧붙여 주세요."

AI 예시 응답

제목: 마법 고양이 루루의 반짝반짝 하루

루루는 조용한 마을에 사는 하얀 고양이였습니다. 그런데 사실 루루는 마법을 쓸 줄 아는 고양이였어요! 아무도 모르게 매일 밤 루루는 별빛 아래에서 마법 훈련을 했답니다.

어느 날, 마을에 큰 문제가 생겼어요. 아이들의 연필이 전부 사라진 거예요! 학교에서 글을 쓸 수 없게 된 아이들은 걱정이 가득했죠.

그때 루루가 몰래 나타났어요. "반짝별 꼬리야, 도와줘!" 하고 외치자, 루루의 꼬리 끝에서 반짝이는 빛이 퍼졌어요. 그리고 아이들 책상 위에는 새 연필이 뿅뿅! 모두 깜짝 놀라며 기뻐했답니다.

하지만 루루는 조용히 지붕 위로 올라가 앉았어요. 아무도 몰래, 또 한 번 착한 마법을 쓴 거예요.

(이하 생략)

교훈: 작은 도움도 누군가에겐 큰 기적이 될 수 있어요.

※ AI의 답변은 정확하거나 적절하지 않을 수 있습니다. AI 생성 답변을 공식적으로 사용할 경우, 반드시 검토하고 자신의 언어로 다시 작성해야 합니다.

이처럼 아주 짧고 귀여운 이야기부터 시작해서, 여러 번 요청하면 이어지는 시리즈 동화처럼 만들 수도 있답니다.

AI와 함께 내가 직접 이야기 써보기!

이번엔 AI가 동화를 만들어주는 걸 넘어, 여러분이 직접 이야기를 써 보는 연습을 해볼 거예요. AI는 여러분이 쓴 문장을 읽고 잘했는지 알려주거나, 어떻게 더 재미있게 바꿀 수 있는지 팁도 줘요.

예시 프롬프트

> "당신은 글을 자연스럽게 다듬어주는 문장 교정 전문가입니다.
> 아래에 주어진 짧은 동화 문장을 읽고, 문장이 자연스럽고 맞춤법 등이 맞는지 판단해주세요.
> 문장을 수정할 때에는 전체 흐름이 매끄럽고 이야기처럼 느껴지도록 작성해주세요.
> 어색하거나 반복되는 표현이 있다면 자연스럽고 쉬운 말로 바꿔주세요.
> 문장을 너무 어렵게 바꾸지 말고, 초등학교 저학년이 이해할 수 있도록 간단한 단어와 문장 구조를 사용해주세요."
> 문장: '토끼는 너무 졸려서 달리기를 그만 두었어요. 그리고 나무 밑에서 잠을 자버렸어요. 하지만 친구가 와서 깨워줬어요. 다시 달리기를 시작했어요.'

AI 예시 응답

> "이야기를 아주 잘 썼어요! 하지만 더 자연스럽게 바꾸자면 이렇게 고칠 수 있어요:
> '토끼는 너무 졸려서 달리기를 멈췄어요. 그리고 나무 밑에서 잠이 들어버렸어요. 그런데 친구가 와서 토끼를 깨워줬고, 토끼는 다시 힘차게 달리기 시작했어요.'
>
> 이런 식으로 하면 더 부드럽고 읽기 쉬워요! 다른 이야기도 써보실래요?"
>
> ※ AI의 답변은 정확하거나 적절하지 않을 수 있습니다.

AI는 선생님처럼 여러분이 쓴 이야기를 봐주고, 더 멋지게 고칠 수 있도록 도와줘요. 무조건 '틀렸어요.'라고 하지 않고, 어떻게 더 잘 쓸 수 있는지 칭찬과 함께 알려주니까 더 신나게 쓸 수 있죠.

AI와 함께하는 언어 활동 팁

AI는 단순히 이야기를 만들어주는 도구가 아닙니다. 아이들의 상상력을 자극하고, 언어 실력 향상에 도움을 주는 유용한 학습 도구입니다. 아래 활동들을 매일 조금씩 실천해보면, 말하기, 듣기, 읽기, 쓰기 실력이 자연스럽게 향상될 수 있습니다.

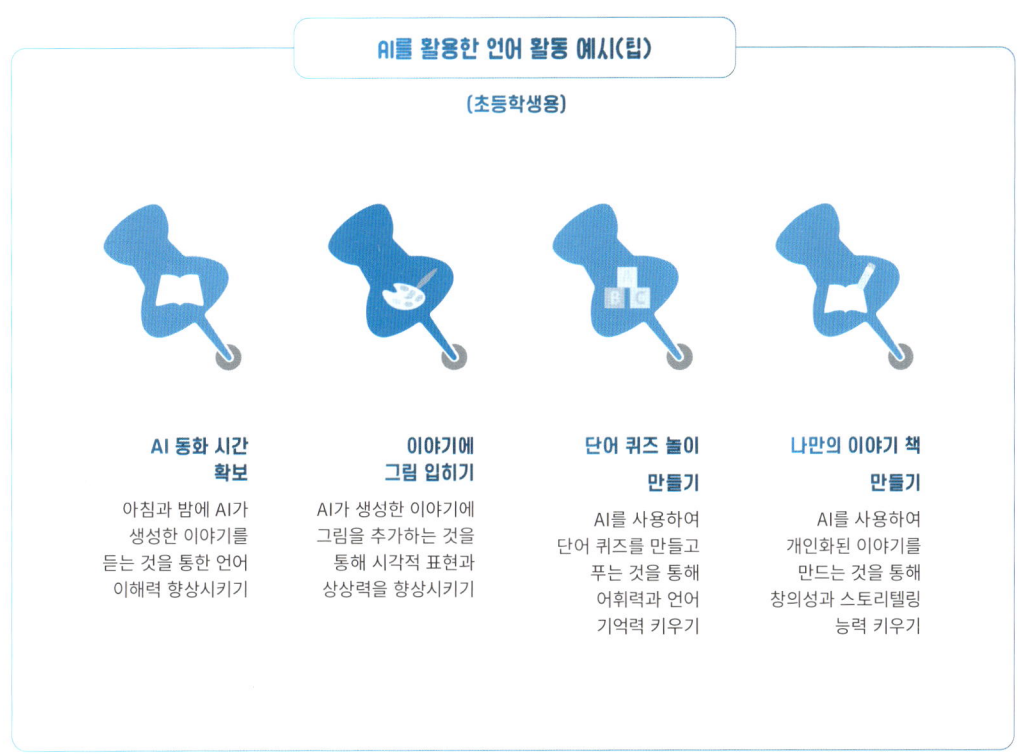

1) 아침에 한 편, 잠들기 전에 한 편! 'AI 동화 시간' 만들기

하루의 시작과 끝을 따뜻한 이야기로 채워보세요. 매일 아침 또는 자기 전에 "AI야, 재미있는 동화 하나 읽어줘!" 하고 말해보세요. 잠들기 전 들려주는 짧은 이야기 하나가 아이의 상상력을 풍부하게 하고, 아침에 듣는 이야기는 활기찬 하루를 여는 좋은 자극이 됩니다.

2) '나만의 이야기 책' 만들기 프로젝트

AI와 함께 만든 이야기를 하나씩 모아 보세요. 주인공 이름도 내가 정하고, 등장인물의 말도 내가 추가해요. 이렇게 모은 이야기들을 인쇄하거나 공책에 붙이면, 세상에 단 하나뿐인 나만의 이야기책이 완성됩니다. 완성된 책에 표지도 꾸며 보세요.

3) 이야기에 그림 입히기

AI가 들려준 이야기 중 인상 깊었던 장면을 골라 직접 그림을 그려보세요. 색연필, 크레파스, 물감 등 어떤 도구든 괜찮습니다. 그림에 한 줄 설명을 덧붙이면 '그림일기'처럼 활용할 수도 있어요. 그림을 통해 이야기의 내용을 되짚어보며 더 깊이 이해하고, 상상하는 힘도 기를 수 있습니다.

AI에게 인상 깊었던 장면을 그림으로 그려 달라고 요청해 그 결과도 확인해 보세요. 내가 그린 것과 비교도 해보며 느낌을 표현해보고, 내가 그린 그림을 AI에게 주며 이를 그 인상 깊었던 장면에 맞게 다시 그려 달라고 요청해 보세요. 내가 그린 것과 다른 그림을 비교하며 감상해 보고, 그 장면과 이야기 전체를 되돌아보는 것 자체가 나의 상상력을 키워주는 것은 물론 언어 능력도 향상시켜 줍니다.

4) 단어 퀴즈 놀이 만들기

AI에게 이렇게 부탁해 보세요. "이 동화에 나온 단어로 초등학생 퀴즈 만들어줘!" 방금 들은 동화 속 낱말을 가지고 AI가 퀴즈를 만들어 줄 것입니다. 퀴즈를 맞히면서 어휘력은 물론, 이야기 내용을 얼마나 잘 이해했는지도 확인할 수 있습니다.

흥미로운 이야기 속에 숨어 있는 어휘, 문장, 표현들을 자연스럽게 익히다 보면, 책 읽기와 글쓰기가 더 이상 부담스럽지 않게 느껴집니다. 아이 스스로 이야기를 만들고 표현하는 능력도 점차 향상됩니다.

놀이처럼 배우는 게 진짜 공부예요!

공부는 책상 앞에서 책을 펴고 하는 것만 있는 게 아니에요. 이야기를 만들고, 상상하고, AI와 함께 떠나는 동화 여행도 아주 멋진 공부가 될 수 있습니다. 재미있게 배우면 오래 기억에 남고, 다시 하고 싶은 마음도 생기잖아요? 여러분이 만든 이야기를 AI와 나누다 보면, 어느새 국어 실력도 점차 향상되고, 문장 쓰는 능력도 좋아질 거예요. 그리고 무엇보다 내가 만든 이야기가 있다는 건 정말 자랑스럽고 신나는 일이죠.

이제 다음 절에서는 AI와 함께 쓴 글을 바탕으로 그림을 그리는 창의적인 활동을 배워볼 거예요. 이제 상상력을 더 멀리 펼칠 준비가 되었나요? 글을 눈으로 볼 수 있게 표현하는 그림을 상상하고, AI와 함께 이야기를 만들어가는 멋진 모험이 시작될 거예요.

2. AI와 함께하는 창의적 글쓰기와 그림 그리기

여러분은 상상력이 풍부한가요? 머릿속에 떠오른 이야기들을 재미있는 글로 써본 적 있나요? 또는 내가 생각한 장면을 그림으로 그려보고 싶은 적은요? 요즘은 생성형 AI를 활용하면 누구나 멋진 이야기를 만들고 멋진 그림도 그릴 수 있습니다. 이 절에서는 생성형 AI를 활용한 창의적 글쓰기와 이미지 생성 방법을 다루겠습니다.

AI와 함께 짧은 이야기 만들기

AI와 함께하는 창의적 글쓰기는 앞 절의 "동화 이야기 만들기"에서 이미 다뤘습니다. 같은 방식으로 여러분만의 창의적인 이야기 만들기를 시도해 보세요.

이런 식으로 여러분만의 주제를 정해서 다양한 이야기를 만들고 나면, AI로 이야기 속의 장면을 손쉽게 그릴 수 있어요.

이야기 속 장면을 그림으로 그리기

이제 AI에게 여러분이 만든 이야기 속 장면을 그려달라고 요청해보겠습니다.
현재 AI 기술과 도구는 이미 이미지 생성 능력이 뛰어나고 점점 더 성능이 좋아지고 있어서 여러분이 원하는 장면을 손쉽게 그려낼 가능성이 아주 높아요. 이 점 감안해 지금은 일정부분 부족한 부분이 있더라도 적극적으로 활용하는 것을 권장합니다. 원하는 그림을 언제든 손쉽게 만들어 내는 능력을 갖추는 것은 매우 재미있고 유용합니다.

이미지를 생성할 수 있는 AI에게 아래와 같이 요청하면 여러분이 만든 이야기 속 장면이 그림으로 생성됩니다.

예시 프롬프트

"당신은 창의적인 일러스트 AI입니다.

초등학생을 위한 동화 속 장면을 그려주세요. 용감한 강아지와 마법 고양이가 밝고 환한 숲속에서

함께 보물을 찾는 즐거운 모험 장면입니다.

강아지는 귀엽고 용감한 모습으로,

고양이는 마법 지팡이를 든 작고 신비로운 동물로 표현해주세요.

숲은 알록달록한 꽃들과 반짝이는 돌로 가득하며,

무섭거나 어두운 분위기는 없도록 해 주세요.

두 친구가 힘을 모아 보물을 찾으며 환하게 웃고 있는 모습을 생생하고 따뜻한 색감의 디지털

일러스트 스타일로 그려주세요."

나만의 동화책 만들기

이제 글과 그림을 모아서 여러분만의 동화책을 만들어보겠습니다. 만든 이야기와 그림을 출력해서 종이로 동화책을 만들어도 되고, PDF 파일로 저장해서 디지털 책으로 만들 수도 있습니다.

이렇게 해보세요!

1. 이야기 글을 챗지피티나 제미나이 등에서 작성합니다.
2. 장면마다 그림을 챗지피티나 제미나이, 또는 전문 이미지 생성 AI(달리(DALL-E),
   미드저니(Midjourney), 스테이블 디퓨전(Stable Diffusion) 등)에게 요청해서 만듭니다.
3. 글과 그림을 한 장씩 정리해서 워드나 파워포인트에 넣습니다.
4. 레이아웃을 정리하고 제목을 추가합니다.
5. 저장해서 나만의 디지털 동화책을 완성합니다.

※ AI가 생성한 답변이나 결과물을 공식적으로 사용할 경우, 반드시 검토하고 자신의 언어로 다시
  작성해야 합니다.

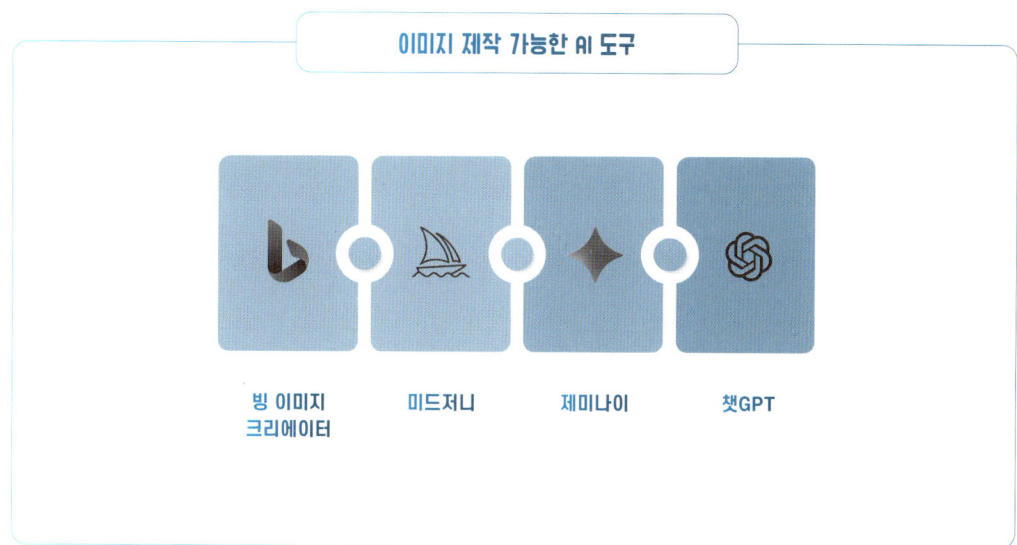

친구나 가족과 함께 해보기

AI 도구를 활용하되, 친구나 가족과 함께 협업하면 더욱 효과적입니다.

- 엄마 아빠가 주인공을 정해주고, 여러분이 이야기를 만들어도 좋아요.
- 친구랑 번갈아 가며 한 문장씩 이야기를 만들어도 재미있어요.
- 만든 이야기를 AI에게 보여주고, 다듬어 달라고 해보거나 더 재미있게 만들어 달라고 요청해보세요. 그리고 그림으로 그려달라고도 해보세요.
- 만들고 나서 친구나 가족에게 읽어줘 보세요. 발표하는 것도 좋은 훈련이 돼요!

다음 절에서는, 수학 공부도 신나게 즐길 수 있는 AI 활용법을 알려드리겠습니다.
숫자와 도형이 어렵게 느껴졌던 친구들도, AI와 함께라면 마법처럼 수학이 친숙해질 수 있습니다.
우리 함께, 다음 이야기로 떠나볼까요?

3. AI를 활용한 수학 개념 익히기

수학이 어렵다고요? AI와 함께하면 수학도 친구처럼 다가와요.

초등학생 여러분, 수학 문제를 풀다 보면 숫자가 너무 많고 헷갈려서 머리가 복잡해질 때가 있죠? 특히 분수, 시계 보기, 곱셈표, 도형 같은 내용을 처음 배울 때는 "이게 도대체 왜 이렇게 어려운 거야?" 하고 속상한 적도 있을 거예요.

하지만 걱정하지 마세요. 지금부터는 똑똑한 친구인 생성형 AI가 여러분의 수학 공부를 도와줄 거예요. AI는 문제를 설명해주고, 여러분이 잘 모르는 개념도 쉽게 이해할 수 있도록 친절하게 가르쳐 준답니다.

그럼 지금부터 AI와 함께 수학 개념을 놀이처럼 배우는 방법을 하나하나 알려드리겠습니다.

헷갈리는 수학 개념, AI에게 쉽게 설명해달라고 해보세요

예를 들어 분수나 시계 보는 법처럼 어려운 개념이 나올 때, AI에게 "쉽게 설명해줘"라고 말해보세요. AI는 여러분의 수준에 맞춰서 그림처럼 상상하기 쉽게, 놀이처럼 재미있게 설명해줘요.

예시 프롬프트

> "당신은 초등학교 수학 선생님입니다.
> 분수를 초등학생이 이해할 수 있도록 쉽게 설명해주세요.
> 실생활에서 자주 볼 수 있는 친근한 예시를 활용해주세요.
> 어려운 말이나 수학 공식을 쓰지 말고 쉽고 재미있게 설명해주세요.
> 설명은 초등학교 4학년 학생이 이해할 수 있을 정도로 쉽고 명확해야 합니다."

AI 예시 응답

> 물론이죠!
>
> 분수는 '전체를 나눈 것 중에서 얼마를 말하는지' 알려주는 숫자예요.
>
> 예를 들어, 피자 한 판이 있어요. 그걸 4조각으로 나눴다고 해볼게요.
>
> 이 중에서 1조각을 먹으면, 전체 4조각 중 1조각을 먹은 거니까 '1/4'이라고 말해요.
>
> 만약 3조각을 먹으면? 그건 '3/4'이 되죠!
>
> 분수에서 위에 있는 숫자(분자)는 '먹은 조각 수',
>
> 아래에 있는 숫자(분모)는 '전체 조각 수'를 나타냅니다.
>
> ※ AI가 생성한 답변에는 틀린 정보가 있을 수 있습니다.

이렇게 친절하게, 마치 친구처럼 설명해 주니까 이해가 훨씬 쉬워져요. 책으로만 보는 것보다 훨씬 재미있고 기억에 잘 남겠죠?

수학 문제를 풀다가 막혔을 때, AI에게 물어보세요!

문제를 풀다가 모르는 게 있을 때, 단순히 답만 알려달라고 하지 말고 "왜 그런지 설명해줘"라고 요청해보세요. AI는 여러분이 문제를 스스로 풀 수 있게 힌트를 주고, 생각하는 힘도 길러줄 수 있습니다.

예시 프롬프트

> "당신은 초등학교 6학년 수학 선생님입니다.
>
> 학생이 '8과2/3 + 4와1/6'이라는 문제를 이해하지 못하고 있습니다.
>
> 이 문제를 푸는 방법을 초등학생이 이해할 수 있도록 단계별로 쉽게 설명해주세요.
>
> 통분과 분수 계산의 원리를 실생활 예시와 함께 알려주세요.
>
> 말투는 친근하고, 문장은 쉽고 명확해야 합니다.
>
> 마지막에는 비슷한 문제 1~2개도 연습용으로 제시해주세요."

AI 예시 응답

초등학교 6학년 학생이 쉽게 이해할 수 있도록 친근하고 명확하게 설명해볼게요.

문제: 8과2/3 + 4와1/6

먼저, 이 문제를 풀기 전에 알아야 할 것!

이 문제는 대분수끼리 더하기 문제야.

대분수란, '자연수 + 분수'로 되어 있는 수야.

예를 들어 8과2/3는

⇒ 8 + 2/3

이렇게 생각하면 돼!

1단계: 자연수끼리 먼저 더해요

8 + 4 = 12

이건 어렵지 않지?

2단계: 분수끼리 더해요

이제는 2/3 + 1/6을 계산해볼 거야.

근데 그냥 더할 수는 없어.

왜냐하면 분모(아래 숫자)가 다르기 때문이야.

이럴 땐 '통분'을 해야 해!

통분이란?

분수의 밑에 있는 숫자(분모)를 똑같이 만들어서

비교하거나 더할 수 있게 만드는 거야!

통분을 쉽게 이해해보자!

생각해봐!

네가 친구랑 피자를 나눠 먹는데,

너는 1/6 조각짜리 피자를 먹고,

친구는 2/3 조각짜리 피자를 먹었어.

그럼 누가 더 많이 먹었는지, 또 얼마나 먹었는지 비교하려면,

같은 크기의 조각을 몇 개씩 먹었는지 알아야 계산이 편하겠지?

그래서 우리는 조각의 크기를 같게 만들어서 더하는 계산을 하는 거야.

이게 바로 통분이야!

3단계: 2/3과 1/6을 통분해요

2/3의 분모는 3

1/6의 분모는 6

3과 6의 공통 분모는 6이야! (두 수의 최소공배수)

2/3은 분모를 6으로 만들려면 분모와 분자에 2씩 곱해줘야 해

⇒ 2/3 = 4/6

(3개의 피자 조각 중에서 2개를 먹는 것은 6개의 조각 중에서 4개를 먹는 것과 같음)

1/6은 이미 분모가 6이니까 그대로!

이제 더해볼까?

4/6 + 1/6 = 5/6

4단계: 자연수 부분과 분수 부분을 합쳐요

아까 자연수끼리 더해서 **12**라고 했지?

분수는 **5/6** 나왔어!

그래서 답은

12와5/6

최종 정답:

8과2/3 + 4와1/6 = 12와5/6

연습 문제

이제 너도 한 번 해볼래?

   1. 5와1/4 + 3과1/2

   2. 6과2/5 + 2와3/10

> 힌트:
>
> - 분모가 다르면 통분해야 해!
>
> - 자연수끼리 먼저 더하고, 그 다음 분수끼리 더해봐!
>
> 필요하면 언제든지 다시 설명해줄게!
>
> 재미있게 분수 계산 연습해보자!
>
> ※ AI가 생성한 답변에는 틀린 정보가 있을 수 있습니다.

이처럼 AI는 정답만 말해주는 게 아니라, 단계별로 이해할 수 있도록 풀어주는 선생님 또는 똑똑하고 성격 좋은 친구가 되어 준답니다.

AI에게 나만의 문제를 만들어 달라고 해보세요!

이번엔 AI에게 직접 문제를 만들어달라고 해보세요. '같은 유형의 문제를 더 풀고 싶어요', '지금 배운 개념을 복습하고 싶어요' 라고 말하면 AI가 다양한 난이도의 문제를 바로 만들어줘요.

예시 프롬프트

> "당신은 초등학교 수학 선생님입니다.
>
> 학생들이 소수의 곱셈을 연습할 수 있도록, 연습문제를 5개 만들어 주세요.
>
> 문제 아래에 정답도 같이 적어주세요.
>
> 각 문제는 너무 어렵지 않게 구성하고,
>
> 숫자는 0.1에서 10 사이로 적절하게 선택해주세요.
>
> 문제는 한 줄로, 번호를 매겨서 보여주세요."

AI 예시 응답

> 물론이죠!
>
> 아래는 초등학생 수준에 맞는 소수의 곱셈 연습문제 5개예요.

숫자는 0.1에서 10 사이로 너무 어렵지 않게 골랐고,
문제 아래에 정답도 함께 적었어요!

소수 곱셈 연습문제

1. $0.5 \times 4 =$

2. $1.2 \times 3 =$

3. $0.3 \times 0.4 =$

4. $2.5 \times 1.5 =$

5. $0.8 \times 7 =$

정답

1. 2

2. 3.6

3. 0.12

4. 3.75

5. 5.6

필요하다면 풀이 과정도 친절하게 설명해 줄게요! 더 어려운 문제나 게임처럼 풀 수 있는 퀴즈도 만들 수 있으니 필요하면 요청해 주세요.

※ AI가 생성한 답변에는 틀린 정보가 있을 수 있습니다.

이렇게 연습문제를 직접 요청하면, 내 수준에 딱 맞는 문제를 무한히 연습할 수 있어요. 시험 준비도 훨씬 쉬워지겠죠?

틀린 문제를 AI에게 물어보고 다시 배워보기

문제를 틀렸다고 실망하지 말고, 왜 틀렸는지 AI에게 물어보세요. AI는 여러분의 실수를 친절하게 알려주고, 다음엔 실수하지 않도록 도와줍니다.

예시 프롬프트

"당신은 초등학교 수학 선생님입니다.
아래의 문제를 스스로 풀었지만 정답이 틀렸습니다.
왜 틀렸는지 초등학생이 이해할 수 있도록 쉽고 친절하게 설명해주세요.
바르게 계산하는 방법도 알려주고, 최종 정답도 함께 써주세요."

문제: 3.2 + 0.45

내 풀이: 3.245

AI 예시 응답

좋아요! 아주 좋은 시도였어요. 하지만 조금만 더 주의했으면 정답을 맞힐 수 있었어요. 왜 틀렸는지, 그리고 어떻게 바르게 계산하는지 천천히 함께 알아볼게요!

왜 틀렸을까요?

당신의 풀이:

3.2 + 0.45 = 3.245

이 계산에서 "3.2"와 "0.45"를 더할 때, 소수점 아래 자릿수를 잘못 맞췄어요.

소수끼리 더할 때는 소수점 자리를 잘 맞춰서 세로로 놓고 계산하면 더하기가 훨씬 쉬워져요!

바르게 계산하는 방법

먼저, 소수점 자리를 맞춰서 세로로 써볼게요.

　3.20　← 3.2를 3.20으로 바꿔도 값은 같아요!
+ 0.45
= 3.65

최종 정답: 3.2 + 0.45 = 3.65

기억할 점!

- 소수끼리 더할 땐 소수점을 꼭 맞춰야 해요.
- 자릿수를 맞추기 위해 빈 칸에는 0을 채워도 괜찮아요 (예: 3.2 → 3.20)

이렇게 하면 실수를 줄일 수 있어요!

필요하면 비슷한 문제도 같이 연습해볼 수 있어요. 원할 때 말해줘요!

※ AI가 생성한 답변에는 틀린 정보가 있을 수 있습니다.

수학은 처음에는 어렵게 느껴질 수 있지만, 이해하고 나면 정말 재미있는 놀이 같아요. 숫자들이 마법처럼 움직이고, 문제를 풀 때마다 퍼즐을 맞추는 기분도 들죠. AI는 여러분이 수학을 재미있게 느끼도록 도와주는 똑똑한 공부 친구입니다.

AI와 함께하는 수학 활동 팁

1) 매일 한 가지 개념씩 AI에게 물어보기

예: "소수점 곱셈을 쉽게 설명해주세요." → 하루 5분, 한 가지 개념을 꾸준히 이해하면 수학이 쉬워집니다.

2) 문제 만들기 활동을 해보기

AI에게 "문제 3개만 내주세요"라고 하고, 친구나 가족과 함께 푸는 활동을 해보세요. 점수도 매기고 게임처럼 즐길 수 있습니다.

3) 틀린 문제는 '왜' 그런지 AI에게 꼭 물어보기

실수를 다시 짚어보는 습관은 수학 실력을 크게 향상시킵니다. AI는 비판하지 않고 친절한 선생님이 되어줍니다.

4) 교과서 문제도 AI에게 설명 요청하기

학교 수학책 문제를 풀다가 어려운 것이 있다면, AI에게 문제를 입력해서 쉽게 설명해 달라고 해보세요.

5) "나만의 수학 문제집" 만들어 보기

AI가 만들어주는 문제 중 다시 풀어보고 싶은 것들을 모아서 노트에 적어보세요. 직접 만든 문제집이 완성됩니다. 정답 해설도 AI가 도와줄 수 있습니다.

이제 수학도 재미있는 공부 놀이처럼 느껴질 준비가 되었죠?
이제부터는 "수학이 너무 어려워요"가 아니라,
"AI랑 함께 해서 수학이 좀 재미있어졌어요!"라고 말할 수 있을 거예요.

이 장을 마치며 학부모님에게...

초등학생은 아직 많은 것을 배우는 중입니다. 글을 읽고, 숫자를 이해하고, 이야기를 만들어내며 세상을 배워갑니다. 이 시기에는 '틀려도 괜찮다'는 경험, '재미있게 배운다'는 경험이 아주 중요합니다. 그래서 학습은 성적이나 정답보다 과정을 중심에 두어야 하고, 그 과정을 돕는 좋은 파트너가 필요합니다. 지금 이 시대, 그 파트너로 가장 잘 어울리는 존재가 바로 생성형 AI입니다.

AI는 아이에게 딱 맞는 선생님이자 친구가 되어줍니다. 아이가 모르는 것이 있을 때 짜증 내지 않고 천천히 다시 설명해주고, 실수해도 따뜻하게 도와줍니다. 아이가 이야기 생성을 요청하면 AI는 기발한 상상의 세계를 펼쳐주고, "왜 3 곱하기 4는 12야?"라고 묻는다면 구체적이고 쉽고 친절한 예시를 통해 설명해 줍니다. AI와의 대화 속에서 아이는 학습에 대한 부담을 내려놓고, 자신의 속도에 맞춰 배울 수 있는 기회를 얻게 됩니다.

AI의 무한한 인내심과 24시간 접근 가능성은 각 아이의 학습 스타일에 맞춘 개별화 교육을 가능하게 합니다. 아이가 언제든지 궁금한 것을 물어볼 수 있고, 호기심이 식기 전에 답을 찾을 수 있습니다.

AI는 아이들의 창의력을 자극합니다. 단순히 문제를 맞히는 것에 그치지 않고, 자신만의 이야기나 그림을 만들어내며 표현하는 능력을 키워줍니다. 학습은 더 이상 '정답만 있는 것'이 아니라, '다양한 시도와 표현이 가능한 것'이라는 사실을 몸소 느끼게 됩니다. AI는 그런 창의적인 시도를 칭찬하고 격려하면서, 아이의 자존감을 높이는 데도 큰 역할을 합니다.

AI는 아이들의 상상력을 현실로 구현해주는 협력 파트너입니다. 머릿속으로 그린 캐릭터를 실제 그림으로 만들어주고, 단편적인 아이디어를 완성된 이야기로 발전시켜줍니다. 이 과정에서 아이들은 예술과 기술의 융합을 자연스럽게 체험하며, 미래 사회에 필요한 통합적 사고능력을 기르게 됩니다.

이 장에서 소개한 여러 가지 활동들은 단순한 기능 설명에 그치지 않고, 아이들이 실제로 해볼 수 있는 경험을 중심으로 구성했습니다. AI를 활용하여 동화를 함께 읽고 개인 맞춤형 그림책을 제작해보고 수학 개념을 질문해 보기 바랍니다. 그런 경험 속에서 아이는 공부를 놀이처럼 받아들이고, 배움에 대한 긍정적인 기억을 쌓게 됩니다.

아이들이 직접 AI와 대화하며 시행착오를 거쳐 문제를 해결하고, 창작물을 만들어내는 경험은 단순한 지식 암기보다 훨씬 오래 기억에 남습니다. 더욱 중요한 것은 이러한 경험이 아이들에게 '나도 할 수 있다'는 자신감을 심어주며, 실패를 배움의 기회로 받아들이는 회복력을 기르게 해준다는 점입니다.

부모님이 함께 지켜봐 주는 따뜻한 시선이 그 무엇보다 중요합니다. AI를 잘 활용하려면 기술적인 설명도 중요하지만, 아이의 마음을 이해하고 응원해 주는 어른의 역할이 꼭 필요합니다. 아이가 AI와 대화를 나누는 모습을 지켜보며, 함께 감탄하고 기뻐하고 응원해주세요. 그것만으로도 아이는 스스로 더 큰 용기를 갖고 배우게 될 것입니다.

어른들은 아이가 AI를 올바르게 활용할 수 있도록 안내하는 멘토이자, 함께 탐구하는 동반자가 되어야 합니다. 아이가 AI에게 질문하는 방법을 개선하도록 도와주고, AI의 답변을 비판적으로 검토하는 능력을 기르도록 지원하며, 창의적 노력을 인정하고 격려해주는 것이 중요합니다.

앞으로의 세상은 AI와 함께 살아가는 세상입니다. 어릴 때부터 AI와 함께 배우며 자란 아이들은 기술을 두려워하지 않고, 새로운 지식에 열린 태도를 가지게 됩니다. 그리고 그 시작은 아주 사소한 경험, "AI에게 질문해보자"는 호기심에서 출발합니다.

현재의 초등학생들에게 AI는 자연스러운 일상의 일부이며, 문제 해결과 창의적 표현을 위한 협력 파트너입니다. AI와 함께 성장한 아이들은 복잡한 정보 처리 능력, 인간과 기계(로봇)의 협업 조율 능력, 기술의 윤리적 활용 판단력 등 미래 사회에서 요구되는 핵심 역량들을 자연스럽게 습득하게 됩니다.

AI를 교육에 활용할 때는 균형감각이 필요합니다. AI에 지나치게 의존하지 않고 독립적인 사고능력을 기르는 것이 중요합니다. 인간만이 가질 수 있는 감성, 직관, 도덕적 판단력의 중요성을 강조하면서 AI를 보완적 도구로 활용하는 지혜를 가르쳐야 합니다.

아이의 첫 호기심을 응원해주세요. 그리고 그 여정에 함께하며, 아이가 AI를 활용해 더 풍요롭고 창의적인 사람으로 자라나는 과정을 지켜봐 주세요. AI는 아이의 공부 친구이자, 미래를 향한 든든한 동반자가 되어줄 것입니다.

오늘 AI와 처음 대화를 나누는 아이가 내일은 AI와 협력하여 세상의 문제를 해결하는 혁신가가 될 수 있습니다. 현재 초등학교에서 AI와 함께 그림책을 만드는 아이가 미래에는 AI를 활용하여 새로운 교육 방법을 개발하거나, 예술 작품을 창조하거나, 과학적 발견을 이루어낼 수 있습니다. 기술과 인간이 조화롭게 협력하는 미래 사회에서, 어린 시절부터 AI와 함께 성장한 아이들은 무한한 잠재력을 발휘할 것입니다. 지금 이 순간, 아이의 작은 호기심이 미래를 바꿀 첫걸음이 될 수 있습니다. AI와 함께하는 학습 여정을 통해 아이들이 꿈꾸고, 도전하고, 성장할 수 있도록 함께 응원하고 지원해주기 바랍니다.

PART IV

중학생 AI 활용법
– 개념 정리와
학습 방법 효율화

중학생 시기는 기본적인 공부 실력을 바탕으로, 점점 더 복잡한 개념과 다양한 학습 과제를 마주하게 되는 중요한 시기입니다. 이 시기에는 기초적인 지식을 확실히 다지는 것뿐만 아니라, 더 깊이 있는 사고를 기르고, 다양한 관점에서 문제를 해결할 수 있는 능력을 키워야 합니다. 특히, 중학교 과정에서는 수학, 과학, 언어 등 여러 과목의 개념들이 서로 연결되기 시작하면서, 학습의 방향성이 더욱 중요해지는데, 이를 잘 관리하는 것이 중학생의 학습 성과에 큰 영향을 미칩니다.

중학생 시기의 학습은 초등학교 때와는 질적으로 다른 특성을 보입니다. 추상적 사고능력이 발달하기 시작하면서 단순한 암기보다는 개념 간의 연관성을 파악하고 응용하는 능력이 중요해집니다. 예를 들어, 수학에서는 방정식과 함수 등이 기하의 개념과 통합되기 시작하고, 과학에서는 물리적 현상과 화학적 변화의 원리를 연결해서 이해해야 합니다. 이러한 변화는 학습자에게 새로운 도전과 기회를 동시에 제공합니다.

또한, 중학생은 초등학생과는 달리, 더 큰 시험과 평가 시스템에 직면하게 됩니다. 중간고사와 기말고사, 그리고 수학적 사고와 논리적 문제 해결을 요구하는 시험들이 중학생들의 학습에 있어서 큰 도전 과제가 됩니다. 특히 이 시기의 시험은 단순히 암기만 요구하는 것이 아니라, 학생이 얼마나 잘 이해하고, 분석하고, 그 지식을 실제 문제풀이에 적용할 수 있는지를 평가합니다. 이에 따라, 학생들은 기초를 튼튼히 다지는 동시에, 시험을 대비하기 위한 전략적인 학습 방법이 필요합니다.

중학생들이 겪는 또 다른 어려움은 학습 분량의 급격한 증가와 시간 관리의 중요성입니다. 교과목 별로 깊어지는 내용과 늘어나는 과제, 그리고 다양한 학교 활동까지 고려하면 효율적인 학습 전략 없이는 모든 것을 소화하기 어렵습니다. 이때 체계적인 학습 계획과 개념 정리 방법이 학습 성과를 좌우하는 핵심 요소가 됩니다.

여기에서는 AI를 활용한 개념 정리와 복습 방법에 대해 자세히 다룹니다. 생성형 AI는 단순히 정보를 제공하는 도구를 넘어, 학생들이 보다 쉽게 개념을 정리하고 이해할 수 있도록 돕는 중요한 학습 파트너가 될 수 있습니다. AI는 대화를 통해 학습자의 이해 수준을 파악하고, 부족한 부분을 바로잡아주며, 각 개념에 대해 실시간 피드백을 제공하고 반복 학습할 수 있는 기회를 줍니다. 특히 AI는 학습자의 질문 수준과 표현 방식을 분석하여 그에 맞는 설명 방식을 선택할 수 있습니다. 어려운 개념을 쉬운 비유로 설명하거나, 학습자가 이미 알고 있는 내용과 연결해서 새로운 개념을 설명하는 방식으로 개인별 맞춤 학습을 지원합니다. 또한 같은 개념이라도 다양한 각도에서 반복 설명함으로써 완전한 이해에 도달할 수 있도록 돕습니다.

중학생들은 이 장을 통해 AI를 이용하여 효율적인 노트 정리, 문제 풀이와 실시간 해설, 시험 대비 전략을 효과적으로 학습할 수 있는 방법도 배울 것입니다. 이를 통해 개념을 단순히 암기하는 것을 넘어서, 깊이 있는 이해와 문제 해결 능력을 기를 수 있습니다.

AI를 활용한 학습의 가장 큰 장점 중 하나는 학습자의 속도에 맞춘 개별 학습이 가능하다는 것입니다. 이해가 빠른 학생은 더 심화된 내용으로, 시간이 필요한 학생은 기초부터 차근차근 다질 수 있도록 지원합니다. 또한 24시간 언제든 질문할 수 있어 궁금한 점을 즉시 해결할 수 있으며, 반복 학습을 통해 장기 기억으로 전환하는 데도 효과적입니다.

또한, AI가 제공하는 다양한 학습 방식을 통해 학생들은 더욱 흥미롭고 체계적으로 공부할 수 있게 될 것입니다. AI는 단순한 보조 도구를 넘어서, 중학생들이 학습의 주도권을 쥐고 자신의 학습을 주도적으로 이끌어 나가는 데 중요한 역할을 할 수 있습니다. 특히 AI와의 대화형 학습을 통해 수동적인 암기 학습에서 벗어나 능동적이고 사고력 중심의 학습으로 전환할 수 있습니다.

중학생의 AI 활용 사례

노트 정리
AI를 활용한 노트 정리 및 개념 정리

문제 풀이
AI 기반 문제 풀이 및 실시간 해설

시험 대비
AI를 활용한 중간·기말 고사 대비

이 장에서는 학생들이 AI를 활용해 학습 효과를 극대화할 수 있도록 실질적이고 구체적인 학습 방법을 소개합니다. 각각의 방법은 중학생의 학습 특성과 교육과정을 고려하여 실제 적용 가능한 형태로 제시되도록 의도했습니다.

1. AI를 활용한 노트 정리 및 개념 이해

중학생이 되면 과목 수가 많아지고, 공부량도 급격히 늘어납니다. 국어, 수학, 영어, 과학, 사회 등 다양한 과목에서 배운 내용을 일일이 정리하는 것이 쉽지 않습니다. 수업 시간에 필기한 노트를 다시 정리하려고 해도 막상 어디부터 손을 대야 할지 막막한 경우가 많습니다. 또, 정리했다고 해도 나중에 복습할 때 이해가 안 되거나, 정리한 내용이 지나치게 많거나 부족해서 도움이 안 되는 경우도 있지요.

이럴 때, 생성형 AI를 활용하면 큰 도움이 됩니다. AI는 복잡하게 흩어진 정보를 빠르게 구조화하고, 핵심 개념을 뽑아내고, 요약하는 데 강력한 능력을 가지고 있기 때문입니다. 단순한 요약이 아니라, 학생의 수준에 맞춰 설명을 다시 해주고, 필요한 경우 도표나 리스트로 정리해주기도 합니다.

노트 정리가 학생에게 어려운 이유와 AI가 잘하는 이유

노트 정리가 어려운 이유	AI가 잘하는 이유
과목 수와 공부량의 급격한 증가 (시간부족)	빠른 정보의 구조화 및 재구성
	핵심 개념의 빠른 추출 및 요약
필기한 노트를 다시 정리하기 어려움	
	문맥 파악 능력
(정리한) 노트가 복습 시 난해하거나 도움이 안됨	형식 변환 능력 (도표나 리스트로 정리)
	학생 수준에 맞는 반복 설명

이 절에서는 AI를 활용해 중학생이 효율적으로 노트를 정리하고 개념을 명확하게 이해할 수 있는 방법을 알려드립니다. 실제로 사용할 수 있는 프롬프트도 함께 소개하고, 어떤 방식으로 정리하면 가장 학습 효과가 높을 수 있는지도 설명하겠습니다.

생성형 AI를 활용한 노트 정리란?

노트 정리는 단순히 글씨를 옮겨 쓰는 것이 아니라, 정보를 구조화하고, 핵심을 추려내며, 복습 가능한 형태로 만드는 것입니다. 그런데 많은 학생들이 시간에 쫓기거나, 요약이 어려워서 이 과정을 제대로 하지 못합니다. AI는 바로 이 부분을 도와줄 수 있습니다.

예를 들어, 수업 시간에 필기한 노트를 사진 찍어 AI에게 입력하면, AI는 그 내용을 핵심 개념 중심으로 정리해줄 수 있습니다. 때로는 표 형태로, 때로는 개념-설명-예시의 3단 구성으로, 때로는 질문-답변 형식으로도 바꿔줄 수 있습니다.

이렇게 정리된 내용은 복습할 때 매우 유용하며, 시험 대비 요약 노트로도 활용할 수 있습니다.

AI가 노트 정리를 잘하는 이유

생성형 AI는 수많은 교과서, 논문, 학습자료를 기반으로 훈련되었기 때문에 다음과 같은 능력을 갖추고 있습니다:

- **문맥 파악 능력**: 흐름을 읽고, 문장 간 관계를 파악해 중요도를 판단합니다.
- **요약 능력**: 불필요한 내용을 줄이고 핵심만 뽑아냅니다.
- **구조화 능력**: 복잡한 내용을 주제별, 항목별로 체계적으로 정리합니다.
- **재구성 능력**: 학생의 수준에 맞는 난이도로 다시 설명합니다.
- **형식 변환 능력**: 표, 리스트, Q&A, 도식 등 다양한 형태로 변환할 수 있습니다.

이 능력들을 잘 활용하면, 학생의 정리 시간을 획기적으로 줄이고 학습 효율을 크게 높일 수 있습니다.

AI를 활용한 노트 정리의 실제 예시

이제 실습을 해볼 시간입니다. 아래에 실제로 사용할 수 있는 프롬프트를 소개하고, 어떤 효과가 있는지, AI가 어떻게 응답하는지 보여드리겠습니다.

예시 프롬프트 – 역사 수업에서 배운 '삼국의 성립과 발전' 정리

> "당신은 중학생을 위한 공부 도우미입니다.
> 아래는 제가 중학교 역사 수업 시간에 필기한 노트입니다.
> 이 내용을 핵심 개념 중심으로 한눈에 보기 쉽게 정리해주세요."

> 부족한 부분이 있으면 추가해주세요.
>
> 단, 내용을 추가한 경우에는 저에게 알려주세요(별도로 표기해 주세요).
>
> 핵심 개념 – 설명 – 예시로 구성하고, 표 형태로 정리해주세요."
>
> *노트 내용(사진 첨부 가능): 고구려는 주몽이 세운 나라로, 이후 광개토대왕과 장수왕 때 영토를 넓혔다. 백제는 온조가 세웠으며 해상 무역이 활발했다. 신라는 박혁거세가 건국했으며, 화백회의라는 귀족 회의가 있었다. 삼국 모두 불교를 수용하였다.

이 예시 프롬프트 실행을 통해 기대하는 효과는 다음과 같습니다.
- 흩어져 있는 노트 내용을 구조적으로 정리해줍니다.
- 학생 수준에 맞게 문장을 단순화하고 이해하기 쉽게 만들어 줍니다.
- 시험 직전에 보기에 적합한 요약 형태가 됩니다.

AI 예시 응답

삼국의 건국과 특징 정리표

핵심 개념	설명	예시
고구려의 건국	주몽(동명성왕)이 부여계 출신으로 건국한 나라	주몽이 졸본에서 고구려를 세움
고구려의 발전	광개토대왕과 장수왕 때 영토 크게 확장	광개토대왕: 한강 이북까지 진출 장수왕: 평양 천도
백제의 건국	온조가 남하하여 한강 유역에 세운 나라	온조: 고구려 계통, 하남 위례성에서 건국
백제의 특징	해상 무역과 문화 교류가 활발함	중국·일본과 활발한 교류
신라의 건국	박혁거세가 경주 지역에서 세운 나라	박혁거세: 알에서 태어났다는 건국 신화 있음
신라의 정치 제도	귀족 중심의 회의 기구인 화백회의 운영	화백회의에서 왕위 계승자 결정
삼국의 공통점	세 나라 모두 불교를 받아들임	고구려: 소수림왕 백제: 침류왕 신라: 법흥왕

※ 추가된 설명 안내:
- 고구려·백제·신라에서 불교를 수용한 왕 이름은 원래 노트에 없던 내용이지만, 시험에 자주 출제되는 핵심 개념이라 추가해드렸습니다.
- "해상 무역"이라는 백제의 특징과 관련된 구체적 문화 교류 내용도 보완하여 넣었습니다.

필요하시면 이 표를 이미지 자료, 발표 슬라이드, 혹은 요약한 학습 카드로 변환해 드릴 수도 있습니다. 원하시나요?

※ AI가 생성한 답변에는 틀린 정보가 있을 수 있습니다.

AI에게 내가 적은 노트를 보여주는 방법

AI에게 내가 작성한 노트를 정리해 달라고 할 때, 다음과 같은 방식으로 노트를 제공할 수 있습니다:

- 사진: 손이나 패드로 쓴 노트, 필기를 사진으로 찍어서 AI에게 보여주기
- 텍스트 입력: 수업 내용을 타이핑하거나 복사해서 붙여넣기
- 파일 업로드: 워드, PDF 등의 문서 형태로 정리된 노트 업로드

가장 정확한 방식은 '텍스트 입력'이나 손글씨의 인식률이 급격히 높아지고 있어, 손글씨 노트를 수업시간에 작성한다면, 이를 사진으로 찍어 AI에게 제공하는 것을 추천합니다. 수업 중 적은 노트를 다시 타이핑하는 시간을 들여야 하면 AI 활용 의욕이 저하되고 활용 가능성이 급격히 낮아질 수 있습니다.

예시 프롬프트 – 과학 수업 '광합성 과정' 요약 정리

"당신은 중학생을 위한 과학 교과서를 쉽게 설명해주는 AI 과학 튜터입니다.
저는 중학교 과학 시간에 '광합성' 단원을 배우고 있는데, 중요한 과정과 개념들을 정리하고 싶어요.
광합성의 전체 과정을 한눈에 볼 수 있도록, 각 과정마다 한 줄 요약, 자세한 설명, 관련 개념이나 용어를 함께 정리해주세요.
아래의 제 노트를 보강하는 방향으로 정리해주세요.

중학생이 이해할 수 있도록 쉬운 표현을 사용하고 간단한 예시를 포함해주세요.

표 형식으로 작성해 주세요."

*노트 내용: 광합성은 식물이 햇빛을 이용해 이산화탄소와 물로부터 포도당과 산소를 만드는 과정이다. 엽록체에서 일어나며, 햇빛은 에너지원으로 사용된다. 이 과정은 식물의 생존과 생태계 유지에 매우 중요하다.

AI 예시 응답

광합성 과정 요약표

과정	한 줄 요약	자세한 설명	관련 개념 용어
빛의 흡수	식물이 햇빛을 받아 에너지를 얻어요.	식물 잎의 엽록체가 햇빛을 흡수해 에너지로 바꿔요. 이 에너지가 나중에 포도당을 만드는 데 쓰여요.	엽록체, 햇빛, 에너지
이산화탄소 흡수	공기 중 이산화탄소가 잎으로 들어가요.	식물은 잎의 '기공'을 통해 공기 중 이산화탄소를 빨아들여요. 이산화탄소는 나중에 포도당을 만드는 데 쓰여요.	기공, 이산화탄소(CO_2), 기체 교환
물 흡수	뿌리를 통해 물을 빨아들여요.	식물은 뿌리로 흙 속의 물을 흡수해서 줄기를 통해 잎까지 보내요. 물은 광합성의 재료가 돼요.	뿌리, 물(H_2O), 물관
포도당 생성	햇빛을 이용해 포도당을 만들어요.	엽록체 안에서는 햇빛 에너지를 이용해 이산화탄소와 물을 포도당으로 바꿔요. 포도당은 식물이 살아가는 데 필요한 에너지예요.	포도당($C_6H_{12}O_6$), 엽록체, 에너지 저장
산소 방출	광합성 후 산소가 나와요.	포도당을 만들고 남은 산소는 잎의 기공을 통해 공기 중으로 나와요. 이 산소는 우리가 숨 쉬는 데 필요해요.	산소(O_2), 기공, 생태계 유지
생태계 기여	광합성은 생태계의 기본이에요.	식물이 만든 포도당은 자신뿐 아니라 다른 동물들도 먹고 살 수 있게 해줘요. 산소는 동물의 호흡에 꼭 필요해요.	생산자, 생태계, 생명 유지

추가 설명

- 광합성 장소: 식물 세포의 엽록체에서 일어나며, 잎이 가장 중요한 역할을 해요.
- 왜 중요한가요? 광합성은 지구 생명체가 살아가기 위한 산소와 먹이(에너지)를 만들어주는 핵심 과정이에요.

※ AI가 생성한 답변에는 틀린 정보가 있을 수 있습니다.

다양한 과목별 활용법

각 과목별로도 AI를 활용한 노트 정리 전략은 다르게 응용될 수 있습니다.

과목	활용 방법 예시
국어	이야기 줄거리 요약, 인물 분석표 만들기
수학	공식 정리노트, 개념별 예시 문제 구성
과학	개념 – 실험 결과 – 의의 정리표 만들기
사회	사건별 연도 정리, 인물 비교표 작성
영어	단어 정리표, 문법 요약표, 독해 지문 요약

각 과목의 특성에 맞게 AI에게 요청하면 훨씬 높은 효과를 얻을 수 있습니다.

예시 프롬프트 – 중학교 수학 '일차방정식의 해 구하기' 개념 정리

> "당신은 중학생에게 수학 개념을 쉽게 설명해주는 친절한 수학 선생님입니다.
> 저는 중학교 수학 시간에 일차방정식의 해를 구하는 방법을 배웠는데, 아직 완전히 이해되지 않았어요. 이 개념을 정확히 이해하고, 문제를 스스로 풀 수 있도록 정리하고 싶습니다.
> 아래의 순서에 따라 중학생 눈높이에 맞게 일차방정식의 해를 구하는 방법을 설명해주세요."
> - 개념 정의
> - 쉽게 풀어 쓴 설명
> - 대표 예제 문제와 풀이
> - 실생활 예시
> - 퀴즈 한 문제 (객관식 또는 단답형)

AI 예시 응답

일차방정식의 해 구하기 – 중학생 눈높이 설명

개념 정의

일차방정식이란, 미지수(예: x)가 한 번만 나오는 방정식으로, 다음과 같은 형태를 가집니다.

$ax + b = 0$ (단, $a \neq 0$)

여기서 해(解)란, 방정식을 참이 되게 만드는 x의 값을 말합니다.

쉽게 풀어 쓴 설명

일차방정식은 x에 미지의 어떤 수를 넣어 양쪽이 같아지도록 만드는 문제예요.

예를 들어, $2x + 3 = 7$이라는 식이 있으면,

"x에 어떤 수를 넣어야 왼쪽과 오른쪽이 똑같아질까?"를 생각하는 거예요.

직관적으로 2x가 4여야 하니 x가 2임을 알 수 있어요.

문제를 푸는 기본 순서(정형화된 방법)는 이래요:

1. x가 있는 항과 숫자 항을 나눠요.
2. 숫자를 이항할 때는 부호를 바꾸어 옮겨요.
3. x 앞에 숫자가 있다면, 그 수로 양쪽을 나눠요.

대표 예제 문제와 풀이

문제: $2x + 4 = 10$

풀이 순서:

① 숫자 항을 이항

  $2x = 10 - 4 \rightarrow 2x = 6$

② x 앞 숫자 2로 양변 나누기

  $x = 3$

  정답: $x = 3$

실생활 예시

친구와 놀이공원에 갔는데 입장료가 한 사람당 5,000원, 간식비로 10,000원을 썼어요.

총 30,000원을 썼다면, 몇 명이 간 걸까요?

수식을 세우면:

5000x + 10000 = 30000

이건 일차방정식이에요!

해를 구하면 몇 명이 갔는지 알 수 있어요.

퀴즈 한 문제 (객관식)

문제: 다음 방정식의 해를 구하세요.

3x − 6 = 9

　A. 1

　B. 3

　C. 5

　D. 6

정답:

　① 3x = 9 + 6 → 3x = 15

　② x = 15 ÷ 3 → x = 5

정답: C. 5

필요하다면 다른 유형의 문제나 더 어려운 예제도 함께 정리해드릴 수 있어요!

※ AI가 생성한 답변에는 틀린 정보가 있을 수 있습니다.

이 예시를 통해 기대하는 효과는 다음과 같아요.

항목	내용
정확한 개념 이해	요약은 물론 개념을 풀어서 설명하고, 실생활과 연결해 학생의 이해력 향상
문제 풀이 능력 향상	대표적인 문제와 해설을 함께 제시하여 실전 문제풀이에 바로 적용
실생활 연계	수학 개념을 실생활 사례와 연관시켜 추상적인 개념을 현실적으로 이해
자기주도 복습 도구	출력된 내용을 복습 자료로 저장하거나 친구와의 퀴즈 활동 등에 활용할 수 있어 자기주도 복습에 적합

활용 팁

- 위 프롬프트는 방정식, 부등식, 함수, 도형의 성질, 확률 등 다양한 수학 개념에도 동일한 형식으로 적용할 수 있습니다.
- 퀴즈 부분을 여러 문제로 확장하면, 작은 개념 테스트 학습지로도 사용할 수 있습니다.
- 챗지피티(ChatGPT), 클로드(Claude), 제미나이(Gemini) 등 다양한 생성형 AI에서 그대로 활용 가능합니다.

프롬프트 확장 예시

- "$x^2 - 4 = 0$과 같은 이차방정식은 어떻게 푸나요?"
- "피타고라스 정리를 쉽게 정리해주세요."
- "확률 개념과 예시를 이해하기 쉽게 알려주세요."

정리된 내용을 복습 도구로 바꾸기

AI가 정리해준 내용은 한 번 보고 끝내는 것이 아닙니다. 다음과 같이 복습 도구로 변형하면 학습 효과를 극대화할 수 있습니다.

복습 도구로 변형 방법	프롬프트 (AI에게 요청)
퀴즈 형식으로 바꾸기	"이 정리 내용을 바탕으로 퀴즈를 만들어줘"
빈칸 채우기 문제 만들기	"이 정리 내용으로 빈칸 채우기 문제를 만들어줘"
O/X 퀴즈 만들기	"이 정리 내용으로 OX 퀴즈 만들어줘"
질문-답변 형식 바꾸기	"이 정리 내용으로 중학생이 이해할 수 있게 질문-답변 형식으로 바꿔줘"

이런 방식은 시험 준비뿐 아니라 평소 복습에도 매우 유용합니다.

노트 정리와 개념 정리는 공부의 기초이자 핵심입니다. 하지만 이를 매일 혼자 해내는 것은 쉽지 않습니다. 생성형 AI는 여러분의 공부 친구가 되어, 이 어려운 과정을 함께 해줄 수 있습니다. AI를 잘 활용하면 단지 시간만 절약되는 것이 아닙니다. 머릿속에서 정보를 체계적으로 정리하고, 필요한 내용을 빠르게 파악하는 능력도 함께 자라게 됩니다. 지금부터는 혼자 고생하지 마세요. AI와 함께 해보세요. 놀라운 결과를 경험할 수 있을 겁니다.

다음 절에서는 'AI 기반 문제 풀이 및 실시간 해설' 방법에 대해 자세히 알아보겠습니다. 이 역시 공부의 실을 바꾸는 중요한 도구가 될 것입니다.

2. AI 기반 문제 풀이 및 실시간 해설

중학생이 학습하는 데 있어 가장 많은 시간을 쓰는 활동 중 하나는 바로 문제 풀이입니다. 교과서를 읽고 개념을 정리했다면, 이제 그것을 바탕으로 다양한 문제를 풀어보며 자신의 이해도를 점검하는 과정이 필요합니다. 하지만 문제를 풀다 보면 "왜 이렇게 푸는 거지?", "이 문제는 어떤 개념이랑 관련 있는 거지?"와 같은 궁금증이 생기기 마련입니다. 이런 궁금증을 빠르게 해소하지 못하면 공부 흐름이 끊겨 공부 자체가 중단되거나 흥미를 잃게 될 수도 있습니다. 이럴 때 생성형 AI는 마치 '1:1 과외 선생님'처럼 문제를 함께 풀어주고, 개념을 다시 설명해주며, 오답에 대한 이유까지 친절하게 알려줄 수 있는 훌륭한 학습 동반자가 됩니다.

이 절에서는 실제로 중학생이 자주 겪는 학습 상황을 바탕으로, 문제 풀이와 해설을 요청하는 구체적인 프롬프트와 이의 실행으로 나오는 AI의 예시 응답을 함께 제시하겠습니다.
이 프롬프트들은 중학생뿐만 아니라 학부모님이 자녀 학습을 도울 때도 바로 활용하실 수 있는 방식으로 구성했습니다.

AI를 활용한 문제 풀이와 실시간 해설의 장점

AI를 이용한 실시간 문제 풀이의 가장 큰 장점은 즉시 피드백입니다. 학생들은 문제를 풀고 나서 정답 여부를 확인하기 위해 기다릴 필요 없이, AI에게 바로 질문하고 그 자리에서 답과 해설을 받아볼 수 있습니다. 뿐만 아니라, 자신이 어떤 개념에서 헷갈렸는지, 어떤 부분에서 실수가 있었는지도 구체적으로 알려주기 때문에 반복 학습에도 큰 도움이 됩니다.

AI는 다음과 같은 방식으로 문제 풀이에 도움을 줄 수 있습니다.
- **개념 기반 해설 제공**: 단순히 정답만 주는 것이 아니라, 해당 문제에 어떤 개념이 적용되는지 알려줍니다.
- **오답 분석과 대안 제시**: 학생이 푼 방식이 틀렸을 경우, 어떤 이유로 오답이 나왔는지 분석하고 다른 풀이 방법을 제시해 줍니다.
- **문제 변형**: AI에게 같은 개념을 바탕으로 난이도나 유형이 다른 문제를 요청할 수 있어 응용력을 키울 수 있습니다.

- **실시간 대화형 학습**: AI가 학생이 이해하지 못한 부분을 다시 설명하면 학생이 이를 보고 예시를 더 달라고 요청하는 등 대화형 실시간 자기주도 학습에 최적화되어 있습니다.

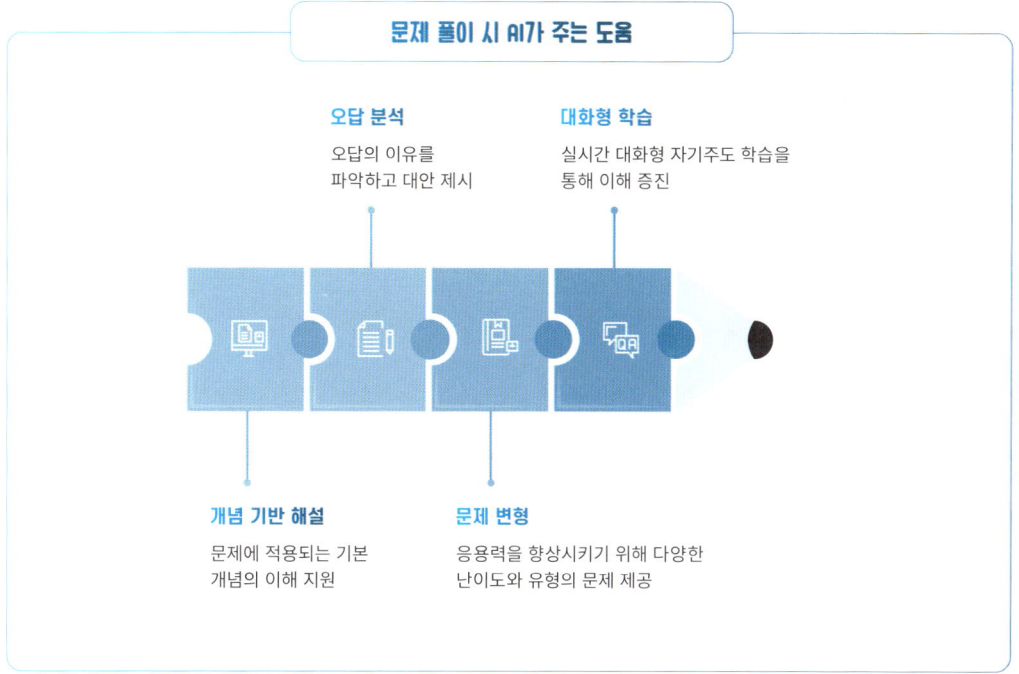

AI에게 문제를 직접 풀어보게 하기

가장 기본적인 활용법은 문제를 그대로 AI에게 입력하고, 그 풀이 과정을 보여달라고 요청하는 것입니다. 이때 필요에 따라 풀이 과정을 천천히, 차근차근 설명해달라고 요청하면 크게 도움을 받을 수 있습니다.

예시 프롬프트 – 수학 문제 풀이: "문제의 풀이 과정을 단계별로 설명해주세요"

> "당신은 수학 문제를 아주 쉽게 설명해주는 친절한 선생님입니다.
>
> 아래 중학교 수학 문제를 풀다가 막혔습니다.
>
> 문제 풀이를 처음부터 끝까지 단계별로 설명해주세요.
>
> 문제: 연립방정식 $\begin{cases} x + y = 7 \\ x - y = 3 \end{cases}$
>
> 풀이과정을 1단계, 2단계, 3단계로 나누어 설명해주세요.
>
> 계산 과정도 생략하지 말고, 중학생이 이해할 수 있도록 쉽게 풀어주세요."

AI 예시 응답

> 네, 이 연립방정식을 함께 풀어볼게요!
>
> 1단계: 두 식을 더하기
>
> 두 식을 더하면 y가 없어져요.
>
> $(x + y) + (x - y) = 7 + 3$
>
> $\rightarrow 2x = 10 \rightarrow x = 5$
>
> 2단계: x값을 식에 대입하기
>
> 이제 $x = 5$를 첫 번째 식에 대입해볼게요.
>
> $x + y = 7 \rightarrow 5 + y = 7 \rightarrow y = 2$
>
> 3단계: 정답 확인
>
> $x = 5, y = 2$를 두 번째 식에 넣어봅니다.
>
> $x - y = 3 \rightarrow 5 - 2 = 3$
>
> 정답: $x = 5, y = 2$
>
> 혹시 이해 안 되는 부분이 있다면 다시 설명해드릴게요.
>
> ※ AI가 생성한 답변에는 틀린 정보가 있을 수 있습니다.

이처럼 풀이 과정을 단계별로 나눠 설명하게 되면, 학생은 문제 해결 방법을 자연스럽게 습득하게 됩니다. 단순히 정답만 보는 것이 아니라, '왜 그렇게 되는지'를 이해하는 데에도 도움이 됩니다.

예시 프롬프트 – 영어 독해 문제풀이: "지문을 해석하고 문제의 정답 근거를 찾아주세요"

> "당신은 영어 독해를 도와주는 선생님입니다.
>
> 저는 중학교 1학년 학생이고 독해 문제를 풀 때 문맥과 어휘를 잘 이해하지 못합니다.
>
> 아래 지문과 문제를 보고, 지문 해석과 함께 문제의 정답과 그 근거를 알려주세요."

[지문]

Tom was nervous about the math test.

He studied all night, but he still felt worried.

His sister gave him a big hug and told him,

"You did your best. Don't be afraid."

That made him feel a little better.

[문제]

What made Tom feel better?

A. He passed the test.

B. His sister encouraged him.

C. He didn't have to take the test.

D. He knew all the answers.

AI 예시 응답

1. 지문 해석

Tom은 수학 시험 때문에 긴장했어요.

그는 밤새 공부했지만 여전히 걱정이 되었어요.

여동생이 그를 꼭 안아주면서 말했어요.

"너는 최선을 다했어. 두려워하지마."

그 말에 Tom은 조금 나아졌어요.

2. 문제 분석

질문: 무엇이 Tom의 기분을 나아지게 만들었나요?

3. 정답 및 근거

정답은 B. His sister encouraged him.

근거 문장: "His sister gave him a big hug and told him, 'You did your best.'"

→ 누나가 격려해준 것이 그를 조금 나아지게 만들었어요.

나머지 선택지는 지문과 관련이 없습니다.

※ AI가 생성한 답변에는 틀린 정보가 있을 수 있습니다.

AI에게 나의 문제 풀이를 점검해보게 하기

학생의 문제 풀이 결과를 AI에게 입력하고 맞는지 틀리는지 확인할 수 있습니다. 이때 필요에 따라 "확인 과정을 차근차근 한가지씩 설명해 달라"고 요청하면 세밀한 도움을 받을 수 있습니다.

예시 프롬프트 – 수학 문제 풀이: "틀린 문제의 이유를 설명해주세요"

> "당신은 수학 문제 풀이를 도와주는 선생님입니다.
>
> 저는 중학교 2학년 학생이고 방정식 문제를 풀었습니다.
>
> 제가 푼 답이 맞는지 확인해 주시고, 틀렸다면 왜 틀렸는지 설명해주세요.
>
> 정답, 내 풀이의 오류 분석, 올바른 풀이 과정, 주의할 점 순으로 알려주세요."
>
> 문제: $3x + 4 = 2x - 5$
>
> 제가 푼 답: $x = -1$

AI 예시 응답

아래는 요청하신 방식대로, 학생의 풀이에 대한 정답 확인, 오류 분석, 올바른 풀이 과정, 주의할 점을 순서대로 제공한 내용입니다. 중학교 2학년 학생이 이해하기 쉽게 설명해 드릴게요.

문제: $3x + 4 = 2x - 5$

학생의 답안: $x = -1$

1. 정답 확인

   정답: 틀렸어요.

   정확한 정답은: $x = -9$

2. 내 풀이의 오류 분석

   학생이 $x = -1$이라고 했는데, 이 값을 식에 넣어서 확인해볼게요.

   좌변: $3x + 4 = 3 \times (-1) + 4 = -3 + 4 = 1$

   우변: $2x - 5 = 2 \times (-1) - 5 = -2 - 5 = -7$

   → 좌변 $1 \neq$ 우변 -7

같지 않기 때문에 x = −1 은 정답이 아닙니다.

추정되는 오류: 이항(부호 바꾸기)이나 계산 중 덧셈·뺄셈 실수가 있었을 가능성이 있어요.

3. 올바른 풀이 과정

   3x + 4 = 2x − 5

   ① 양쪽에 있는 x항을 한쪽으로 모으기

       3x − 2x + 4 = −5 → x + 4 = −5

   ② 숫자 항도 한쪽으로 모으기

       x = −5 − 4 → x = −9

   정답: x = −9

4. 주의할 점

   - 문자(x)가 양쪽에 있을 때는 한쪽으로 옮겨서 계산해야 해요.

   이항할 때는 항의 부호가 바뀌는 것을 꼭 기억하세요.

   예: +4를 오른쪽으로 보내면 −4가 됩니다.

   - 최종적으로 구한 x 값을 원래 식에 대입해서 확인하는 습관을 들이면 실수를 줄일 수 있어요.

필요하다면 이와 유사한 연습 문제도 함께 제공해드릴게요!

※ AI가 생성한 답변에는 틀린 정보가 있을 수 있습니다.

이와 같은 방식으로 학생이 푼 답을 점검해 달라는 요청도 AI가 쉽게 처리할 수 있으며, 오답 분석을 통해 사고력과 문제 해결 능력을 크게 향상시킬 수 있습니다.

함께 활용할 수 있는 AI 도구들

AI 도구	특징	활용 팁
챗지피티(ChatGPT, GPT-4)	다양한 교과 내용을 상세히 설명하고, 문제 풀이 과정을 구체적으로 제공	프롬프트에 구체적인 학년, 과목, 단원명을 명시하면 정확도가 높아짐
딥시크(DeepSeek)	수학 및 과학 문제에 강하며, 계산 과정 설명에 적합	복잡한 계산이나 도식화된 설명에 적합
퍼플렉시티(Perplexity)	실시간 웹 검색을 통한 최신 정보 제공	최신 시사 문제나 참고자료가 필요한 학습에 유용
제미나이(Gemini)	구글 기반 AI로, 다양한 시각자료 설명 및 개념 요약에 적합	지리나 과학 등 이미지를 함께 보며 이해할 때 유용
클로드(Claude)	긴 텍스트 요약과 서술형 피드백에 적합	자기주도형 에세이 작성이나 서술형 답변에 적합

※ AI 도구의 버전에 따라 특징이 다를 수 있고, 일반적으로 각 도구의 종류(제품 라인업)가 다양하고 지속적으로 다양해지고 있어, 위 내용은 참고용으로만 볼 것을 권장함.

AI를 문제 풀이에 활용하면, 단순히 정답을 빠르게 얻는 것 이상의 가치를 경험할 수 있습니다. 스스로 문제를 풀고, 오답에 대해 피드백을 받고, 새로운 문제를 연습하며 반복하는 과정은 중학생의 자기주도 학습 능력을 크게 향상시킵니다. 특히 AI는 24시간 언제든지 질문할 수 있는 '개인 튜터' 역할을 하며, 학생의 흥미와 호기심을 지속시켜주는 데 큰 도움을 줍니다.
문제 풀이를 두려워하지 말고, AI와 함께하는 학습 여정을 즐겨보기 바랍니다.

3. AI를 활용한 시험 대비 전략

중학교 시기에 처음으로 본격적인 중간고사와 기말고사를 경험하면서 많은 학생들이 어떻게 공부해야 할지 막막함을 느끼곤 합니다. 교과서 분량도 많고, 단원도 여러 개로 나뉘며, 시험 범위가 많기 때문에 효과적으로 정리하고 복습하기가 쉽지 않지요.
이럴 때 생성형 AI를 활용하면, 단순히 공부의 양을 줄이는 것이 아니라, 공부의 방향을 명확히 잡아주고 시간을 훨씬 효율적으로 쓸 수 있도록 도와줍니다.
예를 들어 AI는 시험 범위를 정리해주고, 예상 문제를 만들어주며, 내가 만든 요점 노트나 오답 노트를 바탕으로 시험 직전 최종 정리용 자료까지 만들어줄 수 있습니다.

이번 절에서는 생성형 AI를 통해 어떻게 시험을 전략적으로 준비할 수 있는지를 상세하게 설명하고, 각 상황에서 쓸 수 있는 프롬프트도 함께 소개하겠습니다.

AI 기반 시험 대비 전략의 핵심 포인트

AI를 효과적으로 활용해 중간·기말고사에 대비하기 위해서는 단순히 문제 풀이에만 의존하기보다는, AI를 학습의 조력자이자 전략가로 활용하는 시각이 필요합니다. 특히 AI는 개인별 맞춤 학습 계획 수립, 개념 정리, 문제 풀이, 오답 분석, 피드백 제공까지 통합적으로 지원할 수 있는 도구입니다. 여기에서는 AI를 기반으로 시험 대비 전략을 어떻게 세울 수 있는지 그 핵심 포인트를 구체적으로 정리합니다.

1) AI를 통한 시험 대비 맞춤형 학습 계획 수립

시험 대비에서 가장 중요한 시작은 '계획 세우기'입니다. 무작정 공부를 시작하기보다는, 자신에게 필요한 학습 영역을 진단하고, 시험까지 남은 기간을 고려하여 '시간 관리'와 '과목별 집중도'를 설계하는 것이 중요합니다. 이때 AI는 다음과 같은 방식으로 학습 계획 수립을 도와줄 수 있습니다.

- **진단 기반 계획 설정**: AI에게 현재 자신의 성적, 약한 과목, 학습 목표(예: 수학 80점 이상), 시험일까지 남은 날짜 등을 입력하면, 이를 분석해 현실적이면서도 효율적인 학습 계획을 수립해줍니다.
- **우선순위 제안**: AI는 일반적인 교육과정과 출제 경향을 기반으로 어느 단원을 먼저 공부해야 하는지를 알려줄 수 있습니다. 예를 들어 "과학에서 전기 단원이 자주 출제되니 이번 주에는 여기에 시간을 더 배정하세요" 같은 조언을 제공합니다.
- **계획의 시각화**: 일부 AI 도구는 일간/주간 학습 계획표를 캘린더 형식으로 제공하거나, 할 일 목록(To-Do List) 형태로 분류하여 관리할 수 있도록 도와줍니다.
- **계획 자동 수정 및 피드백**: 사용자가 계획을 지키지 못한 경우, AI는 남은 시간을 고려해 자동으로 계획을 조정해주는 기능도 수행할 수 있습니다. 예를 들어 "어제 못한 영어 단어 암기는 오늘 오후로 이동합니다"라는 피드백을 제공해줄 수 있습니다.

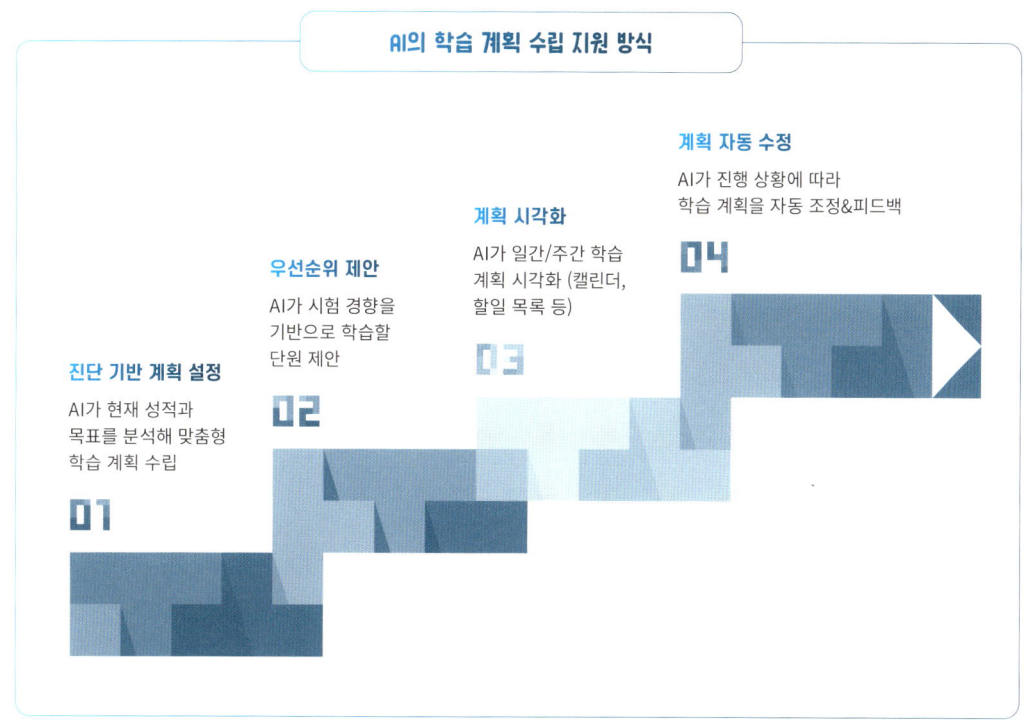

이렇게 AI의 도움을 받으면 학습 방향을 스스로 설정하지 못해 방황하거나, 시간이 부족한데도 비효율적인 공부를 반복하는 문제를 방지할 수 있습니다. AI는 마치 개인 맞춤형 튜터처럼 학생에게 딱 맞는 학습 로드맵을 제시해줄 수 있기 때문에, 시험이라는 한정된 시간 내 목표 달성 가능성을 높여주는 강력한 도구가 됩니다.

예시 프롬프트 – 전 과목 통합 학습 계획

"당신은 중학생을 위한 시험 대비 학습 코치입니다.

저는 2주 후 중간고사를 준비 중이며, 전 과목을 골고루 공부해야 합니다.

국어, 수학, 영어, 과학, 사회 전 과목 시험이 예정되어 있습니다.

시험일까지의 일정을 고려하여 과목별 공부 시간과 순서를 반영한 맞춤형 학습 계획을 세워주세요.

수학은 60점, 영어는 65점으로 다른 과목보다 부족하므로 이 두 과목에 더 많은 시간을 투자하고 싶습니다.

시험일까지 14일이 남았고, 하루 평균 3시간씩 공부할 수 있습니다.

요일별 계획표와 과목별 공부 시간 배분 요약을 해주세요."

AI 예시 응답

아래는 중학생을 위한 시험 대비 맞춤형 학습 계획입니다. 수학(60점), 영어(65점)이 약하다는 점을 고려해 이 두 과목에 우선순위를 높여 배정하되, 국어·과학·사회도 소홀하지 않게 균형 잡힌 2주간 학습 스케줄을 구성했습니다.

1. 전체 학습 조건 정리
   - 시험일까지 남은 기간: 14일
   - 하루 공부 가능 시간: 3시간 × 14일 = 총 42시간
   - 과목: 국어, 수학, 영어, 과학, 사회 (총 5과목)
   - 수학, 영어: 성적이 낮아 집중 학습 필요
   - 목표: 전 과목 고르게 학습하되, 수학·영어 집중 보강

2. 과목별 시간 배분 (총 42시간 기준)

과목	학습 시간(총)	비율	비고
수학	12시간	약 29%	집중 관리 과목 ①
영어	10시간	약 24%	집중 관리 과목 ②
국어	7시간	약 17%	독해·문법 중심 복습
과학	6.5시간	약 15%	개념 정리 및 기출 문제 풀이
사회	6.5시간	약 15%	핵심 암기와 시사 연계 복습
합계	42시간	100%	

하루 평균: 수학 50분, 영어 43분, 국어 30분, 과학·사회 각 28분 정도 배정

3. 요일별 학습 계획표 (14일간, 하루 3시간 기준)

요일	수학	영어	국어	과학	사회	비고
Day 1 (월)	60분	50분	30분	20분	20분	전체 개요 파악 및 약점 진단
Day 2 (화)	60분	50분	20분	25분	25분	수학 집중 학습 (연산/응용)
Day 3 (수)	60분	40분	30분	25분	25분	영어 문법·독해 집중
Day 4 (목)	50분	45분	30분	25분	30분	사회 암기 + 과학 개념
Day 5 (금)	60분	50분	20분	25분	25분	수학 문제풀이 반복
Day 6 (토)	70분	50분	30분	15분	15분	수학·영어 집중 복습일
Day 7 (일)	40분	40분	30분	35분	35분	이론 복습 중심 (국·사·과)
Day 8 (월)	60분	50분	20분	25분	25분	기출문제 풀이 시작
Day 9 (화)	50분	40분	40분	25분	25분	수학 오답 분석
Day 10 (수)	60분	50분	20분	15분	35분	영어 듣기 및 쓰기 병행
Day 11 (목)	60분	40분	20분	25분	35분	과학 실험 중심 개념 정리
Day 12 (금)	50분	40분	30분	30분	30분	종합 문제 풀이
Day 13 (토)	60분	50분	20분	25분	25분	예상 문제 풀이 & 오답 정리
Day 14 (일)	40분	40분	30분	35분	35분	마무리 요약 정리 & 컨디션 조절

4. 추가 팁: 시험 전 2일 복습 전략

- Day 13 (토): 실제 시험처럼 시간 재고 문제 풀기 → 오답 정리 필수
- Day 14 (일): 복습 노트 보기, 외운 내용 확인, 무리한 새 공부는 금지!

※ AI가 생성한 답변에는 틀린 정보가 있을 수 있습니다.

2) AI 요약 기능을 활용한 핵심 개념 정리

시험 직전에는 교과서나 노트 전체를 다시 보는 것 보다는, 핵심 개념만 빠르게 정리해 복습하는 것이 효율적입니다. AI는 복잡한 개념을 요약하거나, 핵심 용어를 정리해주고, 예상 질문 형태로 재구성하는 능력이 뛰어납니다.

예를 들어, 역사 과목에서

> "조선 후기 세도 정치의 특징을 한 문단으로 요약해줘"

라고 요청하거나, 과학 과목에서

> "광합성의 과정을 단계별로 설명해줘"

라고 프롬프트를 입력하면 AI는 간결하고 이해하기 쉬운 요약을 제공합니다.

예시 프롬프트 – 국어 문학 개념 요약

> "당신은 중학생의 국어 시험 준비를 돕는 요약 전문가입니다.
> 저는 시험에 나올 문학 작품들의 핵심 개념을 빠르고 쉽게 정리하고 싶습니다.
> 특히 '설화', '고전 시가', '현대시' 세 가지 문학 개념을 중심으로 공부하고자 합니다.
> 각 개념별로 핵심 정의를 간결하게 설명해 주고, 대표적인 예시 작품도 한 가지씩 포함해주세요.
> 예를 들어, '고전 시가'에는 고려가요, 향가 등이 포함됩니다.
> 개념 제목, 요약, 예시 순서로 작성해주세요."

AI 예시 응답

1. 설화
   - 요약:
     설화는 옛날 사람들의 삶, 믿음, 가치관을 담은 이야기로, 말로 전해 내려오던 전통적인 이야기입니다. 보통 신화, 전설, 민담으로 나뉘며, 교훈이나 풍자를 담고 있는 경우가 많습니다.
   - 예시 작품:
     『주몽신화』 - 고구려의 시조 주몽이 하늘에서 내려온 인물이라는 신성한 이야기로, 건국 신화에 해당합니다.

2. 고전 시가
- 요약:

  고전 시가는 옛날 우리말(고어)로 쓰인 운문 문학으로, 운율(리듬)이 있으며 자연, 사랑, 정치, 종교 등을 표현합니다. 종류로는 향가, 고려가요, 시조 등이 있습니다.

- 예시 작품:

  『청산별곡』(고려가요) – 속세를 떠나 자연 속에서 살고 싶다는 소망을 표현한 작품으로, 풍자와 탈속의 정서가 담겨 있습니다.

3. 현대시
- 요약:

  현대시는 근현대 이후에 창작된 시로, 자유로운 형식과 다양한 주제를 담고 있으며 개인의 감정, 사회 문제 등을 표현합니다. 시어(시의 단어 선택)와 이미지(그림처럼 떠오르는 장면)가 중요합니다.

- 예시 작품:

  『서시』(윤동주) – "죽는 날까지 하늘을 우러러 한 점 부끄럼이 없기를…"로 시작하는 시로, 자아성찰과 양심의 목소리를 담고 있습니다.

※ AI가 생성한 답변에는 틀린 정보가 있을 수 있습니다.

3) AI 기반 실전 문제 풀이 및 오답 분석

시험 대비 실전 감각을 기르기 위해 기출문제를 풀거나 모의고사를 치는 것은 매우 중요합니다. 이때 AI는 문제의 난이도 조절, 단원별 문제 출제, 정답과 오답에 대한 해설 제공 등 다양한 방식으로 실전 연습을 지원합니다. 특히 주관식 문제나 서술형 문제에 대한 답변을 작성한 후, AI에게 첨삭을 요청하면 논리적 오류나 표현상의 부족함을 보완할 수 있습니다. 또한, 반복적으로 틀리는 문제 유형이나 개념을 AI가 파악하여 "이런 유형의 문제에서 자주 틀립니다. 관련 개념을 다시 학습해보세요"와 같은 맞춤 피드백을 줄 수도 있습니다.

예시 프롬프트 – 영어 서술형 채점 및 피드백

"당신은 영어 서술형 첨삭 전문가입니다.

저는 중학교 2학년 수준의 영어 서술형 문제에 답변을 작성했고, 시험 대비를 위해 첨삭(검토, 교정)을 받고자 합니다.

작성한 답변에서 문법 오류나 표현이 부족한 부분을 찾아 수정해 주고, 수정한 문장과 함께 오류 설명 및 향후 개선에 도움이 될 학습 조언도 해주세요.

영어 서술형 문제에 대한 저의 답변은 다음과 같습니다.

(*문제(질문) : What do you usually do on the weekend?)

   I usually go shopping with my friends and I saw movie in home.

다음 형식으로 출력해주세요:

[수정 문장]

[오류 설명]

[학습 조언]"

AI 예시 응답

[수정 문장]

   I usually go shopping with my friends and watch a movie at home.

[오류 설명]

1. 시제 오류 – 'saw' 대신 'watch' 사용:
   - 질문은 현재 시제(do you usually do?)이므로, 답변도 현재 시제로 맞춰야 합니다.
   - saw는 과거형이기 때문에 틀렸으며, 현재 습관을 나타내려면 watch를 사용해야 합니다.
2. 관사(a) 누락 오류 – 'movie' 앞에 'a' 추가:
   - movie는 가산 단수 명사이므로 앞에 관사(a)가 필요합니다.
   - → a movie
3. 전치사 오류 – 'in home' → 'at home':
   - 장소를 말할 때 '집에서'라는 영어 표현은 at home입니다.
   - 'in home'은 일반적으로 사용되지 않는 표현입니다.
   - → at home

4. 불필요한 주어 반복 – 'and I watch' → 'and watch':
   - 같은 주어(I)가 연속된 행동을 할 때는 두 번째 주어를 생략하는 것이 자연스럽습니다.

[학습 조언]
- 시제 일치에 주의하세요. 질문이 현재 시제라면 답도 현재 시제로 쓰는 것이 원칙입니다.
- 가산 명사에는 관사(a/an)를 꼭 붙이는 습관을 들이세요. 익숙해지면 자동으로 떠오릅니다.
- 장소 표현은 자주 쓰는 전치사와 함께 암기하세요. 예:
  - at school, at home, at the bus stop
  - in the room, in the classroom
- 동일 주어가 반복될 때는 주어 생략 가능성 확인하기!

※ AI가 생성한 답변에는 틀린 정보가 있을 수 있습니다.

예시 프롬프트 – 수학 기출 문제 요청

"당신은 중학생을 위한 시험 대비 수학 기출 문제 출제 선생님입니다.
저는 2주 후의 중간고사를 준비 중이며, 수학 과목을 집중적으로 공부하고자 합니다.
최근 5년간 출제된 기출 문제와 비슷한 유형의 문제를 만들어 주세요.
문제는 중학교 2학년 수준에 맞게 서술형 문제 2개와 객관식 문제 3개씩 포함해 주세요.
객관식 문제는 4지선다형으로 출제해 주시고, 서술형 문제는 풀이 과정과 답안을 스스로 작성할 수 있도록 만들어주세요.
객관식 문제와 서술형 문제를 구분하여 번호와 함께 출력해주세요."

AI 예시 응답

[객관식 문제] (4지선다형)

1. 다음 중 방정식 3x−5=2x+4의 해를 올바르게 구한 것은?

   A. x=1

   B. x=9

   C. x=−9

   D. x=−1

2. 함수 y=2x+1에서 x=−2일 때, y의 값은?

   A. −3

   B. −1

   C. 3

   D. 5

3. 다음 중 3x2−2x+1의 계수 중 '상수항'은 무엇인가요?

   A. 3

   B. −2

   C. 1

   D. 0

[서술형 문제]

1. 다음 방정식을 풀고, 해가 맞는지 검산을 통해 확인하세요.

   2(x−3)+4=3x−2

   - (1) 괄호를 풀고 방정식을 정리하세요.
   - (2) 양변에 동등한 연산을 하여 x를 구하세요.
   - (3) 구한 x의 값을 원래 식에 대입하여 해가 맞는지 검산해보세요.

2. 두 직선 y=2x+1과 y=-x+7의 교점을 구하시오.
- (1) 두 식이 같다고 놓고 방정식을 세우세요.
- (2) x를 구한 뒤, 그 값을 식 중 하나에 대입해 y를 구하세요.
- (3) 교점의 좌표를 쓰고, 그래프 상에서 어떤 위치에 있을지 간단히 설명해보세요.

※ AI가 생성한 답변에는 틀린 정보가 있을 수 있습니다.

이와 같이 AI를 통해 학습 계획 수립 → 개념 정리 → 문제 풀이 및 분석에 이르는 전체 과정을 전략적으로 설계할 수 있다면, 단기간에도 높은 성과를 낼 수 있습니다.

시험은 단순히 지식을 평가하는 것이 아니라, 얼마나 잘 정리하고 연결지었는지를 보는 평가입니다. 생성형 AI는 이 모든 과정에서 학생들의 정보 정리 능력, 요약 능력, 연결 능력, 자기 진단 능력을 도와주는 매우 유용한 도구가 될 수 있습니다.

시험을 준비할 때 다음과 같은 루틴으로 AI를 활용해보세요:
1. 시험 범위 전체 요약 → AI에게 개념 정리 요청
2. 단원별 예상 문제 생성 → 매일 2~3문제 풀기
3. 오답 모아서 분석 요청 → 최종 정리 자료 생성

이런 활동을 꾸준히 반복하다 보면, 단순한 암기가 아닌 깊이 있는 이해를 바탕으로 시험을 준비알 수 있게 될 것입니다.

이 장을 마치며...

중학교는 학습의 기초를 탄탄히 다지고, 스스로 학습을 설계하고 조절하는 능력을 키워야 하는 매우 중요한 시기입니다. 단지 교과서를 외우고 문제를 푸는 것만으로는 점점 복잡해지는 학습 환경에서 뒤처지기 쉽습니다. 특히 중학교 2~3학년에 접어들수록 과목 수가 늘어나고, 학습 내용도 추상화되면서 '어떻게 공부하느냐'에 따라 성과의 차이가 커지기 시작합니다. 이때 생성형 AI는 단순한 정보 제공을 넘어, 학생 개인의 공부 방식을 개선하고, 학습에 대한 태도 자체를 변화시키는 계기가 될 수 있습니다.

이 장에서는 세 가지 중요한 방향에서 AI를 활용한 중학생의 학습 방법을 살펴보았습니다. 첫 번째는 노트 정리 및 개념 정리에서의 AI 활용, 두 번째는 문제 풀이와 실시간 피드백을 통한 자기 점검, 세 번째는 시험을 대비한 맞춤형 학습 전략 수립입니다.
우선 AI를 활용한 노트 정리와 개념 요약은 학생들이 방대한 학습 내용을 이해 가능한 단위로 나누고 체계적으로 정리하는 데 큰 도움을 줍니다. 예를 들어, 국어 과목의 문학 개념처럼 처음 접하는 추상적인 개념들은 AI를 통해 핵심 요약과 대표 예시를 함께 제공받음으로써 훨씬 더 빠르게 이해할 수 있습니다. 과학이나 사회처럼 개념 간의 인과관계가 중요한 과목에서도, AI는 연관된 개념을 시각적으로 정리해주거나 요약문으로 정리해주는 방식으로 정보의 흐름을 파악하게 도와줍니다. 이는 단지 암기가 아니라 '개념을 연결하고 재구성하는 능력'을 길러주며, 결과적으로 고등학교 이후의 학습에도 탄탄한 기반이 됩니다.

둘째, 문제 풀이와 오답 분석에서 AI는 학생 개인의 약점을 발견하고 보완하는 역할을 합니다. 단순히 정답만 알려주는 것이 아닙니다. 서술형 문제에 대한 첨삭과 피드백, 수학 문제에 대한 풀이 과정의 단계별 설명 등은 학생이 자신의 사고 과정을 되돌아보고, 스스로 오류를 교정할 수 있도록 유도합니다. 특히 영어 서술형 채점 기능은 문법과 어휘, 표현력 등 다양한 요소를 동시에 분석해주어, 마치 개인 튜터처럼 학생 맞춤형 피드백을 제공합니다.
여기서 중요한 점은 AI가 실수한 부분을 바로잡아주는 동시에, 왜 그런 실수가 발생했는지를 함께 알려줌으로써 학생의 사고 방식을 개선할 수 있다는 것입니다. 이는 단기적인 점수 향상을 넘어, 장기적인 '문제 해결력'과 '논리적 사고력'을 기르는 데 핵심적인 작용을 합니다.

셋째, 시험을 대비한 학습 전략 수립에서 AI의 활용 가능성은 무궁무진합니다. 예를 들어 학생 개인의 과목별 성적과 현재의 학습 여건을 입력하면, AI는 시험일까지 남은 시간을 분석하여 가장 효율적인 학습 계획을 세워줍니다. 이 계획은 단순히 과목별 분배만 하는 것이 아니라, 취약 과목에 더 많은 시간을 배정하고, 휴식과 복습시간까지 고려하여 지속 가능한 공부 루틴을 설계합니다.

또한 학습 과정에서 새로운 정보를 AI에게 제공하면, 이를 바탕으로 학습 계획을 재설정하도록 도와줄 수 있습니다. 예를 들어, 수학에서 특정 유형의 문제를 계속 틀리고 있다고 AI에게 알려주면(또는 AI와 대화방식으로 문제를 풀고 피드백을 주고받는 과정에서 특정 유형의 문제를 계속 틀리고 있다면), AI는 그 유형에 대한 집중 학습을 제안하거나, 해당 부분만 따로 복습할 수 있도록 문제를 선별해줍니다. 이러한 개인 맞춤형 학습은 기존의 교과서 중심 교육 방식보다 훨씬 구체적이고 효과적입니다.

중학생들이 이처럼 다양한 방식으로 AI를 활용하게 되면, 공부에 대한 부담감이 줄어들고, 학습에 대한 자신감이 상승합니다. AI는 학생에게 정답을 주는 도구가 아니라, 생각을 이끌고 방향을 잡아주는 학습 코치입니다. 특히 중학생 시기의 학습은 결과보다 '학습 습관'이 중요하다는 점에서, AI의 도움을 빌어 스스로 학습을 설계하고 체계적으로 복습하는 경험은 장기적으로 매우 중요한 자산이 됩니다.

또한 AI와의 상호작용을 통해 학생들은 자신이 어떻게 생각하고, 어디서 실수하며, 어떤 방식으로 개선할 수 있는지를 인식할 수 있게 됩니다. 이는 고등학교에 진학했을 때, 더 복잡한 학습 과정을 자율적으로 이끌어갈 수 있는 역량을 키워주는 중요한 경험입니다.

이제 다음 장에서는 고등학생들이 어떻게 AI를 활용해 더 심화된 학습을 수행하고, 수능이나 내신 고난도 문제에 효과적으로 대비할 수 있는지를 살펴볼 예정입니다. 중학생 시기에 AI를 통해 쌓은 학습 전략과 사고력, 복습 습관은 고등학생이 되었을 때 더 큰 힘을 발휘하게 됩니다.

PART V

고등학생 AI 활용법
– 심화 학습과
시험 대비

고등학교 시기는 단순한 학업을 넘어, 인생의 중요한 전환점 중 하나로 여겨지는 시기입니다. 진로를 본격적으로 고민하고, 대학 입시라는 큰 목표를 향해 본격적인 준비가 이뤄지는 시점이지요. 이 시기를 어떻게 보내느냐에 따라 대학 진학은 물론, 앞으로의 학문적 여정과 커리어의 방향까지도 영향을 받게 됩니다.

하지만 현실은 생각보다 쉽지 않습니다. 국어, 수학, 영어, 탐구 과목 등 공부해야 할 과목 수는 많고, 각 과목마다 요구되는 사고력과 문제해결 방식도 다릅니다. 여기에 학교 수업, 수행평가, 비교과 활동, 내신 준비와 모의고사까지 병행해야 하니, 시간과 체력은 늘 부족합니다. 특히 학습 격차가 점점 벌어지는 고등학교 시기에는 단순히 열심히 하는 것만으로는 부족하며, 어떻게 공부하느냐가 성패를 가르는 핵심 요소가 됩니다.

이제 우리는 디지털 네이티브 세대인 고등학생들이 기술을 단순히 소비하는 데 그치지 않고, 능동적이고 전략적으로 학습에 적용할 수 있도록 안내해야 할 시점에 와 있습니다. 바로 이 시점에, 생성형 AI가 등장하면서 학습 패러다임이 변화하기 시작했습니다. 생성형 AI는 학생의 질문에 답을 주는 것에 그치지 않고, 학생의 수준에 맞게 설명을 바꾸고, 복잡한 개념을 쉽게 해석해주며, 직접 요약 정리를 하도록 유도해줍니다. 더 나아가 오답의 원인을 분석하고, 공부 계획을 제시해주며, 실전 대비 문제 풀이까지 도와주는 똑똑한 학습 파트너로 발전하고 있습니다.

예를 들어, 국어 지문을 읽고 문제를 푼 후 정답과 해설만 확인하는 데서 그치지 않고, AI는 아래와 같은 다양하고 깊이 있는 내용을 설명해줄 수 있습니다.
- "왜 이 보기가 오답인지",
- "지문에서 중요한 문장은 무엇인지",
- "문제 유형이 어떤 사고력을 요구하는지",
- 그 외 학생이 궁금해 하는 거의 모든 질문

수학에서는 문제 풀이 과정을 단계별로 설명해 줄 뿐 아니라, 자주 실수하는 유형을 분석해 주고, 비슷한 문제를 변형해 출제해줌으로써 학습 및 복습 효과를 극대화할 수 있습니다.
사회·과학 탐구 과목 역시 AI를 활용해 시사적 이슈와 연관된 개념 정리를 하거나, 다양한 시각에서 서술형 답안을 작성해볼 수 있습니다. 참고로 모든 과목에서 문제의 의미 및 출제 의도가 명확하지 않으면 AI에게 문제의 의미와 출제 의도가 뭔지 물을 수 있고, 이에 대한 최선의 답변을 제공받을 수 있습니다.

이 장에서는 이러한 고등학생 중심의 활용 관점에서, 생성형 AI가 어떻게 전 과목에 걸쳐 심화된 학습 전략을 제시할 수 있는지, 수능이라는 명확한 목표에 맞추어 실전 대비와 오답 복습을 어떻게 체계화할 수 있는지, 그리고 어떻게 학생의 멘탈 관리에 도움을 주고 슬럼프 극복을 지원할 수 있는지를 설명합니다. 구체적인 프롬프트 예시와 함께, 현재 가장 많이 활용되는 생성형 AI 도구들을 실제로 어떻게 적용할 수 있는지도 사례 중심으로 보여드립니다.
이 장을 통해 독자 여러분은 AI를 활용한 학습이 단순한 트렌드나 기술 시연이 아니라, 지금 이 순간에도 고등학생 개개인의 학습 격차를 줄이고, 전략적으로 성장을 도와주는 실질적인 방법임을 직접 체감하게 될 것입니다. 기술이 진화한 만큼, 이제는 공부 방식도 함께 진화해야 합니다.

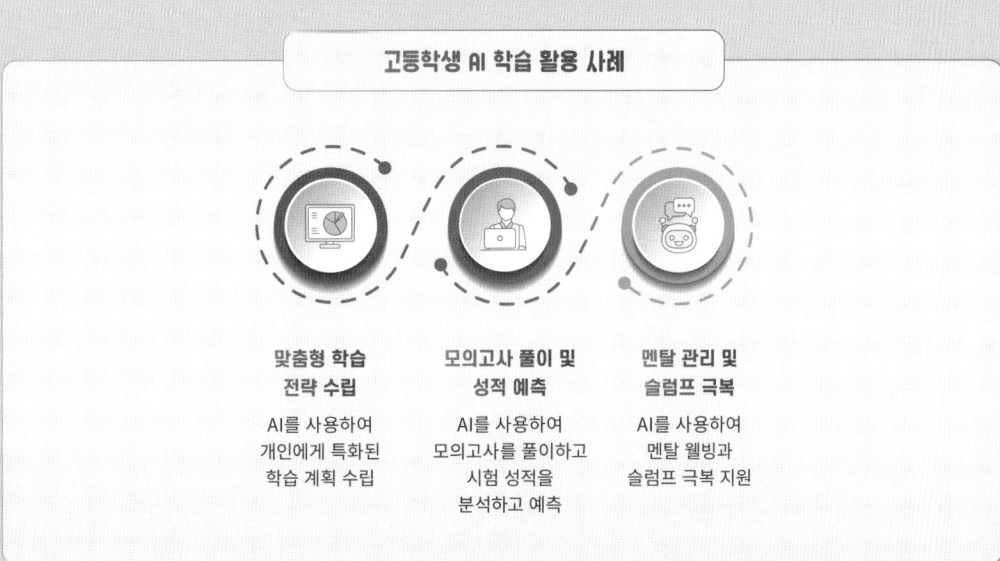

1. AI를 활용한 맞춤형 수능 "학습 전략" 짜기

고등학교에 올라와 가장 무겁게 느껴지는 단어이자 가장 큰 목표 중 하나는 바로 "수능"일 것입니다. 수능은 단순한 시험을 넘어서 대학 진학이라는 인생의 중요한 전환점과 직결되기에, 많은 학생과 학부모님들에게 큰 부담으로 다가옵니다.

게다가 수능은 국어, 수학, 영어, 탐구(사회·과학), 한국사 등 다양한 과목을 동시에 공부해야 하며, 각 과목은 단순 암기를 넘어 복합적인 사고력과 문제 해결 능력을 요구합니다. 이런 수능 준비 과정에서 생성형 AI는 중요한 역할을 할 수 있습니다. 특히 맞춤형 학습 전략을 수립하고, 본인에게 최적화된 공부 방법을 찾아내는 데 있어 AI는 매우 강력한 조력자입니다.

이 절에서는 수능을 준비하는 고등학생들이 생성형 AI를 활용하여 전 과목의 학습 계획을 어떻게 짜고, 어떤 방식으로 개인화된 전략을 구성할 수 있는지, 그리고 구체적인 프롬프트를 어떻게 작성해야 하는지를 중심으로 설명하겠습니다. 이 절의 내용은 수능뿐만 아니라 내신 공부에도 적용해서 많은 도움을 받을 수 있으니 내신만 필요한 학생들도 집중해서 보기 바랍니다.

왜 수능 학습 전략이 중요한가요?

고등학생의 하루하루는 시간과의 싸움입니다. 모든 과목을 골고루 공부하려다 보면 정작 중요한 과목에 충분한 시간을 쓰지 못하게 되고, 어떤 날은 공부 계획이 너무 무리하게 설정되어 쉽게 지쳐 버리기도 합니다. 그렇기에 본인에게 맞는 학습 전략을 세우고, 그 전략에 따라 AI의 도움을 받아 정교하게 조정하는 것이 매우 중요합니다.

여기서 말하는 '학습 전략'이란 단순히 계획표를 세우는 것이 아니라 다음과 같은 요소를 종합적으로 반영한 시스템을 의미합니다:

- 현재 성취도 및 약점 분석
- 과목별 중요도와 목표 점수 설정
- 학습 시간 배분
- 복습 주기 설정
- 실전 연습 시점 조절

학습 전략 예시 - 학습 전략 구성 요소 반영

우선순위(중요도)	학습 시간 배분	복습 주기	실전 훈련 시점
상	상대적으로 많은 시간	상대적으로 짧은 주기	상대적으로 일찍
중	중간 정도의 시간	중간 정도의 주기	중간 정도 시기
하	짧은 시간	긴 주기	늦은 시기

생성형 AI는 이 모든 요소를 고려한 계획을 개인 맞춤형으로 제안해주고, 실시간으로 피드백을 줄 수 있다는 점에서 수능 준비에 매우 유용합니다.

생성형 AI를 활용한 수능 맞춤 전략의 장점은 아래와 같습니다.
1. **개인화된 계획 제공**: AI는 사용자의 목표, 현재 수준, 학습 스타일, 가용 시간을 기반으로 개인 맞춤형 계획을 수립할 수 있습니다.
2. **가시적인 시각화**: 표, 리스트, 캘린더 형식으로 학습 계획을 정리해줍니다.
3. **지속적인 피드백 가능**: 계획 실행 및 조정 정보를 AI에게 주기적으로 제공하면서 필요한 피드백을 요청하면 학습 계획이 유동적/자동적으로 조정됩니다.
4. **약점 보완에 특화**: AI는 오답 경향이나 약점 분석을 통해 학습 방향을 조율해 줍니다.

나를 분석하는 것부터 시작하세요

어떤 전략이든 가장 먼저 해야 할 일은 자기 분석입니다. 내가 어떤 과목에 강한지, 어떤 과목이 약한지, 평소 공부 시간은 어떻게 되는지, 어떤 방식으로 공부할 때 집중이 잘 되는지를 파악하는 것이 가장 중요합니다. 이때 생성형 AI를 활용하면 나 스스로도 미처 몰랐던 나의 학습 패턴과 강약점을 빠르게 파악할 수 있습니다.

예시 프롬프트

> "당신은 수능 수학 학습 전략을 설계해주는 학습 컨설턴트입니다.
> 저는 고등학교 3학년 학생으로, 수능을 준비하고 있습니다.
> 최근 3번의 모의고사에서 수학 성적은 각각 4등급, 3등급, 3등급이었습니다.

> 특히 확률과 통계 단원에서 실수가 많고, 킬러문항에서 자주 막히는 편입니다. 평소에는 하루 약 1시간 정도 수학 공부를 하고 있습니다.
> 저의 목표는 수능에서 수학 2등급 이상을 받는 것입니다.
> 문제 풀이보다는 개념 정리와 오답 정리 중심의 전략을 세워 주세요.
> 저의 공부 스타일은 혼자 정리하면서 암기하는 방식을 선호하며, 문제는 주로 EBS 수능특강과 마더텅 기출 문제집을 사용하고 있습니다.
> 4주간의 학습 계획을 표로 정리해서 작성해주세요. 각 주에는 목표, 학습 내용, 추천 교재, 학습 팁을 포함해주세요."

이 프롬프트는 학생 본인의 실제 상황을 기반으로 AI가 '현재 수준 + 목표 + 공부 성향'을 반영하여 학습 전략을 짜도록 유도합니다. 특히 개인화된 계획을 만들 수 있다는 점에서 학습 효율이 극대화됩니다.

AI 예시 응답

아래는 수능 수학 2등급 이상 달성을 목표로, 특히 확률과 통계 단원 보완, 킬러문항 대비, 그리고 개념 및 오답 중심 학습에 중점을 둔 4주 학습 전략표입니다. 사용자의 학습 스타일(혼자 정리하며 암기), 학습 시간(하루 1시간), 교재(EBS 수능특강, 마더텅 기출)까지 모두 반영하여 설계하였습니다.

수능 수학 2등급 달성을 위한 4주 학습 계획표

주차	주간 목표	학습 내용	추천 교재	학습 팁
1주차	확률과 통계 개념 정리 및 기본 유형 마스터	- 확률과 통계 전범위 개념 요약 - 핵심 공식 암기 및 적용 - 수능특강 개념편 1회독 - 마더텅 기출: 기출 개념형 10문항씩 풀기	- EBS 수능특강 수학(확통) - 마더텅 수학 기출(확통 파트)	공부 후 '내 말로 개념 다시 설명', 틀린 문제는 '실수 vs 개념 미흡' 구분 정리, 노트 정리할 때 공식과 조건을 따로 정리
2주차	확률과 통계 응용 문제 + 킬러문항 기초 적응	- 중~고난도 문제 접근 전략 익히기 - 조건부확률, 순열·조합 집중 복습 - 마더텅 기출 고난도 15문항 풀이 - EBS 수특 킬러 문제 정리	- 마더텅 기출 (고난도 문항 중심) - 수특 유형편/실전편(확통 영역)	킬러 문항은 바로 풀지 말고 '조건 파악 → 정보 구조화' 훈련, 푼 문제는 '이유-공식-함정' 메모 필수, 이해 안 된 문제는 '자기 설명법'으로 노트에 요약

주차	주간 목표	학습 내용	추천 교재	학습 팁
3주차	전 범위 개념 총정리 + 오답 노트 집중	- 수학 전 범위 개념 복습 (수Ⅰ, 수Ⅱ, 확통) - 지금까지 틀린 문제 오답 노트 재정리 - 일일 개념 2개씩 정리 + 대표 문제 1문제씩 풀기 - 수능특강, 기출 중 틀린 문제 복습	- EBS 수특(전체), 마더텅 - 본인 오답노트	'왜 틀렸는가'를 중심으로 문제 옆에 코멘트 달기, 매일 개념-오답-문제를 연결하는 3단계 학습, 주말마다 전체 오답 다시 풀기 (재오답 확인)
4주차	실전 대비 + 킬러 문항 집중 훈련	- 킬러 문항 실전 감각 익히기 - 실전 시간 배분 훈련: 30분 안에 확통 15문제 풀기 - 전 범위 오답 복습 - 실전 모의고사 1회분 풀이 및 분석	- 마더텅 실전편 - EBS 수특 실전 모의고사 - 최근 3개년 수능 기출	실전 풀이 후 오답은 바로 분석하기, 어려운 문제는 '패턴별 해결 전략'으로 정리, 하루 1문제는 '킬러' 수준 문제 정복 시간으로 설정

추가 팁:

- 킬러 문항 대응 전략 노트를 따로 만들어, 대표 유형별 접근 순서와 실수 포인트를 정리해보세요.
- 주중은 확통 중심, 주말은 수Ⅰ/수Ⅱ 포함 전 범위 점검을 추천합니다.
- 주기적으로 '개념-문제-오답' 3단 순환 복습이 효과적입니다.

필요하시면 각 주차별 세부 시간표나 오답 노트 작성 예시도 만들어드릴 수 있습니다.

※ AI가 생성한 답변에는 틀린 정보가 있을 수 있습니다.

과목별로 다르게 전략을 짜보세요

각 과목은 요구하는 사고방식도 다르고, 학습법도 다릅니다. 수학은 계산과 논리가 중심이라면, 국어는 독해력과 추론력이 필요하고, 영어는 어휘와 듣기·독해 실력이 복합적으로 요구됩니다. AI는 이 각각의 과목에 맞게 전략을 조정할 수 있습니다.

예시 프롬프트

"당신은 수능 국어 전문 학습 플래너 입니다.

저는 고등학교 3학년 학생입니다.

저는 비문학 독해가 특히 약하고, 시간 안에 지문을 끝까지 읽지 못합니다.

문학은 비교적 자신 있습니다.

최근 국어 성적은 2~3등급 사이입니다.

저의 목표는 수능 국어에서 안정적인 1등급을 받는 것이며,

특히 비문학 독해력을 향상시키는 전략이 필요합니다.

하루 1시간 30분 이내로 학습 계획을 구성해주세요.

실전 문제 풀이보다는 독해력 향상과 유형별 풀이 전략이 필요합니다.

제가 자주 사용하는 학습 자료는 EBS 수능특강, N제 문제집, 기출문제 분석집 입니다.

2주 단위의 수능 국어 학습 전략을 표로 구성해주세요."

AI 예시 응답

아래는 비문학 독해력 향상에 초점을 맞춘 수능 국어 1등급 달성을 위한 2주 단위 학습 전략표 입니다. 요청하신 조건(하루 1시간 30분 이내, 문학보다 비문학 중심, 실전 풀이보다는 독해력과 유형 분석 중심, 사용 자료: 수특·N제·기출 분석집)을 모두 반영하여 계획을 구성하였습니다.

수능 국어 1등급 목표 2주 단위 학습 플랜 (총 4주 분량)

주차	학습 목표	학습 내용	교재	학습 팁
1주차	비문학 독해 기본기 다지기	- 글 구조 파악 훈련 (서론~결론) - 지문 유형별 읽는 법 (설명, 논증 등) - 문단 요지 찾기 연습	수능특강, 비문학 기출 분석집	지문 전체 흐름 먼저 파악, 주제문 + 근거 찾는 습관 들이기
2주차	정보 파악 + 선지 판단력 키우기	- 정보 간 관계(예시, 비교 등) 분석 - 낯선 개념 정리 - 오답 선지 이유 찾기 연습	수능특강·N제·비문학 기출 분석집의 선지 분석	지문을 먼저 요약, 선지는 근거로 판단, 오답 선지는 '왜 틀렸는지' 적기
3주차	논리 흐름 + 문단 구조 분석	- 접속어/지시어 분석 - 문단 역할 파악 - 유형별 독해 노트 작성	기출 분석집·수능특강 고난도 지문	문단별 핵심 문장만으로 내용 정리, 선지 오답 유형별로 분류
4주차	실전 감각 + 시간 관리 훈련	- 시간 내 지문 풀이(15분/지문) - 오답 분석 + 요약 훈련 - 기출 정리 마무리	기출 분석집, (실전형) N제 문제집	실전 루틴 만들기(지문→문제 순서), 지문당 실수 포인트 따로 정리

하루 학습 루틴 (1시간 30분 기준)

단계	내용	시간
① 개념/전략 복습	독해 방식, 글 구조 정리	15분
② 지문 풀이	1~2개 지문 + 문제 풀이	40분
③ 오답 분석	틀린 이유 정리 + 요약	25분
④ 개념어 정리	낯선 용어 복습	10분

※ AI가 생성한 답변에는 틀린 정보가 있을 수 있습니다.

국어는 특히 전략이 중요한 과목입니다. 비문학 독해력을 높이기 위해 단순히 문제만 푸는 것이 아니라 독해 습관과 읽는 방식 자체를 점검해야 합니다. AI는 이에 맞춰 독해 기술 훈련 중심의 전략을 세워줄 수 있습니다.

AI에게 '조정'을 부탁하세요

학습 계획은 세웠다고 끝이 아닙니다. 며칠 해보다 보면 계획이 맞지 않거나, 과목별 우선순위를 바꿔야 할 때도 생깁니다. 이럴 땐 계획을 계속 수정해 나가야 합니다. 생성형 AI는 이런 조정 과정에서 아주 유용합니다. 단 몇 줄의 요청만으로도 조정된 계획을 빠르게 만들어낼 수 있기 때문입니다.

예시 프롬프트

> "당신은 수능 영어 학습 코치입니다.
> 저는 수능을 준비 중인 고등학교 3학년 학생입니다.
> 현재 단어 암기는 잘 되고 있지만,
> 듣기 영역에서 점수가 낮고,
> 지문 독해에서 시간이 오래 걸립니다.
> 시험일까지 6주 정도 남아 있으며,
> 매일 2시간 이내로 학습이 가능합니다.
> 영어 듣기와 독해 속도 향상을 중심으로 기존 계획을 반영한 주간 학습 전략을 짜주세요.
> 매일 단어 50개씩 암기하는 학습 루틴을 계속 유지하고 싶고,
> 듣기 훈련은 EBS 수능특강 MP3 자료를 중심으로 하고 싶습니다.
> 표를 만들어주세요."

AI 예시 응답

수능 영어 6주 학습 전략표 (듣기 + 독해 속도 강화 중심)

주차	핵심 목표	학습 내용	추천 자료	학습 팁
1주차	듣기 집중 훈련 시작	- 매일 EBS 수능특강 듣기 1세트 - 쉐도잉 1회 + 받아쓰기 1문항 - 독해는 짧은 지문 위주 속독 훈련	- EBS 수능특강 영어 듣기 - 미니 지문 독해 교재	✓ 단어 암기 50개는 아침/저녁 분산 ✓ 듣기는 '틀린 이유' 메모
2주차	듣기 정답률 향상 + 짧은 독해	- 듣기 중 틀린 지문 반복 듣기 - 쉐도잉 문장 늘리기 - 100~150단어 짧은 지문 속독 2개	- EBS MP3 + 스크립트 - 독해 기본서 (짧은 지문 중심)	✓ 쉐도잉은 멈추지 말고 끝까지 ✓ 시간 측정하며 지문 독해

주차	핵심 목표	학습 내용	추천 자료	학습 팁
3주차	듣기 반응 속도 높이기 + 독해 구조 파악 훈련	- 듣기 1.2배속 예습 → 실전 속도 복습 - 문장 단위로 독해 핵심어 찾기	- 수능특강 듣기 - 구문 독해 교재 (문장 구조)	✓ 듣기 후 바로 '내용 요약' 메모 ✓ 문장별 주어·동사 찾기 연습
4주차	실전 감각 적응 시작	- 듣기 2세트 연속 연습 - 중간~긴 지문 요약 및 속도 체크 - 유형별 오답 노트 시작	- 실전 모의 듣기 자료 - 기출 독해 지문	✓ 듣기-실수 패턴 분석하기 ✓ 독해-문단별 요약 훈련
5주차	시간 관리 전략 훈련	- 듣기 실전 모의 3회 완주 - 250~300단어 긴 지문 풀이 연습 - 오답률 높은 유형 반복	- 수능특강 모의 듣기 - 수능 독해 기출 문제집	✓ 실전 시간 설정 후 연습 ✓ 오답은 이유 분석 +해결법 기록
6주차	최종 점검 및 약점 보완	- 듣기 오답 집중 훈련 - 자주 틀리는 독해 유형 총정리 - 파트별 시간 안배 훈련	- 듣기 오답 노트 - 약점 유형 정리 자료	✓ 모든 실전 연습은 타이머 사용 ✓ 맞힌 문제도 검토로 마무리

하루 학습 루틴 예시 (총 2시간)

학습 항목	내용	시간
단어 암기	단어 50개 복습 + 테스트	20분
영어 듣기	수능특강 듣기 1세트 + 쉐도잉	40분
독해 훈련	지문 2~3개 속독 + 오답 정리	50분
오답 정리	듣기/독해에서 틀린 문항 정리	10분

필요하시면 "쉐도잉 훈련법", "속독 연습용 지문 추천", "듣기 오답 노트 작성법"도 별도로 안내드릴 수 있습니다. 요청해주세요!

※ AI가 생성한 답변에는 틀린 정보가 있을 수 있습니다.

AI가 제공하는 분석 리포트를 활용하세요

생성형 AI는 단순히 계획만 짜주는 게 아닙니다. 내가 지금까지 무엇을 얼마나 공부했는지를 바탕으로 학습 리포트도 만들어낼 수 있습니다. 아래처럼 프롬프트를 구성하면 AI가 한 주간의 학습 결과를 정리해주고, 개선 방향도 제시해줍니다. 이번에는 프롬프트 구성만 제공할테니 이를 참고하여 프롬프트를 직접 만들어서 활용해보세요!

예시 프롬프트 구성

- 역할: 당신은 학습 분석 전문 AI 리포터입니다.
- 맥락: 지난 1주일 동안 매일 수학 1시간, 국어 1시간, 영어 30분씩 공부했습니다. 수학은 함수 파트, 국어는 비문학, 영어는 독해 위주였습니다.
- 목적: 지난 학습 성과를 분석하고, 부족한 부분을 짚어 다음 주 계획을 개선하고 싶습니다.
- 제약 조건: 성취도 분석 + 부족한 부분 제안 + 다음 주 개선 전략을 포함해주세요.
- 출력 형식: 항목별로 나누어 리포트 형식으로 정리해주세요.

※ 프롬프트 구성을 별도로 가공하는 과정을 거치지 않고 그대로 프롬프트로 사용할 수 있습니다.

지금까지 살펴본 것처럼, 생성형 AI는 고등학생이 수능 전 과목에 대해 개인 맞춤형 학습 전략을 설계하고 조정하며, 피드백까지 받을 수 있는 강력한 도구입니다. 가장 중요한 것은 이 AI를 도구로 삼아 나만의 계획을 세우고, 점검하고, 지속적으로 수정해 나가는 과정에 학생 스스로가 주도적으로 참여하는 것입니다.
수능이라는 긴 여정을 적절한 AI의 사용으로 더욱 체계적이고, 덜 막막하게 준비할 수 있습니다. 오늘 소개한 프롬프트들을 참고하여, 여러분만의 전략을 지금 바로 만들어보세요.

다음 절에서는, 생성형 AI를 활용한 모의고사 풀이 및 성적 예측 전략에 대해 심화된 내용을 다룰 예정입니다.
수능이라는 목표를 향해 나아가는 여정에서, AI가 어떻게 든든한 조력자가 되어줄 수 있는지 계속해서 함께 살펴보겠습니다.

2. AI를 활용한 모의고사 풀이 및 성적 예측

고등학생 시기에는 실력을 점검할 수 있는 중요한 기회가 바로 모의고사입니다. 특히 대학수학능력시험, 즉 수능을 준비하는 고등학생들에게 모의고사는 자신의 실력을 객관적으로 평가할 수 있는 중요한 기회이며, 부족한 영역을 파악하고 학습 전략을 조정하는 데 핵심적인 과정입니다.
그런데 많은 학생들이 모의고사 결과를 단순히 점수만 확인하고 지나쳐 버리는 경우가 많습니다. 점수 확인 이후, 어떻게 공부를 보완할지, 어떤 개념을 다시 학습해야 하는지, 다음 시험에서는 어떻게 학습 전략을 세워야 하는지를 구체적으로 분석하는 과정이 많은 경우 간과됩니다.

이런 경우 생성형 AI가 학생들의 가장 강력한 학습 조력자가 될 수 있습니다. 생성형 AI는 단순한 문제 풀이 해설을 제공하는 차원을 넘어서 틀린 문제 분석, 취약 개념 진단, 향후 학습 방향 제시, 성적 예측 등 여러 가지 역할을 동시에 수행할 수 있습니다. 무엇보다 이 모든 과정을 학생이 직접 요청할 수 있는 방식, 즉 프롬프트를 통해 맞춤형으로 진행할 수 있기 때문에, 학생의 현재 실력과 상황에 딱 맞는 학습 가이드를 제공받을 수 있습니다.

이 절에서는 실제 고등학생들이 AI를 활용해, 모의고사를 통한 실력 진단과 문제 풀이를 보완하는 방법, 모의고사 성적 및 답변 분석을 통한 향후 성적 예측 및 학습 전략의 수립 및 조정에 대해 알아보겠습니다. 누구나 쉽게 따라할 수 있도록 실제 사용 가능한 프롬프트와 그 응답 결과를 함께 소개합니다.

AI 모의고사 활용의 핵심 포인트
1. 문제 풀이 후 정답 비교가 아닌 사고 과정을 점검하라
   AI는 학생이 어떤 방식으로 문제를 풀었는지를 분석해 줄 수 있습니다. 단순히 정답과 비교하는 것이 아니라, 풀이 과정의 논리성, 개념 이해 여부, 접근 방식의 정확성을 함께 확인하는 것이 중요합니다.

2. 틀린 문제를 단서로 학습 전략을 재구성하라

    어떤 문제를 틀렸는지를 파악하는 것도 중요하지만, 왜 틀렸는지를 AI가 분석해주면 다음 학습에서 무엇을 중점적으로 보완해야 하는지 명확히 알 수 있습니다.

3. AI에게 성적 예측을 요청하고 학습 전략을 구체화하라

    전체 영역별 정답 개수와 난이도를 입력하면, AI는 대략적인 백분위와 등급을 예측해주고, 그에 따른 학습 전략도 제시할 수 있습니다. 이를 통해 다음 모의고사나 실제 시험에 대비한 전략을 세울 수 있습니다.

예시 프롬프트 – 수학 영역: 틀린 문제 해설과 개념 보완 요청

"당신은 고등학생 수학 모의고사 전문가입니다.
제가 풀었던 수학 문제와 저의 풀이는 아래와 같습니다.
왜 틀렸는지 분석해주고 관련 개념을 설명해주세요.
풀이 방식과 개념 연결 중심으로 설명해주고,
중복 개념이 있다면 비교 설명도 포함해주세요.
틀린 이유와 정답 풀이, 개념 설명 순서로 작성해주세요."

【문제】 함수 $f(x) = x^3 - 6x^2 + 9x + 5$의 극댓값과 극솟값을 구하시오.

【내 풀이】 $f'(x)=0$ 일 때: $x = 1, 3$ ⇒ 극댓값 5, 극솟값 9

AI 예시 응답

1. 틀린 이유 분석

주어진 함수는

$f(x) = x^3 - 6x^2 + 9x + 5$

이고, 도함수는

$f'(x) = 3x^2 - 12x + 9 = 3(x^2 - 4x + 3) = 3(x - 1)(x - 3)$

그래서 $f'(x) = 0$ 일 때, $x = 1, x = 3$이 맞습니다.

그런데 사용자가 제시한 극댓값과 극솟값이 서로 바뀌어 있습니다.

- 사용자의 풀이: $x = 1$에서 극댓값 5, $x = 3$에서 극솟값 9라고 했는데,
- 정답은 $x = 1$에서 극댓값 9, $x = 3$에서 극솟값 5입니다.

틀린 이유는 극값의 종류(극대/극소) 판별과 함수값 계산에서 혼동이 있었기 때문입니다.

2. 올바른 정답 풀이

① 임계점 구하기

$f'(x) = 0 \Rightarrow x = 1, 3$

② 2차 도함수로 극값 판별하기

$f''(x) = 6x - 12$

※ $x = 1$일 때, $f''(1) = 6(1) - 12 = -6 < 0 \Rightarrow$ 극댓값

※ $x = 3$일 때, $f''(3) = 6(3) - 12 = 6 > 0 \Rightarrow$ 극솟값

③ 함수값 계산하기

- $f(1) = 1 - 6 + 9 + 5 = 9$
- $f(3) = 27 - 54 + 27 + 5 = 5$

따라서

- 극댓값은 9 (at $x = 1$)
- 극솟값은 5 (at $x = 3$)

3. 관련 개념 설명 및 풀이 방식 연결

- 극값의 정의

  함수가 특정 점에서 순간적으로 최대 혹은 최소 값을 가지면 그 점을 극댓값 또는 극솟값이라 합니다.

- 도함수와 임계점

  함수의 도함수가 0이 되는 점은 극값이 될 수 있는 후보입니다. 이 점들을 임계점이라고 부릅니다.

- 2차 도함수 판별법

  임계점에서 2차 도함수 값을 통해 극댓값과 극솟값을 판별합니다.

  - $f''(x) > 0$이면 x에서 극솟값
  - $f''(x) < 0$이면 x에서 극댓값
  - $f''(x) = 0$이면 판별 불가, 다른 방법 필요

- 함수값 계산

  극값의 정확한 크기를 알기 위해 해당 x값을 함수에 대입하여 계산합니다.

4. 중복 개념 비교 설명
- 1차 도함수와 2차 도함수의 역할 차이
  - 1차 도함수: 함수의 증가·감소 여부 파악, 임계점 찾기
  - 2차 도함수: 임계점에서 함수의 굴곡 방향(위로 볼록·아래로 볼록) 판단하여 극값 종류 판별
- 임계점과 극값
  임계점은 극값의 후보지만, 반드시 극값이 아니기도 합니다(예: 변곡점). 2차 도함수나 1차 도함수 부호 변화를 통해 극값 여부 확인 필요.

※ AI가 생성한 답변에는 틀린 정보가 있을 수 있습니다.

기대 효과
- 계산 실수나 공식 오용을 정확히 짚어주어 유사한 실수를 방지할 수 있습니다.
- 수학적 개념을 조건에 따라 유연하게 적용하는 훈련이 됩니다.
- AI의 설명을 반복 학습에 활용하여 개념을 단단히 익힐 수 있습니다.

AI 기반 성적 예측 및 학습 전략 피드백
모의고사 성적 및 답변 분석을 통해 향후 성적을 예측하고, 이를 반영해 학습 전략을 수립하고 조정할 수 있습니다.

예시 프롬프트 (※ 구성 형식에 맞춰 작성된 글을 프롬프트로 그대로 사용한 예시[3])

- 역할 (Role): 당신은 입시 전문 학습 전략 컨설턴트 입니다.
- 맥락 (Context): 학생은 최근 모의고사를 치렀고, 과목별 정답 개수는 국어 23개(*총 45개), 수학 21개(*총 40개), 영어 27개(*총 45개) 입니다.
- 목적 (Goal): 과목별 정답 개수를 바탕으로 현재 실력을 진단하고 이를 토대로 다음 시험을 위한 맞춤형 학습 전략을 제시해주세요.
- 제약 조건 (Constraints): 예상 백분위와 등급으로 예측해주세요. 그리고 현재 실력의 진단은 과목별 성취도와 취약 영역 분석을 토대로 해주세요.
- 출력 형식 (Format): 예상 등급 및 백분위, 과목별 분석, 학습 전략 제안 순으로 작성해주세요.

※ 프롬프트에 정답 개수 외에 어떤 유형의 문제를 틀렸는지 등의 보다 자세한 정보를 입력하면 보다 정확하고 맥락에 맞는 응답을 받을 수 있습니다. 특히, 자신의 답안이 표기된 모의고사 문제지를 첨부하는 것을 권장합니다.

AI 예시 응답

예상 등급 및 백분위 (추정)

※ 아래의 응답이 보다 요청자(학생)의 니즈에 맞고 적절하려면 프롬프트에 요청자의 상황과 정보가 충분히 제공돼야 합니다. 예를 들어, 답안이 표기된 모의고사 문제지를 여러 개 첨부할 경우, 생성형 AI가 이를 분석해 보다 적절한 응답을 내놓을 수 있습니다. 이 예시 응답은 여러 가정 하에 추정하고 작성돼, 요청 의도와 차이가 있을 수 있으니 참고하기 바랍니다.

과목	정답 수	총 문항 수	정답률	예상 백분위	예상 등급
국어	23	45문항	51.1%	약 55 백분위	5등급
수학	21	30문항	70.0%	약 70 백분위	2등급
영어	27	45문항	60.0%	약 65 백분위	3등급

과목별 상세 분석

[국어 (가장 취약)]

현재 상황: 절반 수준의 정답률로 기초 실력 보강이 시급합니다.

추정되는 취약 영역:

- 문학 작품 분석력 부족
- 비문학 독해 속도 및 정확성 문제
- 화법·작문·언어 영역의 개념 이해 부족

---

3 프롬프트 구상 시 프롬프트 구성요소를 적거나 머릿속에서 생각한 후 프롬프트를 결정하고 작성하게 됩니다. 이때 구성요소를 적을 경우 이를 그대로 프롬프트로 사용할 수 있습니다. 이걸 프롬프트로 다시 작성하는 것은 배우고 익숙해지는 과정에서는 필요하나, 프롬프트 구성요소가 기록된다면 이를 그대로 사용하는 것이 여러 측면에서 좋습니다. 작성자가 보기에도 편하고 명확하며 생성형 AI도 보다 정확하게 해석할 가능성이 높기 때문입니다.

[수학 (상대적 강점)]

현재 상황: 70% 정답률로 세 과목 중 가장 양호한 상태입니다.

- 고난도 문제 해결 능력 향상 필요
- 실수 줄이기 및 시간 관리 개선

[영어 (중간 수준)]

현재 상황: 60% 정답률로 보통 수준이나 향상 여지가 큽니다.

추정되는 취약 영역:

- 빈칸추론, 순서배열 등 고난도 유형
- 어휘력 (부족)
- 긴 지문 독해 시간 (부족)

맞춤형 학습 전략

[국어 (최우선 집중 과목)]

단기 전략 (4-6주):

- 매일 비문학 2지문씩 정독 후 구조 분석 연습
- 문학 갈래별 핵심 개념 정리 및 기출문제 반복 학습
- 화법•작문•언어 개념서 1회독 후 문제집 병행

중기 전략:

- 주 2회 실전 모의고사로 시간 관리 연습
- 틀린 문제 오답노트 작성 및 주기적 복습

[수학 (2등급 목표)]

학습 포인트:

- 킬러 문제 유형별 해결 패턴 익히기
- 계산 실수 줄이기 위한 검산 습관화
- 시간 단축을 위한 문제 순서 전략 수립

[영어 (2등급 목표)]

핵심 전략:

- 어휘 암기: 하루 30개씩 체계적 학습
- 빈칸추론·순서배열 유형별 접근법 마스터
- EBS 연계 교재 3회독으로 익숙도 높이기

종합 학습 스케줄 제안

- 국어: 전체 학습 시간의 40% 배정
- 수학: 30% 배정 (고난도 문제 중심)
- 영어: 30% 배정 (어휘+유형 연습)

※ AI가 생성한 답변에는 틀린 정보가 있을 수 있습니다.

AI 모의고사 활용의 기대 효과는 다음과 같습니다. 요청자가 응답 내용 검토 및 보완 과정을 거쳐 활용하는 것을 전제로 합니다.

- 단순한 점수가 아닌, 과목별 취약점 진단이 가능합니다.
- AI가 제시하는 전략은 현실적인 학습 계획 수립에 도움이 됩니다.
- 성적 예측을 통해 학습 동기를 높이고 구체적인 목표를 세울 수 있습니다.

다음 절에서는 학습 멘탈 관리와 슬럼프 극복에 있어 AI의 활용법을 다룰 예정입니다. AI는 단순한 문제 풀이 도구가 아닌, 나만의 학습 전략가이자 분석가, 피드백 코치 역할을 하는 것은 물론 학습 멘탈 관리자가 되어줍니다.

3. AI를 활용한 학습 멘탈 관리와 슬럼프 극복 전략

고등학교 시기는 그 어느 때보다 치열한 학습과 경쟁 속에서 살아가는 시기입니다. 특히 대학수학능력시험을 앞둔 고등학생들에게는 정서적 불안정, 자기 효능감 저하, 무기력감 등 다양한 심리적 문제가 발생할 수 있습니다. 이런 시기에는 자신에 대한 불신, 피로감, 무기력, 때로는 자포자기까지 느끼게 됩니다. 이럴 때 필요한 것은 단순한 공부 자극이 아니라, 감정을 인정하고 조절하며 스스로를 회복시키는 전략입니다.

다행히도, 생성형 AI는 단순한 학습 보조 도구를 넘어, 학습 감정 관리와 슬럼프 극복을 위한 조언자로서도 매우 효과적으로 활용될 수 있습니다.

이 절에서는 AI를 활용해 학습 슬럼프를 극복하고 꾸준히 멘탈을 관리할 수 있는 방법을 소개하겠습니다.

슬럼프를 겪는 자신을 이해하는 첫걸음

슬럼프가 찾아오면 대부분의 학생들이 "내가 왜 이럴까?"라는 자책을 먼저 하게 됩니다. 하지만 슬럼프는 누구에게나 오는 자연스러운 과정이며, 오히려 성장의 신호이기도 합니다. AI를 활용하면 감정을 객관화하고 정리해볼 수 있는 기회를 만들 수 있습니다.

예를 들어, 다음과 같은 질문을 AI에게 던져보세요.

> "요즘 공부가 너무 하기 싫고 무기력해요. 왜 이런 기분이 드는 걸까요?"

이처럼 감정을 털어놓고 AI의 분석과 정리를 받는 것만으로도 학생은 자신의 상태를 인지하고, 문제를 해결할 수 있는 방향을 찾게 됩니다. 다음은 실제로 활용 가능한 프롬프트입니다.

예시 프롬프트 - 감정 분석 및 슬럼프 원인 파악

"당신은 학습 심리 전문가입니다.

저는 요즘 공부가 너무 하기 싫고, 집중도 잘 안 되고 자꾸 스마트폰만 보게 됩니다.

감정이 왜 이런지 분석해주세요. 그리고 어떤 원인에서 이런 슬럼프가 온 건지도 알려주고, 지금 당장 할 수 있는 간단한 회복 조언도 해주세요.

감정 분석, 슬럼프 원인, 간단한 회복 조언 순으로 작성해주세요."

AI 예시 응답

1. 감정 분석: 왜 공부가 하기 싫고 집중이 안되는가?

    현재 겪고 계신 감정은 단순한 '귀찮음'이 아니라, 심리적 피로와 동기 고갈에서 비롯된 것입니다. 아래와 같은 감정이 복합적으로 작용하고 있을 가능성이 높습니다:

    - 무기력함: 아무리 공부를 해도 성취감이 없거나 변화가 느껴지지 않아, '왜 해야 하지?'라는 생각이 듦.
    - 죄책감과 압박감: 해야 한다는 걸 알지만 하지 못하는 자신에 대해 실망하고 자책함.
    - 도피 욕구: 공부보다 스마트폰처럼 자극이 강한 활동으로 감정을 회피하려는 무의식적 행동.
    - 정체성 혼란: '나는 왜 공부하는 걸까?', '이게 진짜 내 길일까?'라는 혼란스러운 마음이 동기를 낮춤.

    이러한 감정은 누구에게나 올 수 있는 자연스러운 반응이며, 잘만 다스리면 오히려 앞으로의 공부 생활을 더 단단하게 만들어줄 수 있습니다.

2. 슬럼프 원인 분석

    슬럼프는 단순한 게으름이 아니라, 다음과 같은 다양한 심리적·환경적 요인에서 비롯됩니다.

    ① 내적 동기 약화

    - 목표가 뚜렷하지 않거나, 목표는 있지만 현재 내가 왜 이걸 해야 하는지 몰라서 동기 연결이 약해졌을 수 있습니다.

    ② 지속적인 스트레스 누적

    - 반복된 시험, 성적 압박, 비교 당함 등으로 심리적 과부하가 발생했을 가능성이 큽니다.
    - 이럴 경우 뇌는 휴식을 요구하며 '공부 거부 반응'을 일으킵니다.

③ 보상 시스템의 붕괴
- 열심히 했는데도 보상(성적 향상, 칭찬 등)을 충분히 받지 못했다면, 뇌는 '노력해도 소용없다'는 무력감을 학습하게 됩니다.

④ 자기 효능감 저하
- 이전에 실패 경험이 반복되었다면, '나는 못해'라는 자기 인식이 생기며 시도 자체를 포기하게 만듭니다.

⑤ 디지털 중독
- 스마트폰의 짧고 강한 자극에 뇌가 길들여져, 공부처럼 긴 호흡이 필요한 활동이 견디기 어려워졌을 수 있습니다.

3. 지금 당장 실천할 수 있는 회복 조언

다음 조언들은 매우 작고 간단하지만, 꾸준히 실천하면 슬럼프에서 빠르게 회복할 수 있는 방법입니다.

3.1. '1분만 공부하기' 전략
- "1시간 공부해야지"가 아니라, "딱 1분만 책 펴고 앉아보기".
- 시작이 어려울 뿐이지, 일단 시작하면 5분, 10분 자연스럽게 이어지는 경우가 많습니다.

3.2. 공부 장소 바꾸기
- 뇌는 '장소'를 기억합니다. 평소와 다른 공간(예: 카페, 독서실, 공공도서관)에서 짧게라도 공부해보세요. 리프레시 효과가 큽니다.

3.3. 디지털 디톡스 10분 실험
- 스마트폰을 '비행기 모드'로 하고, 단 10분간만 공부해보세요.
- 이 짧은 시간도 견디기 힘들다면, 뇌가 '즉각 보상'에 중독되었을 가능성이 높으므로, 디지털 습관 교정이 꼭 필요합니다.

3.4. 기록하는 습관 만들기
- 공부한 시간을 '기록'해보세요. 작더라도 성취감이 생기고, 자기 효능감이 회복됩니다.
  - 예: "오늘 단 15분 집중 성공!"

3.5. 자신에게 질문 던지기
- "지금 내가 공부를 왜 안 하고 있지?" → 감정을 솔직하게 적어보세요.
- 감정에 이름을 붙이는 것만으로도 통제력이 생깁니다.

4. 마무리 응원

슬럼프는 나약함의 증거가 아니라, 자신을 점검하라는 뇌의 신호입니다. 지금은 잠시 멈춰도 괜찮습니다. 중요한 건 방향을 잃지 않고, 다시 조금씩 걸어가기 시작하는 것입니다.

작은 성공이 큰 변화의 시작이 됩니다.

오늘, 1분만 책을 펴보는 것부터 시작해보세요.

당신은 충분히 다시 회복할 수 있습니다.

필요하다면 당신만을 위한 심화 회복 루틴도 만들어드릴게요.

※ AI가 생성한 답변에는 틀린 정보가 있을 수 있습니다.

동기 부여가 필요할 때 AI에게 응원 받기

슬럼프는 때때로 학습 동기를 완전히 잃게 만들기도 합니다. 그럴 때는 AI에게 구체적인 상황을 말하고, 감정에 맞는 응원과 동기 부여 조언을 요청할 수 있습니다.

예시 프롬프트

"당신은 동기부여 코치입니다.

저는 지금 학습 슬럼프 때문에 아무것도 하기 싫고, 공부할 의욕도 없습니다.

저를 위로하고 다시 시작할 수 있도록 응원 메시지와 현실적인 조언을 주세요.

저의 상황에 최대한 공감해주시고 긍정적인 말을 사용해주세요.

짧은 응원 메세지도 포함해수세요.

오늘 실천할 행동 한 가지도 추천해주세요."

AI 예시 응답

지금의 당신 마음, 정말 이해됩니다.

학습 슬럼프는 누구에게나 찾아오는 자연스러운 과정입니다.

지금 당신이 겪는 무기력함은 당신이 게으르거나 부족해서가 아니라,

오히려 그동안 열심히 살아왔다는 증거이기도 합니다.

당신에게 드리는 따뜻한 말 한마디:

"당신은 지금 쉬어갈 시간이 필요한 것뿐이에요. 멈춘다고 실패가 아닙니다. 다시 시작할 수 있는 힘은 이미 당신 안에 있어요."

짧은 응원 메시지:

"지금 이 순간, 당신은 충분히 잘하고 있어요. 작은 한 걸음이 큰 변화의 시작이 됩니다. 파이팅!"

현실적인 조언:

1. 당장 다시 달리려고 하지 않아도 괜찮아요.

   오늘은 '다시 일어설 준비를 하는 날'로 정해보세요. 몸과 마음에 여유를 주세요.

2. 공부가 아닌 '나를 돌보는 일'부터 시작하세요.

   예를 들어, 따뜻한 차 한 잔 마시기, 정리정돈, 가벼운 산책 등이 좋습니다.

   이런 작은 행동이 '나 자신을 소중히 여기는 마음'을 회복하게 해줍니다.

3. 학습에 대한 기대치를 낮추세요.

   처음부터 예전처럼 공부하려 하지 말고, "오늘은 10분만 집중하자"라는 식으로

   작고 실현 가능한 목표를 세우는 것이 효과적입니다.

오늘 실천할 한 가지 행동:

'내가 가장 좋아하는 장소에서 타이머 10분 맞추고 책 펴기'

그게 교과서든, 만화든, 아무 책이든 괜찮습니다.

10분이 지나고 나면, '시작했다는 성취감'이 당신의 의욕을 천천히 깨울 것입니다.

마지막으로…

당신은 혼자가 아닙니다.

지금 느끼는 혼란과 무기력은 곧 성장의 전조입니다.

언제든 다시 시작할 수 있다는 것을, 꼭 기억해 주세요.

당신은 이미 충분히 소중하고, 앞으로도 멋지게 나아갈 수 있어요.

필요할 땐 언제든 다시 말 걸어주세요.

늘 당신을 응원합니다.

※ AI가 생성한 답변에는 틀린 정보가 있을 수 있습니다.

꾸준함을 유지하는 AI 학습 루틴 설정

슬럼프 극복 이후 중요한 것은 다시 슬럼프에 빠지지 않도록 꾸준한 루틴을 만들어 주는 것입니다. AI는 사용자의 학습 스타일, 과목별 선호도, 피로도 등을 바탕으로 맞춤형 루틴을 구성해줄 수 있습니다.

예시 프롬프트 – 꾸준함을 위한 AI 루틴 플래너 요청

"당신은 학습 루틴 코치입니다.
저는 슬럼프에서 벗어나 다시 공부를 시작하고 싶지만, 무리하게 열심히 하기는 어렵습니다.
하루 4시간 이내로, 오전과 오후로 나눠서 스트레스를 최소화할 수 있는 공부 루틴을 제안해 주세요.
표 형태로 만들어주세요."

AI 예시 응답

슬럼프 회복을 위한 하루 4시간 루틴 (오전 2시간 / 오후 2시간)

시간대	활동	내용	목적 및 팁
09:00 ~ 09:50	핵심 과목 공부 ①	수학, 과학, 국어 중 부담 없이 할 수 있는 단원 선택	뇌가 맑을 때 개념 정리 또는 쉬운 문제 풀이
09:50 ~ 10:00	짧은 휴식	스트레칭, 물 마시기, 간단한 산책	집중력 회복과 스트레스 방지
10:00 ~ 10:50	핵심 과목 공부 ②	국어 지문 읽기 + 문제, 영어 독해, 과학 요약 등	오전 흐름 이어가며 '완료감' 얻기
10:50 ~ 11:00	마무리 정리	공부한 내용 짧게 메모	학습 흔적을 남기며 자기 효능감 유지
14:00 ~ 14:50	가벼운 과목 복습	오늘 오전 학습 내용 복습 또는 암기 과목(사회·과학 용어 등)	부담 적게, 단기 기억을 장기 기억으로 전환
14:50 ~ 15:00	짧은 휴식	눈 감고 쉬기, 명상 앱 듣기, 간단한 간식	뇌 피로 회복, 오후 집중력 유지
15:00 ~ 15:50	실전형 학습	문제 풀이, 기출 연습, AI 피드백 학습 활용	실제 감각 회복 + 성취감
15:50 ~ 16:00	하루 마무리 노트	오늘 잘한 점 3가지 + 내일 할 일 2가지	긍정적 마무리, 루틴 지속의 동기 제공

루틴 설계 원칙

- 과도한 목표 대신 '지속 가능한 리듬'을 우선합니다.
- 쉬는 시간은 계획된 학습의 일부로 생각하세요. 쉬면서 절대 죄책감 가지지 마세요.
- 하루에 딱 4시간만, 하지만 집중할 땐 확실히! "짧고 깊게"가 핵심입니다.
- 루틴은 유연하게 조정 가능합니다. 기분이 좋지 않은 날엔 3시간으로 줄이고, 집중 잘 되는 날엔 10분, 1시간 더 늘려도 괜찮습니다.

필요하시면 이 루틴을 1주일 단위 계획표로 확장하거나, 과목별 루틴으로 세분화해드릴 수도 있어요.
무엇보다 중요한 건, 지금 이 루틴을 시작하려는 당신의 의지입니다.
"조금씩, 천천히, 그러나 포기하지 않고." 이 원칙만 기억해주세요.
언제든 당신을 응원하겠습니다!

※ AI가 생성한 답변에는 틀린 정보가 있을 수 있습니다.

슬럼프는 누구에게나 찾아오며, 그것은 '성장통'입니다. 중요한 것은 이 시기를 잘 버티는 것 뿐만 아니라, 잘 회복하는 것입니다. AI는 학습 데이터를 정리해주는 도구일 뿐만 아니라, 여러분의 심리적 조력자로서 감정 정리와 동기 회복, 그리고 꾸준함을 지켜주는 역할을 훌륭히 해낼 수 있습니다.

이 절에서 소개한 프롬프트들을 본인에게 맞게 조정해 가며 반복해서 사용하고, 자신의 상태에 따라 조금씩 수정해보세요. 생성형 AI는 늘 여러분의 상황에 맞추어 새로운 해결책을 제안해 줄 준비가 되어 있습니다.

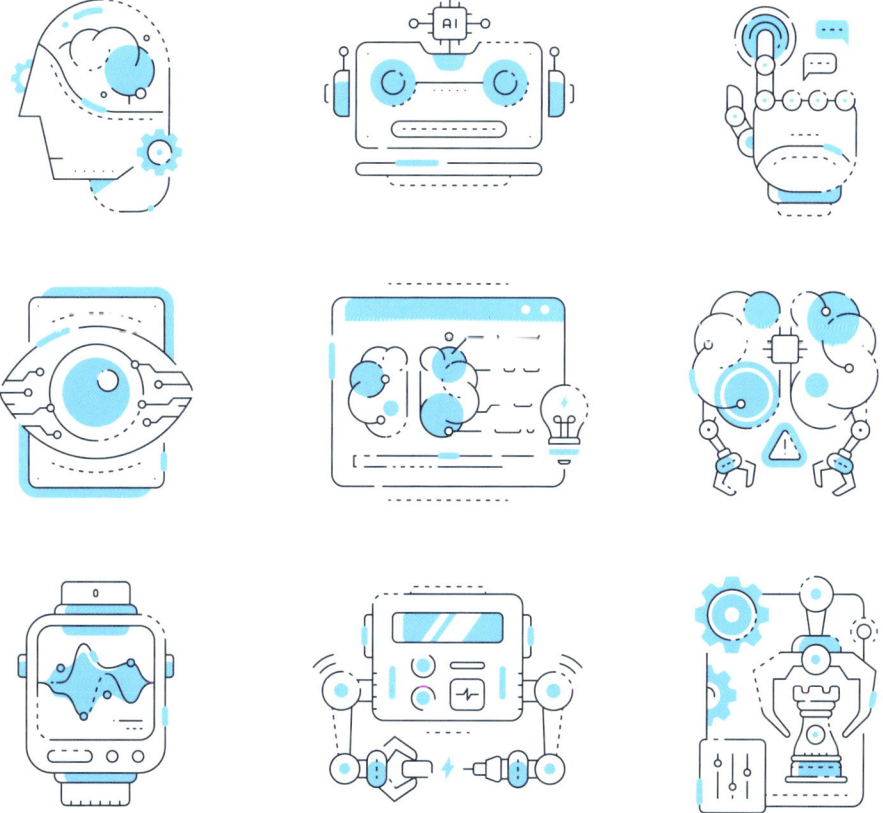

이 장을 마치며...

생성형 AI를 공부에 적극적으로 활용한다는 것은 단순히 정보를 얻는 것을 넘어, 학습의 본질을 바꾸는 과정입니다. 지금까지 살펴본 것처럼, AI는 개념 정리나 문제 풀이 같은 '결과 중심'의 활동을 도와주는 것 뿐만 아니라, 공부를 어떻게 접근해야 하는지, 자신의 학습 패턴과 실수를 어떻게 분석해야 하는지, 무엇을 언제, 어떻게 반복해야 효과적인지와 같은 '과정 중심'의 사고를 가능하게 해줍니다.

이러한 변화는 학습자의 인식 체계 자체를 변화시킵니다. 전통적인 학습 방식에서는 학생이 수동적으로 정보를 받아들이고 암기하는 것이 주된 활동이었다면, AI와 함께하는 학습에서는 학생이 능동적으로 질문하고, 분석하고, 자신의 이해를 점검하는 주체가 됩니다.

특히 고등학생에게 있어서 중요한 것은, 자신의 수준과 목표에 맞는 맞춤형 학습을 지속적으로 이어가는 것입니다. 하지만 현실에서는 이를 스스로 조절하고 관리하기 어려운 경우가 많습니다. 매일 쏟아지는 과제, 불규칙한 생활 리듬, 반복되는 시험 일정 속에서 자신의 약점을 정확히 파악하고 개선하는 것은 결코 쉬운 일이 아니죠.

여기서 AI는 반복적이고 분석적인 작업을 대신 수행해 줌으로써, 학생이 더 중요한 부분, 즉 깊이 있는 사고와 실전 연습에 집중할 수 있도록 도와줍니다. AI는 24시간 언제든지 접근 가능하며, 학생의 질문과 요청에 즉시 반응합니다.

예를 들어, 어떤 학생은 수학 문제를 풀 때마다 계산 실수로 문제를 틀린다면, AI는 학생이 제공한 풀이 과정을 함께 검토하며 어떤 단계에서 실수가 잦은지 파악하도록 돕고, 유사 문제의 반복 제공으로 실수를 줄일 수 있도록 돕습니다. 국어에서 지문 독해는 잘하지만, 선지를 고를 때 자주 틀리는 학생에게는 선지 분석 중심의 프롬프트를 구성해 다양한 판단 기준을 제시할 수 있습니다. 탐구 과목에서 암기 위주의 학습에 익숙한 학생에게는, AI가 설명한 개념을 직접 설명해보는 방식으로 이해도를 점검하도록 유도할 수 있습니다.

더 나아가 AI는 학생의 학습 습관 자체를 개선하는 데도 도움을 줄 수 있습니다. 공부 계획을 세우는 방법, 시간 관리 전략, 집중력 유지 방법 등에 대한 조언을 구할 수 있습니다. 또한 모의고사 결과를 분석하여 어떤 영역에 더 집중해야 하는지에 대한 구체적인 가이드라인을 받을 수도 있습니다.

이러한 학습 경험을 반복하다 보면, 학생은 점점 스스로 학습을 점검하고 조율하는 자기 주도 학습자로 성장하게 됩니다. 더 이상 '선생님이 시켜서 하는 공부'가 아니라, '내가 주도해서 설계하는 학습'으로 전환되는 것이죠. 이는 단지 수능 준비를 넘어서, 향후 대학 학업이나 인생의 다양한 학습 상황에서도 매우 중요한 자산이 됩니다.

대학에서는 고등학교와 달리 스스로 학습 목표를 설정하고, 필요한 자료를 찾아 학습해야 하는 상황이 많습니다. 또한 직장에서도 끊임없이 새로운 기술과 지식을 습득해야 하는 평생학습의 시대입니다. AI와 함께 학습하는 경험을 통해 기른 자기 주도적 학습 능력은 이러한 미래의 도전에 대비하는 핵심 역량이 될 것입니다.

이 장의 내용을 통해 독자 여러분이 얻었기를 바라는 것은 단순한 팁 몇 가지가 아닙니다. 바로 학습에 대한 관점의 변화입니다. 생성형 AI는 공부하는 방식을 바꾸는 기술이며, 여러분이 공부를 더 잘하게 만드는 가장 현실적이고 강력한 도구입니다.

하지만 이 도구를 제대로 활용하기 위해서는 올바른 인식과 접근 방법이 필요합니다. AI를 단순히 숙제를 대신해주는 도구로 생각한다면 오히려 학습 능력이 퇴화될 수 있습니다. 반대로 AI를 학습 파트너로 인식하고 자신의 사고 과정을 점검하고 발전시키는 도구로 활용한다면 놀라운 학습 효과를 경험할 수 있을 것입니다.

그것을 어떻게 쓰느냐는 결국 여러분 자신에게 달려 있습니다. 이제 선택의 시간이 왔습니다. AI와 함께 공부할 것인가, 여전히 예전 방식만 고수할 것인가? 여러분이 원한다면 AI는 매일의 학습을 설계해 주고, 모의고사를 함께 풀어주며, 여러분의 실수를 하나씩 줄여 주는 든든한 조력자가 되어줄 것입니다.

PART VI

AI가 가져온 학습 방식의 변화와 효과

우리는 지금 교육의 패러다임이 완전히 뒤바뀌는 역사적 전환점에 서 있습니다. 불과 몇 년 전까지만 해도 학습은 '배움을 받는' 수동적인 과정이었습니다. 학생들은 정해진 교과서와 문제집을 통해 지식을 전달받고, 이해가 되지 않으면 선생님이나 부모님에게 질문하는 방식이 당연했습니다. 학교와 학원을 오가며 주어진 커리큘럼을 따라가는 것이 학습의 전부였고, 개인의 학습 속도나 이해 방식보다는 표준화된 교육 과정이 우선시되었습니다. 많은 학생들이 '왜 이것을 배워야 하는지'에 대한 깊은 이해 없이, 단지 시험에서 좋은 점수를 받기 위해 암기하고 반복하는 방식으로 공부했습니다. 그러나 생성형 AI의 등장으로 이 모든 것이 근본적으로 변화하고 있습니다.

이제 학생들은 더 이상 지식의 수동적인 학습자가 아닌, 자신의 학습을 설계하고 주도하는 능동적인 학습자로 거듭날 수 있게 되었습니다. 챗지피티(ChatGPT), 클로드(Claude), 제미나이(Gemini)와 같은 생성형 AI 도구들은 단순한 기술적 발전을 넘어 학습의 본질과 방식 자체를 재정의하고 있습니다. 이들은 24시간 언제든지 학생의 질문에 응답하고, 개인화된 학습 경험을 제공하며, 각 학생의 페이스와 이해 수준에 맞춘 설명을 제공합니다. 학생들은 AI와의 상호작용을 통해 자신만의 학습 여정을 설계하고, 자신에게 가장 효과적인 학습 방법을 찾아갈 수 있게 되었습니다. 무엇보다 가장 중요한 것은, 이러한 AI 도구들이 학생들에게 '질문하는 법'과 '사고하는 방법'을 스스로 익히도록 돕고 있다는 점입니다.

이 장에서는 AI가 가져온 학습 방식의 근본적인 변화와 그 효과를 살펴보고, 이러한 도구들을 어떻게 일상적인 학습 습관으로 정착시킬 수 있는지에 대해 알아보겠습니다. 생성형 AI가 학습에 미치는 영향은 단순히 정보 접근성의 향상이나 시간 절약 차원을 넘어섭니다. 이는 학생들이 지식을 이해하고, 문제를 해결하고, 창의적으로 사고하는 방식 자체에 영향을 미치고 있습니다. 우리는 이러한 변화의 다양한 측면을 탐색하고, AI를 활용한 학습 효과를 극대화하기 위한 실천 가능한 전략과 구체적인 방법들을 제시할 것입니다. 또한 실제 사례를 통해 AI 활용 전후의 학습 변화를 분석하고, 다양한 학년과 과목에서 이러한 도구들을 효과적으로 활용할 수 있는 구체적인 방법들을 살펴볼 것입니다. 학생, 교사, 학부모 모두가 이 새로운 학습 혁명에 적응하고 이를 최대한 활용할 수 있는 방법에 대해 깊이 있게 다루겠습니다.

교육의 미래는 이미 우리 곁에 와 있습니다. 이 장을 통해 우리는 AI가 가져온 학습 환경의 변화를 이해하고, 이를 통해 학생들이 어떻게 더 효과적으로 배우고, 성장하고, 자신의 잠재력을 발휘할 수 있는지 알아볼 것입니다. 이제 중요한 것은 이 새로운 도구를 어떻게 현명하게 활용하여 학습의 효율성과 효과성을 높이고, 학생들의 잠재력을 최대한 끌어올릴 수 있는가 하는 점입니다. 전통적인 교육 방식에서 벗어나, 학생 개개인의 필요와 능력에 맞춘 맞춤형 교육이 가능해진 지금, 우리는 교육의 새로운 장을 열어가고 있습니다. 함께 AI 시대의 새로운 학습 패러다임을 탐색하고, 이를 통해 모든 학생들이 자신만의 학습 여정에서 성공할 수 있는 방법을 모색해 보겠습니다.

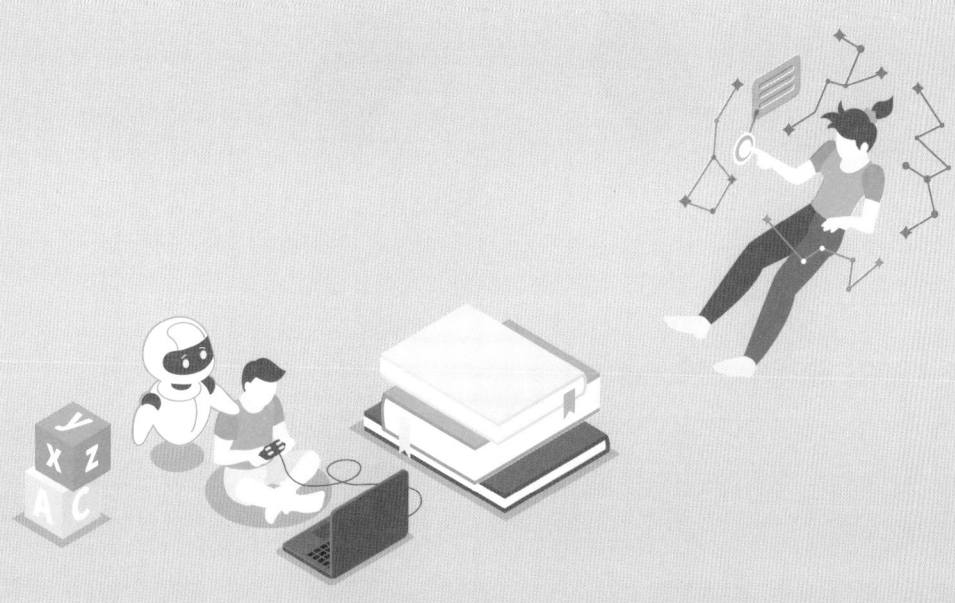

1. AI가 가져온 학습 방식의 변화

우리는 지금, 학습이라는 행위의 본질이 근본적으로 변화하는 시대의 한복판에 서 있습니다. 생성형 AI의 등장은 교육과 학습의 오랜 틀을 송두리째 흔들어놓고 있습니다.

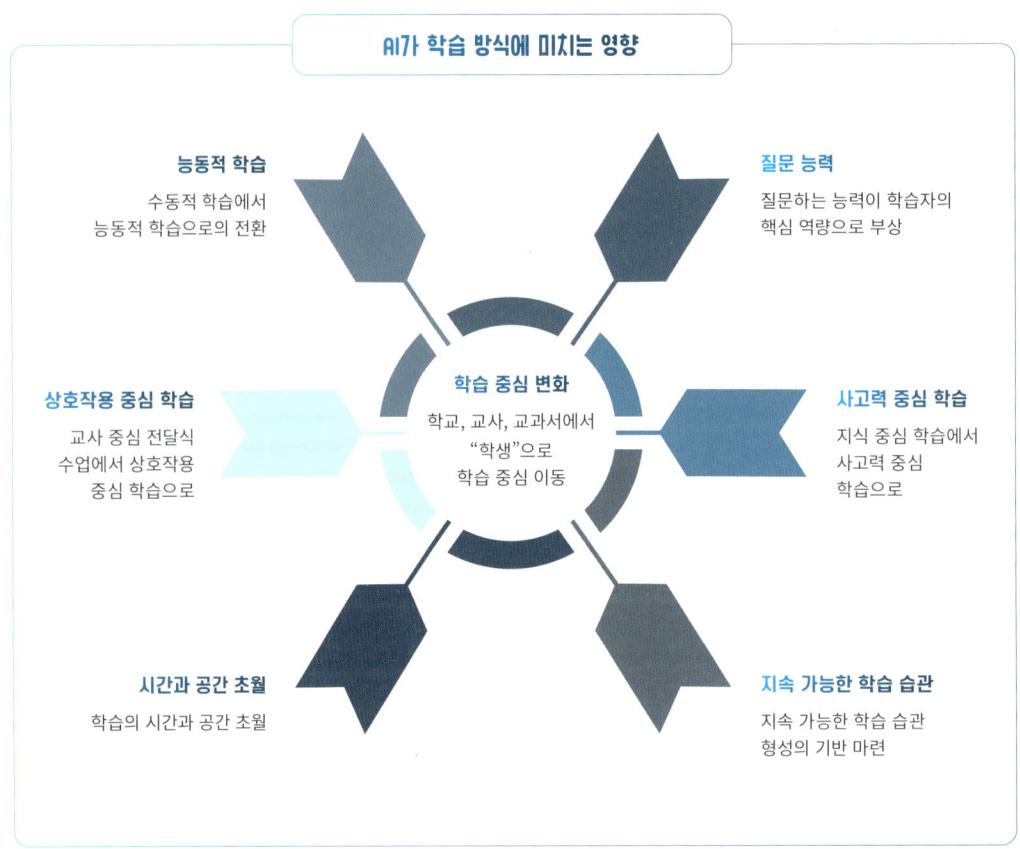

수동적 학습에서 능동적 학습으로의 전환

기존의 교육 방식에서는 대부분의 학생들이 수동적인 학습자였습니다. 학습은 주어진 정보를 받아들이는 것에 그쳤으며, 학생 스스로 지식을 구성하거나 질문을 던질 기회는 제한적이었습니다. 그러나 AI 도구를 통해 학생은 더 이상 기다릴 필요 없이 질문을 던지고, 자신만의 방식으로 학습을 설계하며, 학습의 주도권을 가지는 능동적 존재로 탈바꿈하게 되었습니다.

학생들은 AI와의 대화를 통해 학습 속도, 이해 수준, 관심 분야에 맞는 맞춤형 학습을 실현할 수 있게 되었고, 이는 단순한 편의성의 향상을 넘어서 학습자 중심 교육(Learner-centered education)을 실현하는 실질적인 기반이 되었습니다. 이제 학생들은 자신이 무엇을 모르는지 명확히 인식하고, 필요한 정보를 능동적으로 요청하며, 자신의 언어로 지식을 재구성할 수 있는 역량을 키워나가야 합니다.

'질문하는 능력'이 학습자의 핵심 역량으로 부상

과거에는 정답을 아는 것이 학습의 목적이었습니다. 하지만 AI 시대의 학습은 질문에서 시작됩니다. 좋은 질문을 던져야만 좋은 답을 얻을 수 있으며, 이는 단순히 AI를 잘 활용하기 위한 기술을 넘어 비판적 사고(Critical thinking)와 문제 해결 능력(Problem-solving ability)을 기르는 데 필수적인 요소입니다.

학생들은 AI에게 질문하면서 자연스럽게 '어떻게 질문을 구조화할 것인가?', '내가 정확히 궁금한 것은 무엇인가?', '왜 이것이 중요하지?'와 같은 사고 과정을 거칩니다. 이는 단순한 정보 검색과는 전혀 다른 차원이며, AI는 학생의 사고를 자극하고, 사고의 깊이를 확장하는 도구로 기능하게 됩니다.

이처럼 질문 능력이 중심이 되는 학습은 정답 중심 교육을 탈피하고, 탐구 기반 학습(Inquiry-based learning)으로의 전환을 촉진합니다. AI는 그 과정에서 학생이 스스로 질문하고, 가설을 세우고, 확인하며, 자기 학습 경로를 설계하는 데 도움을 줍니다.

교사 중심 전달식 수업에서 상호작용 중심 학습으로

AI가 가져온 또 다른 변화는 교실 환경에서의 상호작용 방식의 근본적 변화입니다. 기존의 수업은 교사가 중심이 되어 지식을 전달하는 구조였지만, AI를 도입한 학습은 학생과 AI, 그리고 교사 간의 다중 상호작용을 중심으로 구성됩니다.

학생은 수업 중에 이해가 되지 않는 개념이 있으면 AI에게 즉시 질문할 수 있고, 수업 이후에는 자신이 배운 내용을 AI에게 정리해달라고 요청하거나, 문제를 풀어보고 그 피드백을 받을 수 있습니다. 이는 교사와의 일방향적 상호작용에 의존하지 않고, 언제든지 자기 주도적으로 학습할 수 있는 환경을 제공할 수 있습니다.

또한 AI는 교사의 역할을 대체하는 것이 아니라, 오히려 교사의 설명을 보완하고, 개별 학생의 이해도를 확인하는 조력자로 기능합니다. 교사는 AI가 제공하는 학생의 학습 데이터, 질문 내용, 오답 경향 등을 바탕으로 학생의 학습 상태를 더 구체적이게 파악하고, 그에 맞는 수업 전략을 세울 수 있습니다.

지식 중심 학습에서 사고력 중심 학습으로

생성형 AI는 단순히 정보를 알려주는 도구가 아닙니다. 오히려 정보를 '어떻게 활용하고 연결할 것인가'에 초점을 맞추게 만드는 도구입니다. 학생은 AI와의 대화를 통해 자신이 알고 있는 지식을 실제 문제 해결에 적용하거나, 창의적인 아이디어로 확장시키는 과정을 경험하게 됩니다.
예를 들어, 한 학생이 역사 수업에서 '프랑스 혁명의 원인'에 대해 학습했다고 가정해보겠습니다. 이 학생은 AI에게 단순히 '프랑스 혁명의 원인이 뭐야?'라고 묻는 것이 아니라, '프랑스 혁명이 오늘날 민주주의 제도에 어떤 영향을 미쳤을까?'라는 질문으로 확장된 사고를 시도할 수 있습니다. 이는 학생이 지식을 넘어선 '맥락 이해', '비교', '적용'이라는 고차 사고 능력을 자연스럽게 키우게 되는 계기를 마련합니다.
결국 AI는 학생으로 하여금 지식 그 자체보다 그것의 활용 가능성에 주목하도록 유도하며, 이를 통해 창의적 사고력과 융합적 사고 능력을 강화시킵니다.

학습의 시간과 공간 초월

기존 학습은 정해진 시간과 장소에서만 가능했습니다. 학교 수업이나 학원 강의가 끝나면 학생은 다시 공부를 시작하기 어려웠고, 이해가 되지 않은 부분은 다음 날까지 기다려야 했습니다. 하지만 AI는 이러한 한계를 뛰어넘어 언제 어디서나 학습이 가능한 환경을 제공합니다
학생은 자정에 문득 떠오른 궁금증을 AI에게 질문할 수 있고, 등하굣길에 스마트폰으로 핵심 개념을 복습할 수도 있으며, 시험 전날 밤에도 AI에게 모르는 문제에 대한 해설을 받을 수 있습니다. 이러한 접근성은 학습 기회의 격차를 줄이고, 학생 스스로 '학습의 주도권'을 가지는 데 결정적인 역할을 합니다.
이제 학습은 시간표라는 틀에 얽매이지 않고, 학생 개개인의 리듬과 필요에 따라 '필요할 때, 필요한 만큼' 유연하게 이루어지는 비선형 학습(Nonlinear learning)으로 진화하고 있습니다.

'지속 가능한 학습 습관' 형성의 기반 마련

AI와 함께하는 학습은 단기적 성취뿐 아니라, 장기적으로 학습 습관 형성에도 긍정적인 영향을 미칩니다. 학생은 AI와의 반복적 상호작용을 통해 매일 학습 루틴을 만들고, 학습 계획을 점검하며, 자신의 학습 스타일을 인식하게 됩니다.

특히 중요한 것은, AI가 학생에게 지속적인 피드백과 동기 부여를 제공한다는 점입니다. 칭찬, 격려, 개선 방향 제안 등은 학생이 공부를 지속하도록 돕고, 작은 성공 경험이 쌓이면서 자연스럽게 학습에 대한 자신감도 쌓이게 됩니다. 이것은 단기적인 성과를 넘어, 자기 주도적 평생 학습자로의 성장이라는 더 큰 목표로 이어질 수 있습니다.

'학생'으로 학습 중심의 이동

이제 학습의 주체는 더 이상 교사나 교과서가 아닙니다. AI라는 도구를 통해, 학생 스스로가 자신에게 맞는 방식으로 공부하고, 더 깊이 생각하고, 더 자주 질문하게 됩니다. 이는 단순히 '좋은 성적'을 넘어서, '좋은 사고력'을 키웁니다.

결국 우리가 AI를 학습에 도입하는 이유는 '더 잘 배우는 것'이 아니라, '더 스스로 배우는 것'에 있습니다. 이 변화의 흐름 속에서 학생들은 이전보다 더 자신감 있게, 더 깊이 있게, 그리고 더 주도적으로 학습하게 됩니다. 이제는 학생 한 사람 한 사람이 주인공이 되는 새로운 학습 시대입니다.

이러한 변화는 학습의 '형태'뿐만 아니라, 학습의 '가치'를 다시 정의하게 만듭니다. 단편적인 지식을 얼마나 많이 외웠느냐 보다, 자신의 삶과 연결된 지식을 어떻게 만들고 확장해 나가느냐가 더 중요한 기준이 됩니다. 학생은 AI를 통해 단지 정답을 찾는 데 그치지 않고, 자기 자신만의 질문을 만들고, 탐구하며, 그 결과를 통해 비판적 사고력과 통합적 관점을 키워가고, 세상을 바라보는 시야를 넓혀갑니다.

이처럼 AI는 단지 새로운 기술이 아니라, 학생의 학습 정체성과 자율성 회복을 가능하게 하는 강력한 도구로 기능하고 있습니다. '내가 무엇을, 왜, 어떻게 배우고 있는가'를 스스로 묻고 답하는 과정 속에서 학생은 비로소 수동적인 존재가 아닌, 능동적 학습 설계자로 자리 잡게 되는 것입니다.

생성형 AI는 단순한 기술을 넘어, 학습의 철학과 방법론을 근본적으로 재구성하고 있습니다. 학생은 더 이상 수동적 정보 수용자가 아니라, 질문하고 사고하며 자신의 학습 여정을 설계하는 '학습 설계자'로 성장하고 있으며, AI는 그 여정의 충실한 동반자 역할을 수행하고 있습니다. 이제 학습의 중심은 '얼마나 많이 외웠는가'가 아니라, '어떻게 질문하고 사고했는가'로 옮겨가고 있습니다. 이는 단순한 기술 변화가 아니라, 교육의 본질적 변화이며, 우리 모두가 이 전환의 흐름을 올바르게 이해하고 준비해야 할 시점입니다.

다음 절에서는, 이러한 AI 기반 학습을 일상적인 습관으로 정착시키는 전략에 대해 구체적으로 살펴보겠습니다. 단기적인 활용을 넘어서 장기적인 효과를 지속적으로 유지하기 위해서는 어떤 노력이 필요하며, 실제로 이를 실천하는 학생, 학부모, 교사의 역할은 무엇인지 함께 탐색해보겠습니다.

2. AI를 활용한 효과적인 학습 정착 방법

생성형 AI가 학습의 방식과 흐름을 바꾸고 있다는 것은 이미 여러 장에서 확인하였습니다. 실제로 많은 학생들이 처음에는 AI를 활용하여 요약, 문제 풀이, 계획 세우기 등 다양한 활동을 시도해보며 감탄합니다. "이런 도구가 있다니!" 하며 감동을 받고, 학습이 훨씬 쉬워졌다고 느끼죠. 그러나 이 감동이 오래가지 않는 경우가 많습니다. 시간이 지나면 다시 익숙한 방식, 즉 '혼자서 벼락치기하기' 혹은 '공책 필기만 열심히 하기'로 돌아가곤 합니다.

이러한 이유로, 이 절에서는 생성형 AI를 단순한 도구로 사용하는 단계를 넘어서, 학습의 일상적인 습관으로 정착시키는 방법을 소개하고자 합니다. 이것은 단순한 기술 활용법이 아니라, AI와 함께하는 공부 생활을 설계하는 과정이기도 합니다.

AI를 활용한 학습을 효과적으로 정착시키는 방법

일상적인 AI 통합
AI와 매일 조금씩 공부하는 구조를 만들어 학습을 일상에 통합

AI를 동반자로 인식
AI를 공부 잘하는 친구나 보조 교사로 인식

피드백 반복
AI 피드백을 반복적으로 실천하여 학습을 안정화시킴

학습 시각화
기록을 사용해 학습 흐름을 시각화함

과목별 활용
과목별로 AI 활용 방식을 구분해 학습을 최적화함

왜 '정착'이 중요한가?

생성형 AI를 활용한 학습은 단기적인 적용만으로는 실질적인 효과를 기대하기 어렵습니다. 초반에는 AI의 신선함과 편리함에 이끌려 자주 활용하게 되지만, 일정 시간이 지나면 처음의 흥미가 줄어들고, 다시 기존의 공부 방식으로 돌아가는 경우가 많습니다. 이는 새로운 기술을 받아들이는 대부분의 변화가 겪는 자연스러운 과정입니다.

하지만 진정한 학습의 변화는 지속성에서 비롯됩니다. AI를 활용한 학습이 일회성 도구 사용에서 그치지 않고, 일상 속 습관으로 자리 잡을 때, 비로소 그 진가가 발휘됩니다. AI는 단순히 문제를 풀어주는 기계가 아니라, 생각을 확장시키고 학습의 방향을 설계해 주는 동반자가 될 수 있습니다. 이를 위해서는 AI를 학습의 흐름 속에 자연스럽게 통합하는 전략이 필요합니다.

매일 조금씩, 규칙적으로 AI와 공부하는 구조 만들기

AI 학습 정착의 첫걸음은 규칙성입니다. 어떤 학생이든 처음에는 호기심에 많은 기능을 시도하지만, 일정한 구조와 루틴 없이 사용하면 금세 흐지부지되기 쉽습니다. 예를 들어 어떤 날은 요약만 하고, 또 어떤 날은 문제풀이만 하고, 혹은 몇 날 며칠 동안 전혀 AI를 사용하지 않는다면, 그 흐름은 쉽게 끊어지게 됩니다.

이렇게 흐름이 끊기는 것을 막기 위해서는 AI를 활용한 학습 루틴을 만들어야 합니다. 예를 들어 하루 공부 시간 중 단 10분이라도 AI와 상호작용하는 시간을 확보하는 것입니다. 초등학생이라면 하루 일과가 끝나고 간단한 퀴즈나 이야기 생성으로 마무리하는 루틴, 중학생 이상이라면 자기 전에 하루 공부 내용을 정리하거나 간단한 오답 복습을 AI와 함께 하는 루틴을 만드는 것이 좋습니다.

이러한 루틴은 규칙성이 생기면 습관으로 자리 잡게 되고, AI가 학습의 일부분으로 자연스럽게 정착하게 됩니다. AI를 사용할 때 항상 무언가 거창한 결과를 내야 한다는 부담을 버리고, '조금씩 자주 활용하자'는 자세가 가장 중요합니다.

AI를 공부 잘하는 친구 또는 보조 교사로 인식하기

많은 학생들이 혼자 공부할 때 가장 힘들어하는 부분은 바로 혼자라는 느낌에서 오는 불안과 외로움입니다. 질문하고 싶어도 물어볼 사람이 없고, 이해가 되지 않는 개념이 있어도 그냥 넘기는 일이 반복되죠. 이런 상황에서 생성형 AI는 언제든지 대답해주는 '보조 교사'로서의 역할을 해낼 수 있습니다.

하지만 여기서 중요한 점은, 학생이 AI를 단순한 검색창처럼 사용하는 데 그치지 않고, 함께 공부하는 존재로 인식하도록 유도하는 것입니다. AI와의 대화를 통해 개념을 설명 받거나, 내가 쓴 글에 대해 피드백을 받거나, 내가 푼 문제의 풀이 과정을 점검 받는 경험이 쌓이면, AI는 점차 말을 걸 수 있는 공부 잘하는 친구나 선생님처럼 느껴지게 됩니다.

이러한 정서적 연결은 특히 초등학생과 중학생들에게 매우 중요합니다. 공부는 단순한 정보 수집이 아니라, 자신감을 얻고 문제를 해결해 나가는 감정의 흐름을 포함한 과정이기 때문입니다. AI가 나를 기다려주는 존재라는 인식, 내가 궁금할 때 언제든지 도와주는 존재라는 인식을 갖게 되면, 학생은 AI를 자연스럽게 자신의 학습 파트너로 받아들이고 정착시키게 됩니다.

학습 안정화를 위해 AI 피드백을 반복적으로 실천하기

AI 학습이 정착되려면, AI로부터 받은 피드백을 학습 개선에 실제로 연결하는 경험이 반복되어야 합니다. 단순히 AI가 알려주는 내용을 확인하는 것만으로는 '자기 학습'이 되지 않습니다. 오히려 AI의 피드백을 바탕으로 스스로 학습 전략을 조정하고, 같은 실수를 반복하지 않도록 점검하는 과정이 중요합니다.

예를 들어, 시험 문제를 틀렸을 때 AI에게 '왜 틀렸는지'만 묻는 것이 아니라, '다음에는 어떻게 풀어야 할까?', '비슷한 문제를 추천해줘'와 같이 피드백을 실천으로 옮기는 질문을 던질 수 있어야 합니다. 이러한 경험이 쌓이면, 학생은 AI를 통해 얻은 피드백을 실제 학습 전략으로 바꾸는 능력을 키우게 됩니다. 이것이 바로 AI를 활용해 학습을 정착화 하는 과정의 핵심입니다.

'기록'을 통해 학습 흐름을 시각화하기

AI와의 학습을 꾸준히 이어가기 위해 가장 효과적인 방법 중 하나는 학습 내용을 기록하는 습관입니다. AI와 어떤 대화를 나눴는지, 어떤 개념을 설명 받았는지, 어떤 문제를 풀었는지 등을 간단하게라도 기록하면, 자신의 학습 흐름이 눈에 보이게 됩니다.

이러한 시각화는 두 가지 면에서 중요합니다. 첫째, 자신이 얼마나 AI를 잘 활용하고 있는지를 확인할 수 있으며, 둘째, AI가 학습자를 이해하는데 필요한 정보로 작용해 더 의미 있는 응답 확보가 가능하고, 셋째, 시간이 지나 다시 복습할 때 큰 도움이 됩니다. 대부분의 AI 도구는 대화 기록을 저장하는 기능을 제공합니다. AI를 활용한 학습 노트를 별도로 만들지 않고, 이 저장 기능으로 학습 기록을 대체하는 방법도 좋은 선택입니다.

이러한 습관은 특히 고등학생에게 효과적이며, 장기적인 학습 흐름을 설계하는 데 있어 AI 활용이 얼마나 중요한 도구인지 스스로 체감할 수 있게 해줍니다.

과목별 활용 방식 구분하기

AI를 제대로 정착시키려면 과목별 활용 목적을 명확하게 설정하는 것이 중요합니다. 학생들이 AI를 활용할 때 흔히 실수하는 부분 중 하나는, 어떤 과목이든 똑같은 방식으로 AI를 활용하려고 하는 것입니다. 하지만 국어, 수학, 사회, 과학 등 과목마다 학습 방식과 내용이 다르기 때문에, AI 활용도 그에 맞춰 달라져야 합니다.

예를 들어, 국어나 영어 같은 언어 기반 과목에서는 AI의 설명력, 요약 능력, 문장 생성 기능을 활용하여 주요 개념이나 지문을 이해하는 데 도움을 받을 수 있습니다. 반면, 수학이나 과학처럼 정확한 개념과 풀이 과정이 중요한 과목에서는 문제 풀이과정 검토, 개념 확인, 오답 원인 분석 등에 AI를 활용하는 것이 효과적입니다.

따라서, 학습을 시작하기 전 "이 과목에서 AI에게 어떤 도움을 받을 수 있을까?"를 스스로 묻고 그에 따라 도구를 선택하고 활용하는 방식이 정착되어야 합니다. 이는 AI를 그냥 사용하는 것이 아니라, 목적을 가지고 의도적으로 사용하는 학습 습관을 만드는 데 매우 중요한 출발점이 됩니다.

학습 루틴 속에 AI를 넣는 실천적 방안

효과적인 정착을 위해서는 AI를 사용하는 '시점'과 '방식'이 명확해야 합니다. AI는 필요할 때 꺼내 쓰는 도구가 아니라, 학습의 전 과정에 관여하는 습관화된 조력자가 되어야 합니다. 지금까지 설명한 내용을 토대로, AI를 학습 루틴에 통합하기 위한 방안을 살펴보겠습니다.

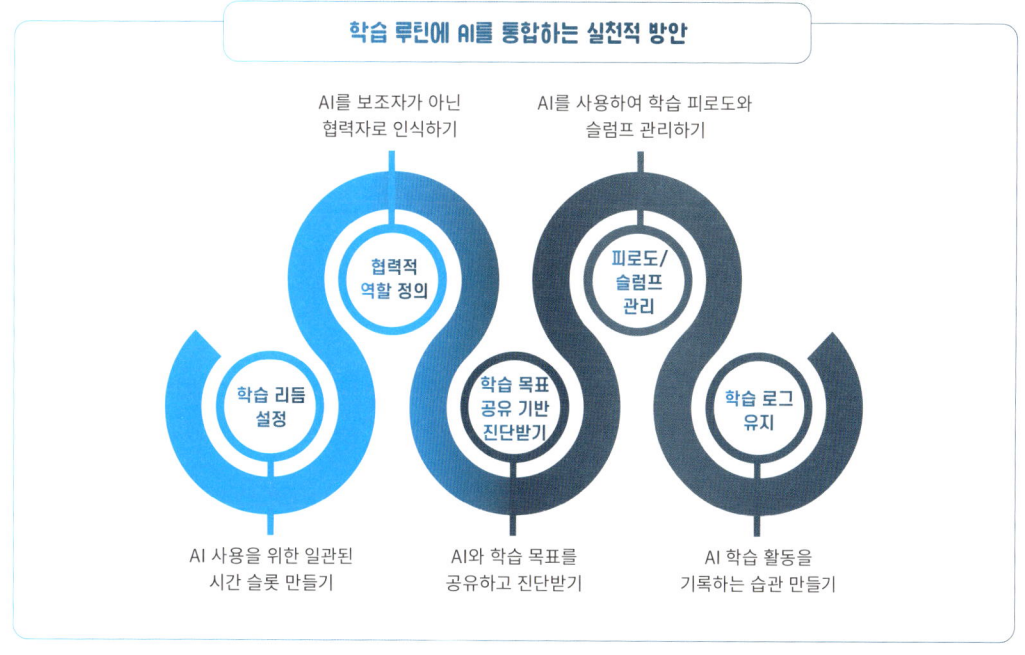

1) 정해진 시간에 AI를 사용하는 '학습 리듬' 만들기

습관 형성에서 가장 중요한 것은 '일정한 반복'입니다. 매일 정해진 시간, 예를 들어 공부 시작 전 10분, 복습 시간 15분 동안 AI를 활용하는 루틴을 만들면, 뇌는 점차 그 흐름에 익숙해지고 'AI와 함께하는 학습'을 자연스럽게 받아들이게 됩니다. 습관으로 만들기 위해 정한 루틴 내에서 AI와 함께 할 수 있는 활동의 예시는 아래와 같습니다.

- 오늘 공부할 내용을 AI에게 요약 받으며 계획 세우기
- 공부 후, AI에게 오늘 배운 내용을 설명하거나 질문 정리하기
- 주 1회, AI에게 학습 진단 피드백 요청하기

이러한 정기적 사용은 AI를 단기 해결책이 아닌 학습의 일부로 적용하는 데 큰 도움이 됩니다.

2) AI의 역할을 '보조자'가 아닌 생각을 나누는 '협력자'로 설정하기

AI를 단지 '문제풀이 도우미'나 '요약기계'로만 쓰면, 활용 범위가 제한적이고 흥미도 떨어지기 쉽습니다. 반면, AI를 자신의 학습 파트너로 설정하면 다음과 같은 질문을 던질 수 있습니다:

- "내가 이해한 이 개념이 맞는지 확인해 줘."
- "이 문제를 다른 시각으로 보면 어떻게 생각할 수 있을까?"
- "지금 나의 학습 방식에 문제가 있다면 어떤 점이 개선될 수 있을까?"

즉, AI와의 상호작용을 통해 메타인지 능력, 즉 '내가 무엇을 알고 있고 무엇을 모르는지'를 점검할 수 있게 됩니다. 이런 대화를 일상화하면 AI는 단순한 정보원이 아니라 생각을 나누는 파트너로 자리 잡습니다.

3) AI와 학습 목표를 공유하고 진단받기

학습 목표가 명확하지 않으면 AI의 활용도 흐릿해집니다. 따라서 AI와 함께 다음을 공유하는 것이 중요합니다.

- 단기 목표: 오늘 이해하고 싶은 개념, 이번 주 해결하고 싶은 약점
- 중기 목표: 이번 달 안에 끝내야 할 단원, 시험 대비 계획
- 장기 목표: 학기 성적 향상, 진로에 맞는 학습 역량 확보

목표를 공유하면, AI는 맞춤형 학습 자료를 추천하거나 피드백을 제공하는 데 더 효과적으로 작동합니다. 또한 주기적으로 AI에게 자신의 진척 상황을 진단받음으로써, 학습 과정의 점검 루틴이 정착됩니다.

4) 학습 피로도와 슬럼프 관리에 AI 활용하기

학습이 정착되지 못하는 가장 큰 이유 중 하나는 '지속적인 피로감'과 '동기 저하'입니다. AI는 단순한 학습뿐 아니라, 학습 감정 관리에도 효과적인 도구입니다.

- 피로가 누적될 때는 AI에게 학습 정리 퀴즈나 카드 만들기를 요청해 가볍게 정리
- 슬럼프일 때는 AI와 간단한 대화를 나누거나, 학습 동기 관련 조언 요청
- 공부가 지겨울 때는 AI와 창의적 글쓰기, 요약 퀴즈 게임 등을 통해 분위기 전환

이처럼 AI는 공부를 위한 도구일 뿐만 아니라, 감정 조절을 돕는 학습 파트너 역할도 합니다.

5) AI 학습 로그를 기록하는 습관 만들기

습관의 정착은 '기록'에서 시작됩니다. AI와 함께한 학습 내용을 간단히 정리하는 로그를 작성하면 다음과 같은 장점이 있습니다.

- 내가 어떤 주제로 얼마나 AI를 활용했는지 한눈에 파악
- 반복된 오개념이나 잘하는 영역을 스스로 파악
- 공부의 성과를 시각화하면서 성취감 형성

AI가 자동으로 요약해주거나 로그를 정리해주는 기능을 활용하면 부담도 줄어듭니다. 특히 한두 주 또는 한 달 단위로 로그를 되돌아보는 루틴을 설정하면, 자기주도적 학습 전략이 강화됩니다.

AI 학습 로그 기록, 이렇게 해보세요

AI와의 대화를 통해 배운 내용을 정리해두면, 나중에 복습하거나 자신의 사고 과정을 돌아보는 데 큰 도움이 됩니다. 다음과 같은 방법으로 AI 학습 로그를 기록해보세요.

1) 노션(Notion)에 'AI 학습 일지' 만들기

- 노션에 '오늘의 학습 with AI'라는 템플릿을 만들어 두고, AI와의 대화에서 유익했던 질문·답변 내용을 복사해 붙여넣습니다.
- 날짜별로 구분하고, '무엇을 물어봤는가', 'AI가 어떻게 대답했는가', '내가 느낀 점' 세 항목으로 정리하면 학습 회고가 쉬워집니다.

예시 포맷:

[날짜] 2025.06.17
[주제] 사회 – 민주주의의 특징
[질문] 민주주의에서 국민 주권이란 정확히 무엇인가요?
[AI 답변 요약] 모든 권력의 근원이 국민에게 있다는 뜻이며, 대표자 선출 등으로 실현됨.
[나의 메모] 교과서보다 이해가 쉬웠다. 예시로 '선거'를 들어서 기억에 남음.

※ 그 날 또는 그 주에 AI와 나눈 대화를 위 '예시 포맷'을 제시하면서 AI에게 같은 형식으로 작성해 달라고 요청한 후, 그 중 유익하다고 생각했던 것만 검토해 보완한 후 기록으로 남기면 더 손쉽게 'AI 학습 일지'를 만들 수 있음.

2) 구글 스프레드시트에 'AI 학습 로그' 작성
- 스프레드시트를 만들어서 열(Column)을 다음과 같이 설정합니다:
  ◦ 날짜 / 과목 / 질문 내용 / AI 응답 요약 / 내가 배운 점
- 정리된 로그를 보면 어떤 주제를 많이 질문했는지, 어느 과목에서 이해가 부족한지를 쉽게 파악할 수 있습니다.

※ 그 날 또는 그 주에 AI와 나눈 대화를 AI에게 위의 스프레드시트 열 형식으로 작성해 달라고 요청한 후, 그 중 유익하다고 생각했던 것만 검토해 보완한 후 스프레드시트에 복사&붙여넣기 해 기록으로 남기면 더 손쉽게 'AI 학습 로그'를 작성할 수 있음.

3) AI의 대화 요약 자동화 기능 활용하기

생성형 AI는 대화 제목을 자동으로 생성하는 기능이 있어 이전 대화 내용을 쉽게 찾을 수 있습니다. 이 기능을 켜두면 AI가 각 대화를 자동으로 요약해 제목을 붙여주므로, 학습한 내용을 정리하고 복습할 때 유용하게 사용할 수 있습니다.

습관화를 위한 AI 활용 환경 설계

단순한 루틴만으로는 습관이 고착되지 않습니다. AI 활용이 '생활의 일부'가 되기 위해서는 환경적 조건도 함께 갖추어져야 합니다.

1) 접근성을 높이기 위한 디지털 환경 설정
- 자주 쓰는 생성형 AI 앱은 바탕화면이나 스마트폰 첫 화면에 배치
- 구글 캘린더, 메모 앱, 학습 관리 도구와 연동해 AI 사용을 자동화
- 학교나 가정 내에서 AI를 활용한 공부 공간(디지털 노트, 태블릿 학습방 등) 구성

2) 심리적 장벽 낮추기
- 틀려도 괜찮다는 마음으로 AI에게 질문하기
- 결과가 완벽하지 않아도 AI의 답변을 기반으로 더 나은 방향을 탐색하는 습관
- AI가 항상 정답을 제공하지 않을 수 있으므로, 'AI와 함께 배워가는 과정'으로 받아들이는 태도

3) 가족·교사와 함께하는 AI 습관 설계
- 학부모와 학생이 함께 AI를 사용하는 시간 마련 (예: 독서 후 AI와 감상 대화)
- 교사가 AI 학습 활동을 수업 과제나 발표 준비와 연계해 제안
- 친구나 학급 단위에서 AI 학습 결과물을 공유하는 활동 마련

AI와 함께 만든 학습 습관의 효과

AI 활용이 습관화된 학생들은 다음과 같은 변화를 경험하게 됩니다.

- 공부에 대한 주도권을 스스로 쥐게 됩니다. '선생님이 시켜서' 하는 공부가 아니라, '내가 궁금해서' 하는 공부로 바뀝니다.
- 실수를 두려워하지 않게 됩니다. AI는 틀렸다고 지적하지 않고, 다른 가능성을 제시하므로 실수를 통해 배울 수 있습니다.
- 질문 중심의 사고가 늘어납니다. AI와의 상호작용은 새로운 질문을 낳고, 그 질문이 다시 탐구로 이어집니다.
- 꾸준한 반복 학습 구조가 형성됩니다. AI를 통해 일일 복습, 주간 피드백, 월간 점검이 체계적으로 이루어집니다.
- 학습 감정 관리가 원활해집니다. 지칠 때 AI와 대화를 나누며 학습 동기를 회복할 수 있습니다.

AI를 단순한 도구로만 보면 '기술 체험'에 그칩니다. 하지만 AI가 습관이 되면, 학생은 학습의 주도권을 스스로 쥐게 됩니다.
"실수를 두려워하지 않고, 질문을 즐기며, 꾸준히 반복하는 능동적 학습자."
이것이 바로 AI 학습 습관이 만드는 변화이며, 미래를 준비하는 가장 확실한 방법입니다. 이는 단지 성적 향상이나 정보 습득을 넘어, 평생 학습 능력의 기초를 닦는 과정입니다. 어떤 기술이나 시대가 오더라도, 자기만의 학습 방법과 리듬을 가진 사람은 새로운 것을 배우는 데 주저하지 않습니다. AI를 습관으로 만든다는 것은, 결국 자기 주도성과 자기 효능감을 갖춘 미래 인재로 나아가는 첫걸음인 셈입니다.

다음 절에서는 AI 학습이 정착되기 전과 후의 구체적인 학습 성과 변화를 비교하고, 어떤 부분에서 AI의 효과가 가장 두드러졌는지 분석해보겠습니다. 이 비교를 통해 AI가 단순한 보조 도구가 아니라, 학습 패턴과 성과 자체를 변화시키는 주요한 요인이라는 점을 실질적으로 확인할 수 있을 것입니다.

3. AI 활용 전후의 학습 변화와 실질적인 효과 분석

처음에는 단순히 궁금해 합니다. "AI를 공부에 쓴다고 해서 정말 달라질까?" "말로는 그럴 듯하고 멋진데, 실제로 도움이 되긴 할까?"
하지만 시간을 들여 AI를 학습에 꾸준히 활용해본 학생들은 한결같이 이야기합니다.
"정말 많이 달라졌어요."
공부가 쉬워졌다는 이야기가 아닙니다. AI를 활용하기 전에는 막연하고 복잡하게 느껴지던 학습 과정이 조금씩 명확해졌고, 무엇보다도 공부를 '내가 주도하고 있다'는 느낌이 들기 시작했다는 것입니다.
이 절에서는 AI를 본격적으로 학습에 도입하기 전과 후, 학생들이 어떤 점에서 어떻게 변화했는지를 중심으로 이야기해보겠습니다. 여러분의 학습 여정을 돌아보고, 앞으로의 방향을 정하는 데 도움이 될 수 있을 것입니다.

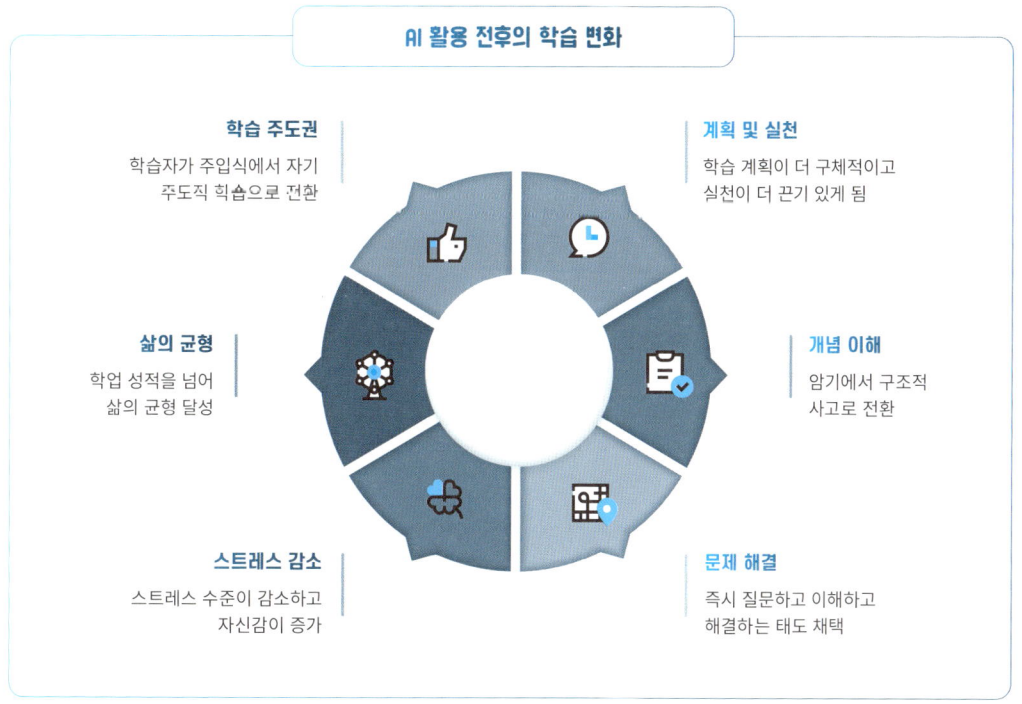

학습에 대한 주도권 확보, 주입식에서 자기설계로

AI를 활용하기 전, 많은 학생들의 학습은 정해진 커리큘럼과 문제집, 선생님의 지시에 따라 움직이는 경우가 많았습니다. 공부는 '시켜서 하는 것', '무조건 외워야 하는 것'이라는 인식이 강했고, 자신이 왜 공부하는지, 어떤 방식이 나에게 잘 맞는지에 대한 고민은 상대적으로 부족했습니다.

그러나 생성형 AI를 활용하면서 가장 먼저 달라지는 부분은 자기 주도성의 강화입니다. 학생들은 AI에게 자신의 약점을 분석하게 하거나, 더 효과적인 학습 계획을 묻는 과정에서 '나에게 맞는 학습 방식은 무엇인가?'라는 질문을 자연스럽게 던지게 됩니다. 이것은 곧 학습의 주도권이 학생의 외부에서 내부로 이동했다는 것을 의미합니다.

"어떤 과목을 먼저 공부해야 할까요?"라는 단순한 질문에서 시작된 대화가, "지금 내가 집중력이 낮은 시간대인데 어떤 과목 학습이 더 적절할까요?", "이전 시험에서 틀렸던 문제 유형을 반복 학습하고 싶은데, 어떻게 계획하면 좋을까요?"와 같은 정교한 학습 설계로 이어지는 모습은 AI 활용 전에는 상상할 수 없었습니다.

계획은 더 구체적으로, 실천은 더 끈기 있게

AI를 사용하기 전에는 학습 계획을 세운다는 것이 말처럼 쉽지 않았습니다. 보통은 시험 일정을 달력에 적어두거나, 일주일 단위로 '이번 주에는 수학 몇 장, 영어 몇 단원' 식의 대략적인 계획을 세우고 마는 경우가 많았죠.

하지만 가장 큰 문제는 이런 계획이 잘 지켜지지 않는다는 것입니다. 몇 번 실천에 실패하면 금세 포기하게 되고, 결국 다시 '되는대로 공부하기'로 돌아가는 일이 반복되곤 했습니다.

하지만 AI를 활용하면, 이 흐름이 조금씩 달라집니다. 예를 들어 생성형 AI에게 자신의 상황(시험 일정, 취약 과목, 남은 시간 등)을 알려주면 단원별로, 시간 단위로 세분화된 학습 계획을 자동으로 추천 받을 수 있습니다.

계획을 수정하거나 조정하는 것도 간단합니다. "오늘은 시간이 30분밖에 없어요. 내일 계획을 바꿔주세요."라고 말하면 AI는 즉시 그에 맞게 전체 일정을 조정해줍니다.

게다가 매일 아침 AI에게 "오늘은 뭐부터 시작하면 좋을까?"라고 묻는 것만으로도 학습 루틴이 생깁니다. 이러한 습관은 학습의 지속성을 높이고, 계획 없는 학습보다 훨씬 안정적인 성과를 만들어냅니다.

개념 이해 방식의 변화, 암기 중심에서 구조적 사고로

생성형 AI를 활용하기 이전의 공부 방식에서는 개념을 암기하는 것이 목표가 되기 쉬웠습니다. 수학 공식을 외우거나, 역사 연도를 기억하거나, 과학 용어를 그대로 쓰는 것이 성적과 직결되기 때문입니다. 하지만 이 공부 과정에서는 개념의 이해보다는 기억이 중심이 되어, 시간이 지나면 쉽게 잊어버리는 문제가 발생합니다.

AI를 활용하면 개념 이해의 깊이가 달라집니다. 예를 들어, AI는 학생이 어떤 개념을 잘못 이해했을 때, 그 오해를 정확히 짚어내고 다시 설명해줍니다. 또한 한 가지 개념을 다양한 방식으로 설명해주거나, 비유를 들어 쉽게 이해시키는 데 특화되어 있습니다. 그 결과, 학생들은 표면적인 암기에서 벗어나 개념의 구조를 파악하고, 그것을 자신의 언어로 설명해내는 훈련을 자연스럽게 하게 됩니다.
이것은 사고력과 논리력, 연결적 사고를 동시에 길러주는 학습 방식으로, 단기 성적 향상은 물론 장기적인 학습 능력 향상으로 이어지게 됩니다.

어려운 문제를 대하는 태도 변화, 즉시 물어보고 이해하고 해결하기로

AI 활용 전에는 어려운 개념이나 문제를 만나면 대부분 이렇게 행동하곤 했습니다.
"일단 넘기자."
교과서를 아무리 읽어도 이해가 안 되고, 인터넷을 검색해도 마땅한 해설이 없을 때, 학생들은 무력감을 느낍니다. 선생님에게 질문하려 해도 시간이 맞지 않거나, 질문이 너무 많아 쌓이기만 할 뿐인 경우도 있었습니다.
하지만 AI를 학습 파트너로 삼게 되면, 질문을 넘기지 않고 곧바로 해결하려는 태도가 생깁니다.

> "이 개념을 중학생 눈높이에 맞춰 설명해줘."
> "이 수학 문제 풀이 과정을 천천히 설명해줘."
> "틀린 이유를 알려줘. 내가 어디서 잘못했는지 모르겠어."

이런 식으로 질문하고 피드백을 받는 경험이 쌓이면, 자연스럽게 문제에 대한 접근법이 달라집니다. 정답 맞히기 중심에서 이해하고 해결하기 중심으로 바뀌는 것이죠. 결과적으로 학습의 깊이와 정확성이 함께 향상됩니다.

스트레스는 줄고, 자신감은 상승

공부를 하면서 가장 힘든 순간은 '혼자 감당해야 할 때'입니다. 특히 시험이 가까워졌을 때, 학습 진도가 늦을 때, 오답이 반복될 때 느끼는 불안과 스트레스는 학생에게 큰 부담이 됩니다.

AI는 바로 이 지점에서 강력한 동반자가 되어줄 수 있습니다. 학생이 "슬럼프인 것 같아요."라고 말하면, AI는 그 원인을 분석하고, 단계별 회복 방법을 제안해줍니다. 또, 공부에 지쳤을 때 "다시 시작할 수 있게 동기부여가 필요해요."라고 하면, 격려의 말과 함께 가벼운 복습 퀴즈나 미니 과제를 제시해주기도 합니다.

이러한 상호작용은 학생의 감정적인 안정과 학습 지속력 모두에 긍정적인 영향을 미칩니다. 공부가 더 이상 '혼자 하는 고통'이 아니라 '함께 해결해가는 생산적이고 뿌듯한 과정'이 되는 것이죠.

성적 그 이상, 삶 전체의 균형까지

AI를 활용한 학습은 점수 향상에도 분명 효과가 있지만, 그보다 더 중요한 변화는 학생의 삶의 리듬이 회복된다는 점입니다.

계획적으로 공부하다 보니 늦게까지 벼락치기할 일이 줄어들고, 덩달아 수면 시간도 안정됩니다. AI가 학생의 목표를 기반으로 일정을 조절해주기 때문에 지나치게 몰아붙이지 않고, 자기 시간을 조절할 수 있는 여유도 생깁니다.

무엇보다, 스스로 계획하고 실행하고 성과를 확인하는 경험이 반복되면, 공부에 대한 자신감이 생깁니다.

"이번에는 정말 내가 해냈어."

자기 자신에게 전하는 이 한 마디가 학생에게 주는 힘은 생각보다 큽니다.

다시 돌아봐야 할 질문, "누가 공부를 이끌고 있는가?"

AI를 활용한 학습은 단순한 기술의 문제가 아닙니다. 이것은 학습의 주도권을 다시 학생에게 되돌려주는 과정입니다.

예전에는 교과서가, 선생님이, 학원 스케줄이 공부를 이끌었다면, 이제는 AI라는 도구를 통해 학생 스스로가 자신의 학습을 설계하고 이끌 수 있게 됩니다. 물론, 여전히 중요한 것은 도구보다 사람, 그리고 그 사람의 의지입니다. AI는 대신 공부해주지 않습니다. 하지만 스스로 공부하고자 하는 학생에게는 더없이 좋은 동반자가 되어줍니다. 그 차이는 분명합니다. 그리고, 그 차이는 지금도 많은 학생들이 직접 경험하고 있습니다.

이제 여러분도 AI를 통해 학습의 변화를 직접 경험해보시기 바랍니다. 학습의 주도권을 되찾는 그 순간, '이제는 내가 공부를 이끌고 있다'는 그 확신을 느껴보세요.

이 장을 마치며...

이 장에서는 생성형 AI를 활용한 학습이 학생 개개인의 공부 방식과 태도에 어떤 긍정적인 영향을 주는지를 다양한 관점에서 살펴보았습니다. 처음에는 그저 시간과 노력을 절약해주는 도구처럼 보였던 AI가, 실은 학습의 중심을 근본적으로 변화시키고 있다는 사실을 하나하나 짚어본 것이지요. 단순한 정보 검색기나 문제 풀이 보조도구가 아니라, AI는 학습의 '방식'뿐만 아니라 '의미'마저 새롭게 정의하고 있다는 점에서 충분히 주목할 만합니다. 학생들이 AI를 통해 학습 내용을 단순히 빠르게 익히는 것을 넘어, 자신만의 사고 구조를 만들고, 주도적으로 배우며, 점차 자기 자신만의 학습철학을 세워가게 된다는 사실은 매우 의미 있는 변화 중 하나입니다.

특히 이 변화의 가장 큰 특징은, 학습의 주체가 '학생' 자신으로 이동하고 있다는 점입니다. 과거에는 대부분의 학습이 교과서, 교사, 학원 등의 외부 지침에 따라 움직였고, 학생은 그 지침을 따라가는 수동적인 역할에 머무는 경우가 많았습니다. 그러나 이제는 다릅니다. AI라는 도구가 학생 개인의 질문에 즉각 반응하고, 수준과 스타일에 맞는 설명을 제공하면서, 학생은 더 이상 수동적으로 지식을 전달받는 존재가 아니라, 능동적으로 지식을 탐구하고 구성하는 학습의 주체가 되었습니다.
이는 '공부를 잘하게 된다'는 것 외에도 다른 차원의 변화를 야기합니다. 더 본질적인 차원에서 보면, 이는 배움에 대한 태도 자체의 변화입니다.

이제 우리는 학습의 기준을 '정답을 얼마나 많이 맞췄느냐'에서 '얼마나 깊이 사고했는가', '얼마나 주체적으로 탐구했는가'로 옮겨야 할 때입니다.
AI는 학생이 이러한 변화를 실제로 체험하고 적용할 수 있도록 돕는 강력한 파트너입니다. 질문이 생기면 바로 묻고, 이해가 가지 않으면 다양한 방식으로 다시 설명을 들으며, 필요한 경우 예시를 통해 감각적으로 접근할 수 있도록 도와줍니다. 이런 반복과 피드백의 과정은 단순히 지식을 입력하는 데서 그치지 않고, 학습 자체를 '의미 있는 경험'으로 만들어줍니다. 학생은 점차 스스로의 사고 구조를 점검하고, 자신에게 맞는 학습 전략을 설계하며, 진정한 의미의 '자기주도 학습'을 실천할 수 있게 됩니다.

물론, AI를 학습에 도입하는 과정이 마냥 순탄한 것만은 아닙니다.
AI가 항상 완벽한 정보를 제공하는 것은 아니며, 때로는 부정확한 설명이나 잘못된 논리를 보일 수도 있습니다.
하지만 중요한 것은 학생이 AI를 어떻게 다루느냐, 그리고 AI와의 상호작용을 통해 어떻게 사고하고 판단하느냐입니다. AI의 한계와 가능성을 이해하고, 그것을 적절하게 활용할 수 있는 비판적 사고와 주체적인 태도가 무엇보다 중요합니다.

이 책을 통해 여러분은 생성형 AI라는 새로운 가능성을 마주했습니다.
이제는 그것을 도구로 삼아, 자신만의 학습 여정을 주도적으로 설계해 나가는 일만이 남았습니다.
앞으로 펼쳐질 미래는 예측할 수 없을 만큼 빠르게 변화할 것입니다.
그러나 어떤 변화 속에서도 변하지 않는 진리는 있습니다.
스스로 배우는 사람만이 진짜로 성장할 수 있다는 것.
그 여정에 생성형 AI가 좋은 동반자가 되어주기를 진심으로 바랍니다.
그리고 그 여정을 멈추지 않는 당신이야말로, 미래를 주도해갈 가장 중요한 존재임을 잊지 마시기 바랍니다.

책을 마치며 - 진심을 담아

이 책의 첫 문장을 쓰기까지 참 많은 고민이 있었습니다.
'과연 내가 이 주제를 온전히 이해하고, 누군가를 가이드할 수 있을까?'라는 질문에서부터 시작해, '이 글이 과연 학생들과 학부모에게 실질적인 도움이 될 수 있을까?'라는 끝없는 자기검열까지. 아무도 정답을 알려주지 않는 새로운 주제 앞에서 저는 다시 배우기 시작했고, 매일매일 고심하며 책상 앞에 앉았습니다.

책을 집필하는 동안 많은 장면들이 떠올랐습니다.
누구보다 열심히 공부하고 있지만 늘 시간에 쫓기는 고등학생, 공부 습관을 잡지 못해 혼란스러워하는 중학생, 게임과 영상 사이에서 집중력을 잃고 방황하는 초등학생. 그리고 그런 자녀들을 옆에서 지켜보며, 어떻게든 도와주고 싶지만 어디서부터 시작해야 할지 막막한 부모님들. 이 책은 그분들 한 명, 한 명을 마음에 떠올리며 써 내려간 결과물입니다. 단순한 기술 설명서가 아니라, 진짜로 도움이 되는 방향을 제시해주는 책, 실천할 수 있는 방법을 보여주는 책, 그리고 무엇보다 지금의 시대를 살아가는 우리 모두에게 필요한 책을 만들고 싶었습니다.
하지만 이 여정이 결코 쉽지만은 않았습니다.
책을 쓰는 데 필요한 시간과 에너지는 생각보다 훨씬 더 많이 소요되었고, 매일같이 쏟아지는 새로운 정보들과 변화하는 AI 기술들을 따라가는 일은 벅찰 만큼 역동적이었습니다. 이론을 정리하는 것도, 실제 활용 예시를 만들어내는 것도, 여러 AI 도구들을 직접 사용해보고 비교하며 서술하는 것도 모두 지난한 과정이었습니다. 때로는 단 한 줄을 어떻게 표현할지 몰라 책상 앞에서 몇 시간을 보내기도 했고, 어떤 챕터는 수십 번을 고치고 지우기를 반복했습니다.

그런 가운데 제가 의지할 수 있었던 것은 바로, 제가 책 속에서 다루고 있는 생성형 AI였습니다. AI는 단순히 기술적인 도구가 아니라, 마치 공동 저자처럼 저와 함께 글을 다듬고, 정리하고, 문장 구조를 고쳐주었습니다. 때로는 제가 생각하지 못한 시각을 제시해주었고, 때로는 무거운 문장을 가볍게 만들어 주기도 했습니다. 처음엔 '과연 AI가 이 책을 함께 쓰는 동반자가 되어 줄 수 있을까?'라는 의심이 가득했지만, 책을 함께 작성할수록 저는 파트너가 될 것이라고 확신하게 되었습니다.

사실 이 책은, 그 자체로 이 책이 유용할 것이라는 하나의 증거입니다.
AI를 활용하면 누구나 자신만의 콘텐츠를 만들 수 있고, 누구나 자기만의 속도로 배울 수 있으며,
누구나 이전보다 더 효과적으로 생각을 정리할 수 있다는 것을 보여주는 산 증거이기도 합니다.
'AI를 활용한 학습법'이라는 내용을 담았지만, 이 책은 단지 그것을 설명한 것에서 그치지 않고,
그 AI의 도움을 받아 실제로 만들어진 책입니다. 이를 이 책의 내용과 접목해보면 이 시대의 교육
변화가 얼마나 가까이 와 있는지를 실감하게 합니다.

이 책에는 표현이 다소 불명확했거나, 설명이 부족했거나, 예시가 부족했거나... 다소 서툰 부분이
분명 있었을 것입니다. 하지만 그 모든 부족함 속에도 저는 진심을 담았습니다. 누구든 공부에
어려움을 느낄 때, 이 책이 등대가 되어주기를 바랐고, AI라는 낯선 도구를 조금 더 친근하게
느끼기를 바랐고, 공부가 조금이라도 더 의미 있고 즐거워지기를 바랐습니다.

세상은 지금 정말 빠르게 바뀌고 있습니다. 제가 이 부분을 작성하고 있는 지금 이 순간에도 AI에
대한 수많은 정보들과 변화들이 쏟아지고 있습니다.
AI는 이제 먼 미래의 이야기가 아니라, 우리 일상 속에 이미 깊이 들어와 있습니다. 아이들은
스마트폰으로 AI에게 질문을 던지고, 학습 앱은 학생의 이해 수준을 실시간으로 분석해 맞춤형
콘텐츠를 제공하고, 학원과 학교에서도 AI 기반 수업이 서서히 확대되고 있습니다. 앞으로의 교육은
이전과 전혀 다른 방향으로 나아가고 있으며, 그 변화는 이제 돌이킬 수 없는 흐름이 되었습니다.

우리는 그 변화의 한가운데에 서 있습니다.
AI가 우리의 학습 방식, 사고의 틀, 나아가 인생의 방향까지 바꿔놓고 있는 지금, 가장 중요한 것은
기술 그 자체보다도 그 기술을 어떻게 이해할 것인가, 그리고 그 이해를 바탕으로 어떻게 활용할
것인가에 대한 태도입니다. 이 책이 바로 그 태도를 함께 고민하고, 실천적인 길을 함께 찾아가는
과정에서 나침반이 되었기를 바랍니다.

마지막으로, 진심을 담아 말씀 드리고 싶습니다.
이 책을 읽어 주신 여러분, 고맙습니다.
공부는 남보다 잘하기 위한 경쟁이 아니라, 어제의 나보다 한 단계 더 자라는 성장의 과정이고, AI는 그 여정을 함께 걸어주는 최적의 동반자입니다. 그 가능성을 믿고 이 책을 읽어주신 여러분들께 다시 한 번 감사 드립니다. 부족한 글이었지만, 그 안에 담긴 진심이 전달되었기를 바랍니다.

이 책의 마지막 장은 결코 끝이 아닙니다.
여러분이 앞으로 AI와 함께 펼쳐 나갈 새로운 배움의 여정,
그 시작을 응원하며, 조용히 이 페이지를 덮습니다.
언젠가 또 다시, 더 진화된 새로운 이야기로 여러분을 찾아 뵐 수 있기를 바랍니다.

고맙습니다! 진심으로…
그리고 마음을 담아 응원합니다!

첨부 1

짧지만 아주 효과적인 생성형 AI 활용팁!

실제 AI를 활용하면서 자주 사용하는 팁들을 알려드리겠습니다.

1) 영어단어 외우기+영어단어 시험

예시 프롬프트 1

> "영단어를 고등학교 수준으로 뜻과 함께 10개 정도 나열해주세요.
> 그리고 제가 다 외웠다고 하면 뜻을 없애고 순서 상관없이 10개 중 하나씩 영단어 문제를 내주세요.
> 그리고 마지막에는 점수도 알려주세요."

예시 프롬프트 1-1

> "영단어를 고등학교 수준으로 뜻과 함께 10개 정도 나열해주세요."
> (다 외운 후 프롬프트) "뜻을 없애고 순서 상관없이 10개 중 하나씩 영단어 문제를 내주세요."
> (문제 답변 한 것을 입력한 후) "점수를 알려주고 틀린 문제는 자세한 해설을 해주세요."

예시 프롬프트 2

> "제가 지금부터 영어 단어를 외울거에요.
> 중학교 수준의 단어를 하나씩 내주시고 제가 영단어의 뜻을 말하면 맞았는지 틀렸는지 알려주고
> 맞으면 바로 다음 단어, 틀리면 답을 알려주고 다음 단어로 넘어가 달라고 할 때까지 다음 영단어로
> 넘어가지 말아주세요."

위 프롬프트들로 요청하면 엄청 편리한 영어단어 시험을 볼 수 있습니다. 난이도도 자유롭게 설정 가능해서 너무 어렵거나 너무 쉬울 것 같다는 걱정 전혀 안 하셔도 됩니다.

2) 에세이나 수행평가, 과제 등 글쓰기 피드백
예시 프롬프트

> "당신은 _____ 전문가입니다.
> 제가 지금부터 제시하는 내용에 대해서 전문가의 관점으로 거짓정보가 있거나 문법상 부자연스러운 표현이 있다면 말해주고 수정해주세요. 없으면 없다고만 해주세요."
>
> [검토할 내용]
> ……

위 프롬프트를 활용하면 학교 과제로 긴 글을 쓰고 나서 AI에게 복사&붙여넣기만 하면 AI가 수정해야 할 부분을 알려주고 여러 개선점들도 알려줍니다.

3) 긴 글 오류

생성형 AI에게 한꺼번에 너무 긴 글을 입력해서 이 글을 분석해달라고 하면 AI가 오류를 일으킬 수 있습니다. 요청에 전혀 알맞지 않은 엉뚱한 대답을 하거나 말이 아닌 이상한 코드나 나오기도 합니다. 그래서 AI에게 긴 글을 입력해야 하는 상황이 오면, 두번, 세번으로 나누어서 요청하시는 걸 추천드립니다. (긴 글의 기준은 어떤 생성형 AI냐, 유료냐 무료냐, 어떤 버전이냐 등에 따라 다릅니다. 시도해 보고 적절한 글의 길이를 가늠하기 바랍니다.)

4) AI와 영어로 대화하기
예시 프롬프트

> "지금부터 저와 모든 대화를 영어로 해주세요.
> 어려운 단어는 사용하지 말고 최대한 쉬운 단어, 문장으로만 대화해주세요."

영어 회화 실력을 늘리고 싶을 때 AI를 활용해서 외국인과 대화하는 느낌을 만들어내서 실력을 늘릴 수 있습니다.

5) AI와 대화할 때

AI와 대화하고 있을 때 프롬프트는 완벽했는데 만족스럽지 못한 답변이 나오는 경우가 생길 수 있습니다. 이럴 때는 새로운 대화창을 만들어서 사용하는 것을 추천드립니다. 또는 여러 AI들에게 같은 요청을 하고 가장 만족스러운 답변을 하는 AI를 선택해 사용하는 방법도 있습니다.

첨부 II

AI와 인간의 학습 방식 비교

어느 날 아침, 여러분이 학교에 가기 위해 집을 나서면서 가방 안에 책과 필통 외에 "생성형 AI"라는 새로운 도구가 들어 있다고 상상해보세요. 이 도구는 여러분이 하는 질문에 실시간으로 답을 해주고, 어려운 개념을 쉽게 설명해주며, 시험 준비를 도와주는 역할까지 합니다. 이것은 영화, 드라마나 먼 미래 이야기가 아닙니다. 지금 이 순간에도 수많은 학생들이 챗지피티, 클로드, 제미나이와 같은 생성형 AI를 활용해 공부하고 있습니다.

하지만, 이런 AI는 과연 사람처럼 배우는 것일까요? 인간의 뇌가 경험과 감정을 통해 배우는 것과, 인공지능이 데이터를 통해 학습하는 방식은 어떻게 다를까요? 우리가 책을 펴고 글을 읽고, 이해하고, 기억하면서 공부하듯이, AI도 공부를 할까요? 그리고 이러한 차이는 학생들에게 어떤 의미를 줄까요? 이 질문은 단순하고 별로 중요해 보이지 않지만, 사실은 우리가 AI를 제대로 활용하기 위해 반드시 먼저 짚고 넘어가야 할 중요한 주제 중 하나입니다.

AI, 특히 우리가 흔히 사용하는 생성형 AI는 우리가 지금 공부하고 있는 방식과는 다른 방식으로 '배우고', '기억하고', '응답'합니다. 인간은 감정을 느끼고, 생각하고, 상황을 판단하면서 학습합니다. 반면, AI는 데이터를 기반으로 규칙을 스스로 찾아내고, 그 패턴을 바탕으로 새로운 내용을 만들어냅니다. 이 차이를 명확히 이해해야, 우리가 AI를 제대로 활용할 수 있습니다.

인간의 학습: 경험, 감정, 사고의 흐름

사람은 어릴 때부터 '경험'을 통해 세상을 배웁니다. 또한, 사람은 학습할 때 단순히 정보를 외우는 것이 아니라, 그 안에 담긴 의미를 이해하고, 배운 것을 자신의 삶과 연결시킵니다. 예를 들어, 어린아이가 "뜨거워!"라는 단어를 배울 때, 실제로 뜨거운 물건을 만지면서 놀라고, 울고, 부모님의 반응을 보며 그 단어의 의미를 이해하게 됩니다. 단어 하나를 배우는 데도 수많은 감각과 감정이 복합적으로 작용하죠. 인간은 이 과정들을 통해 감각과 경험, 그리고 감정적인 연결을 통해 지식을 얻게 됩니다.

또한 인간의 뇌는 반복적인 학습을 통해 정보를 체계화시킵니다. 같은 내용을 여러 번 들으면서 조금씩 이해가 깊어지고, 틀렸을 때는 선생님이나 친구의 조언을 통해 더 정확하게 내용을 잡아갑니다. 고등학생이 수능 준비를 할 때 문제를 풀고 실수한 부분을 보면서 고민하고 오답을 복습하는 과정이 대표적인 예입니다. 이 과정에서 선생님의 설명, 친구와의 토론, 반복적인 문제 풀이를 통한 점검 등 다양한 방법들을 통해 이해하려고 노력합니다. 그리고 인간의 학습에는 '동기'가 있습니다. "이걸 왜 배워야 하지?", "어디에 쓰일까?"와 같은 의문을 품고, 목적을 가지고 학습합니다. 이러한 사고는 단순한 정보 암기를 넘어서 비판적 사고와 창의력, 문제 해결 능력으로 발전해 나갑니다.

AI의 학습: 데이터 기반의 훈련과 패턴 인식

그렇다면 생성형 AI는 어떻게 학습할까요? AI는 인간처럼 직접 경험하거나 감정을 느낄 수 없기 때문에 감각이나 이해를 기반으로 학습하지는 않습니다. AI의 학습은 전적으로 '데이터'에 의존합니다. 인터넷에 존재하는 수많은 뉴스 기사, 책, 웹사이트, 논문 등 수백억 개의 문서를 읽고, 그 안에 반복적으로 나타나는 문장 구조, 단어 연결 방식, 문맥의 흐름, 사용 방식 등을 '스스로' 분석합니다.

AI의 학습(훈련)은 매우 빠르고 광범위하며 정확도도 높은 편입니다. 훈련된 AI는 주어진 질문에 가장 적절한 답을 예측하는 방식으로 작동합니다. 수많은 문서와 데이터들을 본 AI가 "이 상황에는 이런 답이 가장 자연스럽겠구나" 하고 정하는 것이죠. 물론 AI가 내놓는 답은 실제로 '생각'한 결과가 아니고, 통계적으로 가장 가능성 높은 단어와 문장을 '예측'하고 나열한 것에 가깝습니다.

이런 접근 방식은 인간의 사고 과정과는 분명 다르지만, 속도와 정보 처리량 면에서는 탁월한 능력을 보여줍니다. 특히 공부(스터디)에 적용할 경우 그 능력이 더욱 돋보이는데, 인간이 오랜 시간 고민해야 하는 개념 설명, 요약, 연습 문제 생성 등을 순식간에 처리할 수 있습니다.

이처럼 AI는 방대한 데이터를 빠르게 분석하고, 정해진 목표에 따라 정답을 예측하는 데 강점을 가지고 있습니다. 반면 인간은 느리지만, 더 깊이 있는 사고와 창의적 접근이 가능하다는 점에서 차별화됩니다.

인간과 AI의 협력: 가장 이상적인 학습 형태

그렇다면 AI가 인간보다 더 똑똑하다는 걸까요? 사실 꼭 그렇지만은 않습니다. AI는 이미 학습된 데이터에서 가장 대표적인 문장을 선택하고, 정리된 언어로 문장을 생성합니다. 감정은 없지만, 핵심 정보를 빠르게 제공해주는 장점이 있죠. 또한 AI는 방대한 데이터에서 규칙을 잘 찾아냅니다. 그러나 스스로 목표를 세우거나, 상황에 따라 융통성 있게 대응하는 능력은 부족합니다. 반면 인간은 스스로 생각하고 판단할 수 있는 능력이 뛰어나지만, 정보를 수집하고 정리하는 데에는 시간이 오래 걸릴 수 있습니다. 이처럼 AI와 인간 모두 장단점이 있으며, 한쪽이 우월하다고 볼 수 없습니다. 중요한 것은 이 두 존재가 서로를 어떻게 보완할 수 있는가 하는 것입니다.

따라서 AI와 인간이 서로 보완하면서 함께 학습하는 방식이 가장 효과적이라고 할 수 있습니다. 예를 들어, 학생이 챗지피티나 클로드 같은 생성형 AI를 활용해 교과서의 어려운 문장을 쉽게 풀어보거나, 핵심 내용을 요약 받는다면 이해력을 높이고 학습 시간을 줄일 수 있습니다.

그 다음에 그 내용을 바탕으로 스스로 문제를 만들어서 풀어보거나 친구 또는 AI와 토론을 해봄으로써 인간적인 사고와 창의력을 더하는 것이죠.
이러한 협력적인 학습 방식은 단순히 AI를 도구로 사용하는 것을 넘어, AI를 학습의 동반자이자 조력자로 바라보는 태도를 길러줍니다.

학생들이 AI를 학습에 활용할 때, AI는 나처럼 배우지 않는다는 사실을 이해하는 것은 매우 중요합니다. AI에게 설명을 요청했을 때, 그것이 항상 정확한 정보가 아닐 수 있고, AI가 요청의 맥락을 이해하지 못한 채 답변할 수 있기 때문입니다.
하지만 이 차이를 알고 활용하면, AI는 우리가 혼자 공부할 때 느끼는 불안함, 시간 부족, 이해 부족을 획기적으로 줄여줄 수 있습니다. 즉, AI는 인간의 사고 방식은 따라하지 못하지만, 인간이 더 잘 배우도록 도와주는 보조자로서의 역할을 훌륭히 수행할 수 있습니다.

학부모와 학생이 함께 알아야 할 점

이 책을 읽는 학부모님과 학생 여러분에게 꼭 당부해야 할 말이 있습니다. AI는 우리가 공부를 더 잘하게 도와주는 아주 훌륭한 도구이지만, 우리의 공부를 대신해줄 수는 없습니다. AI는 우리가 주도적으로 학습할 수 있도록 도와주는 조력자이지, 대체자가 아닙니다.
따라서 AI를 사용할 때는 '무조건 시키기'보다, 스스로 궁금한 것을 AI에게 물어보고, 그 답을 자기 방식으로 다시 정리해보는 연습이 필요합니다. 이런 과정이 쌓일수록 AI는 학생들의 생각을 넓혀주고, 학습에 대한 흥미도 더 높여줄 수 있습니다.

AI와 인간의 학습 방식은 180도 다릅니다. 하지만 AI에 대한 이해를 바탕으로 이의 한계를 알고, 인간적인 판단과 감정, 창의성을 더해서 함께 활용할 수 있다면, AI는 학생의 공부를 밀착해서 지원할 수 있는 좋은 파트너가 될 수 있습니다.

지금 안 배우면 뒤처진다, AI 공부법
학생이 바로 활용할 수 있는 생성형 AI 활용 스터디 전략서

초판 1쇄	2025년 11월 24일
저자	권성민
펴낸이	권원일
펴낸곳	(주)STA테스팅컨설팅
주소	서울시 광진구 자양강변길115, STA타워
전화	02 6248 1700
팩스	02 6248 1702
등록	2008년 3월 12일 제2011-000153호
홈페이지	www.sta.co.kr / www.sten.or.kr
ISBN	978-89-94711-12-6
정가	29,000원

※ 이 책은 저작권법에 따라 보호를 받는 저작물이므로 무단전재나 복제, 광전자 매체 수록 등을 금합니다.
※ 파본이나 잘못된 책은 교환해 드립니다.